Una mirada por el mundo

(Invitación al desasosiego)

Javier Estrella Linares

Una mirada por el mundo
(Invitación al desasosiego)

Una mirada por el mundo

(Invitación al desasosiego)

Javier Estrella Linares

Título: Una mirada por el mundo
                      (Invitación al desasosiego)

Autor © **y editor:**   Javier Estrella Linares, 2024

Correo: javier.estrella@hotmail.es

Editorial: BoD • Books on Demand GmbH, In de Tarpen 42,
                      22848 Norderstedt (Alemania)
                      Dirección en España: Calle Manzanares, 4 28005
                      Madrid
                      info@bod.com.es – www.bod.com.es

Impresión: Libri Plureos GmbH, Friedensallee 273,
                      22763 Hamburg (Alemania)

Revisión de textos, 2024:   Javier Estrella Linares

Maquetación, diseño y realización de cubierta: Javier Estrella Linares

Fotografía de cubierta: "Foto de NASA en Unsplash"

Fotografía de contracubierta: Leoncia E. Blaya González

ISBN de la presente edición: 978-84-1174-841-4
Fecha de edición: Agosto de 2024
Depósito legal: M-20298-2024

"Una mirada por el mundo (Invitación al desasosiego)", comenzó su andadura llevada al papel escrito aún en época de la Covid – 19 de la población española y mundial; la revisión definitiva se produjo el mes de julio de 2024 y fue concluido en Madrid, durante el verano de ese año.

AGRADECIMIENTOS:

Expreso todo mi agradecimiento a Leo, mi esposa, por su paciencia, por estar ahí continuamente y por su apoyo —en este quehacer—, durante todo el tiempo, así como a mis hijos Víctor y Laura por sus muestras de ánimo. ¡Gracias!

SUMARIO

- En el sumario, "ctrl+clic" abre página.
- En las notas contenidas al pie de página, se sigue una numeración correlativa en todo el documento.
- La bibliografía —al final del mismo—, está dispuesta siguiendo un orden alfabético; en él, cada entrada conserva, a su vez, la numeración cardinal correspondiente, según se recoge en la nota al pie de página que corresponda, en cada caso.
- Sinopsis en la contracubierta.

Introducción — Prólogo

Sobre la verdad:

A través de la moral —cambiante en tiempo y lugar—,
de las emociones —intimistas y volubles—,
de las convicciones —arraigadas o no—,
y de otras disciplinas y manifestaciones,
las personas, creen saber cómo decir, contar u ocultar la verdad.
Al hacerlo así,
también creen saber cómo no herir, a nadie o casi a nadie;
solo que lo difícil es conjugar ambas creencias, y se hace daño;
pero se debería admitir, en lo estrictamente racional,
que aquella puede ser solo su verdad,
solo parte de ella, que sea provisional
y que, además, haya otras verdades,
formando parte, o no, de proposiciones lógicas.
Por otro lado, a veces,
se practica la mentira como parte, que es, de la estrategia pura,
y también, ocurre que, la realidad misma nos miente,
admitiendo, incluso, la inexistencia de verdades universales.
Finalmente, se tiene la realidad,
tomada como objetiva, contrastable,
y su coherencia, o no, con hechos, palabras, ideas,
escritos o actitudes expresadas en el tiempo.
Luego..., se debería acotar a qué se
refieren las personas cuando invocan a la verdad,
tan a menudo, como concepto casi absoluto,
a sabiendas de que aquellas son dueñas de lo que callan
y esclavas de lo que dicen.

"Una mirada por el mundo (Invitación al desasosiego)", es el título elegido para esbozar impresiones sobre ciertos pasajes ocurridos en nuestra historia más o menos reciente y que, a su vez, dan forma a una visión del mundo de una manera global con una percepción que pretende ser ¡cómo no!, objetiva, si bien asumiendo una buena dosis de aporte personal, ya que la mera elección del sumario encierra de por sí una carga subjetiva innegable que implica una toma de postura, llegado el caso.

La prosa que rodea al sumario está concebida, quizá, a modo de ensayos narrativos, más o menos breves, como si de una miscelánea se tratase; en ocasiones se recurre a la tercera persona, o bien exponiendo el ideario de esta para el desarrollo. Los temas del sumario son conocidos a través de la historia contemporánea; algunos hechos salen a colación, a resultas del estudio, de la lectura...; en otros, quizá los menos, por haber sucedido forma coetánea al tiempo propio vivido. En general, casi todos quedan al alcance del conocimiento de cualquiera a través de los diversos medios disponibles. En potencia, todos inducen a excitar la sensibilidad o remover la conciencia de cualquier persona, no dejando indiferente a casi nadie, creo. Por ello, sin pretenderlo, quizá se persiga también establecer un diálogo con la sociedad en sí misma.

En el orden temporal, la visión citada se circunscribe a los hechos acaecidos desde el siglo pasado hasta la actualidad. Se parte para su exposición en este trabajo, asumiendo varios condicionantes:

El primero de ellos es la pretensión de que sea muy selectivo en el tiempo y en la temática.

El segundo es que su contenido es generalista, diverso e incluso variado, utilizando el lenguaje de manera sencilla y coloquial.

El tercero está relacionado con su extensión, pues considero que no todo puede ser abarcado, y tampoco se pretende que sea una historia en sí misma, ni de contenido universal, ni que se extienda a todo el tiempo.

Por último, los temas abarcan la sociología, la historia, la política, la antropología, la filosofía, el medioambiente, la ciencia…, admitiendo que el tratamiento a dar a los mismos no puede ser profundo, ya que el autor no es historiador, y menos, de historia contemporánea, se entiende. Tampoco es filósofo, político, sociólogo o entendido en alguna otra materia a la que aquí se aluda.

Se podrá objetar, entonces, que son condicionantes serios que acotan bastante el objeto del sumario y el campo del tratamiento a seguir. Cierto, aun así, se estará de acuerdo, al menos en parte, así como por la mía, en que se trata de una visión del mundo, o una parte de él, contemplada por alguien que asume, que no dispone de los atributos mencionados, si bien la percepción de los mismos le lleva a expresar, desde fuera, la impronta de ciertos pasajes ocurridos durante el tiempo considerado; y reconocer que ese es un buen grado de osadía que se admite para afrontar este empeño.

Desde el punto de vista conceptual, puede entenderse que el trabajo está configurado como un compendio, a modo de pequeños ensayos —narrativos—, cada uno por separado sin ninguna trabazón argumental; en este sentido, no se persigue que exista una conexión lógica entre ellos, si bien el lector podrá establecer concomitancias entre los mismos. Además, se recurre a planteamientos especulativos, formulando algunos pasajes a modo de preguntas donde el desarrollo discurre, a veces, por el terreno poco fundamentado y resbaladizo de la conjetura.

Finalmente, en algún que otro tema, la recurrencia al tiempo pasado es, incluso, más amplia; concretamente, en los capítulos 2 y 13, se cita a las sociedades primitivas y las civilizaciones —algunas ya desaparecidas—, y obviamente, se alude a períodos de tiempo más dilatados que el que aquí se considera, es decir, el siglo XX y parte del actual; en otros, los hechos se vienen sucediendo a la par que transcurre el tiempo presente y, en ocasiones, la visión se proyecta igualmente hacia el futuro.

Con estos mimbres y con este enfoque, se proyecta una mirada por el mundo, a veces pretendiendo mirar desde fuera, y a veces no, si bien admitiendo que la observación pura y objetiva no existe; ¿y acaso la misma puede estar exenta de ciertos sesgos?, la respuesta se antoja, sin duda, negativa.

(* i...j), (* 1...5) A medida que transcurre la génesis de este trabajo —varios años—, dentro del temario objeto del sumario, se han producido hechos significativos en relación con alguno de los mismos. Cuando así ocurra, se figura esta notación en la parte del capítulo que corresponde, así como al final del mismo; espacio este donde se amplía, matiza o modifica el contenido de aquel, a modo de adenda breve, como expresión de la variación potencial introducida por el tiempo desde que fue escrito inicialmente; así, en ambas partes, se figura —entre paréntesis— el asterisco de esta notación seguido de un número cardinal correspondiente —iniciándose con el uno (i) y finalizando con el último de la sucesión (j); (i), representa, por tanto, la posición del mismo dentro de la numeración correlativa (j) asignada a lo largo del trabajo para la adición que se realiza.

1. Racionalismo en el siglo XX y guerras mundiales

El enunciado de este epígrafe pudiera sugerir desde el primer momento una afirmación categórica del mismo o, cuando menos, una toma de postura que buscara encontrar alguna correlación —aunque solo fuese temporal— entre el pensamiento racionalista y las confrontaciones militares que acaecieron en la primera mitad del siglo XX en el mundo; pero no, no es esa la pretensión inicial que anima al título de este capítulo ni tampoco la idea con la que se deseara concluir, sin antes analizar otros aspectos coadyuvantes que pueden ser influyentes en la decisión final, si la hubiera. Asimismo, habría que convenir que el hecho de que pudiera existir cierta correlación, la misma, no implica causalidad. Ciertamente, el que escribe no es filósofo, tampoco historiador; se siente en general un desconocedor de los principios que ambas disciplinas exigirían para abordar una cuestión que como tal la cita este enunciado, pero sobre todo, para hacerlo con el rigor que se presume necesario. Tampoco se hace una exposición de este movimiento en sí mismo, sino que se trata de ver la posible concomitancia entre el desarrollo del movimiento filosófico enunciado como tal con sus consecuencias y, en caso afirmativo, ver qué grado de autoría intelectual podría serle moralmente atribuible a aquel, por la ocurrencia de los sucesos bélicos con el alcance mundial que conocemos.

El racionalismo, como tal movimiento filosófico, es sabido que no nació en el siglo veinte, en realidad hay que situarlo en su propio tiempo justamente, es decir, el que discurre a caballo entre la edad moderna y la edad contemporánea, aunque tenga pensadores y seguidores con proyección intelectual y geográfica también en una época ya más tardía; de cualquier manera, podría decirse igualmente que fue su evolución durante el siglo XIX, la que propició las condiciones necesarias para que el estado del pensamiento, junto al desarrollo de la ciencia, de la tecnología y de las condiciones sociales, propiciaran el desenlace que posteriormente desembocaron en los acontecimientos bélicos del siglo XX.

Partiendo de la concepción racional, o bien a través de la razón, como fuente de conocimiento —en contraposición al método empírico—, lo que caracteriza a esta línea de pensamiento, a partir de dicha fuente racional, es que ante cualquier proposición lógica, se deriva que sea la evidencia la condición o el atributo inicial de aquello que es verdadero; a continuación, deviene el análisis y disección posterior para llegar a comprender la verdadera esencia y la naturaleza de lo más elemental y simple; le sigue que, mediante la utilización del método deductivo, y cabe —si procede—, hacer formulaciones y postulados de carácter general con arreglo al método descrito y, en última instancia, la comprobación de los hechos para certificar o no la validez general de la proposición.

Una disciplina que pretenda arrogarse la condición de verdadera ciencia utiliza el método deductivo, así parece ser desde un punto de vista epistemológico. Por contra, el empirismo, parte desde la percepción obtenida a través de los sentidos y de la experiencia; aquí se sigue el método inductivo para llegar a conclusiones generales. Además, alguna otra corriente que en ella se apoya —como bien pudiera ser el positivismo—, parte igualmente de la experiencia y se sustenta en el método científico, si bien no se concede al conocimiento previo a la experiencia un valor determinante o, en la práctica, se desecha. Ya en la antigüedad, Aristóteles, siendo discípulo de Platón, era por la formación recibida un racionalista, si bien consideraba que la experiencia era una fuente de conocimiento y era por ello citado también por los empiristas. Aristóteles, parece describir el conocimiento como si fuese el resultado de un proceso con relación a la "potencia" y el "acto", partiendo del concepto de sustancia; así en su "Metafísica", hablando de la potencia y de la privación, expone: *El ser no sólo [sic] se toma en el sentido de sustancia, de cualidad, de cuantidad, sino que hay también el ser en potencia y el ser en acto, el ser relativamente a la acción*[1], o bien cuando trata de la diferencia entre ciencia y experiencia.[2]

---

1 ARISTÓTELES. METAFÍSICA. Libro noveno, capítulo I, p. 190. Editorial Espasa Calpe, S. A. Colección Austral, n,º 399. Undécima edición. Traducción del griego por Patricio de Azcárate. México 1981.

2 Ibíd., Libro primero, pp. 11-12.

En ocasiones, se suele citar como ejemplos del método inductivo el desarrollo de alguna de las formulaciones de Kepler, que fue capaz de llegar a establecer leyes de tipo general, basándose en las regularidades concretas encontradas mediante los datos estadísticos una y otra vez, a través de la observación y de la experiencia. Desde el punto de vista epistemológico, Newton, puede adscribirse al movimiento empirista. Ciertamente, ambas escuelas han tenido grandes pensadores y seguidores a lo largo del tiempo, si bien por razones no pertinentes, tiende a decirse, con carácter general, que el racionalismo como movimiento se desarrolló y tuvo más eco intelectual dentro de la tradición continental europea, o era casi genuina de esta, mientras que el movimiento empirista, se circunscribió mejor o encontró un acomodo más adecuado en el universo anglosajón. Por otro lado, aunque formalmente puedan parecer movimientos contradictorios, se comportaron como complementarios, y ambos dejaron su impronta; el genio de cada uno de ellos —a través de sus inventos y aplicaciones— fue permeabilizando a la sociedad, creando las condiciones propicias para que el desenlace irrumpiese en el campo bélico, con el resultado final que conocemos; no es preciso posicionarse en que tal resultado lo fuera de forma determinista, no, pero el paso del tiempo parece haber establecido tal relación, y como si de la salida lógica y natural se tratase.

Por otro lado, aunque la revolución industrial se desarrolló en el último tercio del siglo XVIII en el Reino Unido y a partir de ahí en la primera mitad del siglo XIX en el continente europeo, dicha revolución se caracterizó, como sostengo en el trabajo de referencia siguiente, porque *"el vapor y la mecanización transformaron nuestras vidas"*[3]. El hecho de que la máquina de vapor fuese, como tal invento, anterior a los principios físicos de la termodinámica, —en que se basan y explican el funcionamiento de aquella—, y que algo semejante ocurriera con la electricidad, no invalidan, creo yo, el rol del método científico y su participación en los avances tecnológicos. El método deductivo, o sea, el científico, se aplicó y extendió en general a las disciplinas con pretensiones de clara vocación científica, y a partir de ahí, desde entonces, a tantas y tantas otras disciplinas; fue sin duda en el campo de las ciencias naturales como la física, la astronomía, la medicina, la psicología, y otras ciencias aplicadas..., donde empezaron a observarse los avances más notables; otro tanto y no menos importante ocurrió en la rama de la química. El siglo XIX fue pródigo en avances científicos, y aunque los logros conseguidos durante el mismo fueron notables —y muy superiores a los anteriores de cualquier otra época de la historia pasada—, sin embargo, ya nada fue comparable a lo conseguido durante el siglo XX, ni en la cantidad, ni en cuanto a su naturaleza y, sobre todo, a la relación entre la ciencia y la guerra.

---

3 ESTRELLA LINARES, J. Vivencias, Reflexiones y opiniones. p. 602. Editorial... Madrid 2022.

Asimismo, a medida que la mecanización se hacía más tangible, el proceso iba acompañado de un fenómeno social intenso, cual fue el desplazamiento de la población que vivía en el campo hacia las ciudades; y esto, a su vez, propició cambios significativos en la agricultura. Muchas personas han conocido y hablado del efecto benefactor que, sobre las plantas, tienen los distintos abonos naturales; sin ir más lejos, aquellas que proceden de ambientes rurales conocen los efectos que, como nutrientes, sobre la tierra, tienen el estiércol de los animales, así como la propia materia orgánica derivada de otras plantas, árboles, etc. Igualmente, hemos conocido, en la entrada de nuestros pueblos, mosaicos hechos a base de azulejos negros sobre fondo amarillo y letras blancas con la leyenda: *"Abonad con nitrato de Chile"*; en los pueblos, esa era la publicidad de tales abonos naturales; no puedo precisar cómo era la situación en otros países o en las grandes ciudades del nuestro. Sin embargo, alimentar a millones de personas surgidos del éxodo del campo hacia las ciudades no hubiese sido posible, en aquel tiempo, de no ser por el desarrollo de la química inorgánica —que es aquella que no procede del carbono—; una vez conseguida la síntesis del amoniaco (NH_3) a principios del siglo XX, fue este avance lo que propició la fabricación de abonos artificiales, que tienen la ventaja de ser solubles con el agua.

La población mundial, en 1900, era de 1.650 millones de personas y durante el siglo XX, sencillamente se ha más que cuadruplicado. Por otro lado, los abonos tienen entre sus componentes básicos el nitrógeno, el fósforo y el potasio; al igual que ocurre en otros campos, y lo mismo que la energía nuclear posibilita —como efectos benefactores— que se genere energía eléctrica, o bien, en otras aplicaciones con fines médicos, también permite otras realizaciones con fines menos beneficiosos o bien, altamente destructivos. De manera parecida, el desarrollo de la química no solo propició la fabricación de abonos artificiales —básicos para esa agricultura— sino que también, como efecto contrapuesto, sirve para la fabricación de explosivos y otros efectos más nocivos. El empleo de distintos elementos químicos, en lo que durante la Primera Guerra Mundial se llamó guerra química, los bandos contendientes utilizaron diversos compuestos a partir sobre todo del elemento químico del cloro, para producir nubes tóxicas cuyos efectos se dejaban sentir no solo entre los ejércitos, sino en la población en general, dependiendo del "poco manipulable" efecto y dirección de los vientos. En definitiva, la relación de servidumbre entre el desarrollo científico, en este caso de la química, y la guerra estaba servida. Como bien apunta José Manuel Sánchez Ron, en su libro "El Siglo de la Ciencia" refiriéndose al siglo XX, donde en el mismo sostiene:

Con anterioridad a la Primera Guerra Mundial, la ciencia no había atraído demasiado la atención de los ejércitos, sí naturalmente de la tecnología y artes aplicadas. A partir de

1914 esto cambió, aunque aún no en la medida en que lo haría durante la Segunda Guerra Mundial[4].

Desde la antigüedad, la tecnología —dentro del concepto puro de estrategia—, siempre estuvo presente en el desarrollo de los conflictos bélicos, desde el caballo de Troya, pasando por las máquinas de guerra, las armas de todo tipo, la invención de la pólvora, el desarrollo de la industria naval, la armamentística en general, el submarino, la aeronáutica militar..., y todo fue ya, una carrera.

A partir de la Primera Guerra Mundial, se estableció una relación que tiene un cierto parecido a "algo", que sin llegar a ser una simbiosis —pues no existe una verdadera relación de necesidad vital estricta, como tal, entre ambos conceptos—, puede decirse que, ambos campos se nutren mutuamente y donde la exigencia, estratégica quizá, fluye en ambas direcciones hasta el punto que hace difícil pensar, en algún caso, quién origina o da lugar a quien; ya sea la ciencia a la guerra o viceversa, pero sí que se perpetúa y llega hasta nuestros días; no obstante lo anterior, quizá, un primer atisbo en el tiempo de colaboración entre la ciencia y la guerra se tuvo o más bien se percibió ya en la guerra de Secesión americana, marcando de por sí el rumbo de cara a futuros desarrollos en este campo.

---

4   SÁNCHEZ RON, J. M. El Siglo de la Ciencia, p. 123. Grupo Santillana de Ediciones, S. A., 2000. Torrelaguna, Madrid.

Por otro lado, se puede coincidir plenamente con el espíritu de Sánchez Ron cuando en el libro citado[5], aborda la historia del siglo veinte, desde su óptica de filósofo de la ciencia, discrepando, para ello, del historiador británico Eric Hobsbawm por sostener, este autor, en su libro "Historia del siglo XX", *que éste [sic] siglo era un siglo corto que abarca desde 1914 a 1991.* Por su parte, sostiene Sánchez Ron, que ello se debe a que el historiador británico da a política un papel muy importante para explicar la historia, en detrimento de otras consideraciones —como la ciencia por ejemplo—, y ello le da pie a él justamente y la oportunidad de decir, en contraposición a aquel, que el siglo XX ha sido largo, muy largo, porque ha sido un siglo donde la ciencia ha copado un papel y un protagonismo único y sin parangón a lo largo de la historia de la humanidad; no en vano se inició justo en el año 1900, cuando Mack Plank estableció el concepto de cuanto de energía, abriendo la puerta al desarrollo de la mecánica cuántica; siguió con Albert Einstein, que también participó de la teoría anterior, y publicando posteriormente, en 1905, la teoría de la relatividad especial que, a su vez, amplió en 1915 a la relatividad general. En el otro extremo del siglo, se tienen como hechos significativos que en el año 1991, se publicó la World, Wide, Web (www), popularmente conocida como la red informática mundial; le siguió en abril del año 2000, la publicación del primer borrador del genoma humano secuenciado que localizaba a los genes dentro de los

---

5   Ibíd., pp. 11-12

cromosomas; y entre ambas fechas, los fenómenos ocurridos entre cada extremo del siglo..., hubo tantos y tantos descubrimientos no solo por la cantidad —sin comparación a ninguna otra época de la historia de la humanidad—, sino por la cualidad y naturaleza de los mismos que, entre todos, han cambiado nuestras vidas. Ello lleva a añadir, por mi parte, que soslayar tales hechos y logros a cargo de un historiador —tanto al comienzo como al final del siglo—, en relación con la participación de la ciencia en la historia, debe estar motivado, a mi juicio, bien por un sesgo de algún tipo desconocido, o al hecho de que el autor no le atribuya a la disciplina científica una significación suficiente como para su inclusión en el devenir histórico, motivos ambos, que producen cierta extrañeza.

Todo ello hace barruntar que fue el estado de pensamiento en el último tercio del siglo XIX y el desarrollo del método científico, el que propicia que pueda sostenerse que, desde los albores y buena parte del siglo XX, ha existido una correlación cierta entre ciencia-guerra y viceversa. En puridad, el grado de correlación debiera poder establecerse mediante una magnitud escalar o un número real, antes bien parece que tal relación no pueda expresarse en términos matemáticos, pero sí puede inferirse —a partir de los hechos—, que hay una correlación positiva entre el avance científico y el traslado directo de parte de esos avances hacia aplicaciones militares así como su transposición al campo de batalla, expresado en términos económicos. El escenario científico, en el período citado al comienzo de este párrafo, era el continente europeo, así como en Gran Bretaña y también en Norteamérica, principalmente, de ahí que el campo de batalla en la Gran Guerra —después denominada como Primera Guerra Mundial—, fuese básicamente el territorio europeo; a partir de ahí el escenario científico cambió con la revolución rusa y la incorporación de la URSS. El escenario bélico escaló posiciones con la Segunda Guerra Mundial, alcanzando a otras naciones del planeta involucradas por los intereses de las grandes naciones con una visión imperialista o colonialista del poder.

Hasta prácticamente el final de la Segunda Guerra Mundial, los explosivos más destructores eran aquellos que provenían de los productos derivados del invento de Alfred Nobel, como la dinamita y otros. Pero a dicha guerra, se le puso epílogo con el lanzamiento de dos bombas atómicas sobre Japón, hechos que materializaron una escalada de terror —a la que me referiré en el capítulo 3— muy significativa respecto a los explosivos utilizados hasta el momento. No debemos olvidar que, previamente, otros inventos o desarrollos científicos como, por ejemplo, el radar, junto a disciplinas científicas como la física y las matemáticas, contribuyeron a deslizar la balanza y ganar la guerra para las naciones aliadas, frente a las potencias del eje como Alemania-Italia-Japón. Finalizada aquella, otras naciones como la URSS, China…, se incorporaron a la carrera armamentística y esta, ya no se detuvo escalando a nuevos avances hacia la energía de fusión para fabricar y detonar bombas de hidrógeno. En el momento presente, está en estudio cuáles serían las aplicaciones benignas derivadas de la construcción y funcionamiento de un reactor de fusión nuclear que sirva de demostración comercial para usos pacíficos a través del proyecto ITER[6] (International Thermonuclear Experimental Reactor, en español Reactor Termonuclear Experimental Internacional); ubicado en Cadarache, Francia. Que sea en este país, no es una pura y simple casualidad, ya que dispone de más de cincuenta reactores nucleares y buena parte de la producción de energía eléctrica —más del setenta por cien— proviene de esta fuente, obviando los problemas de mantenimiento actuales en algunos de ellos. En este sentido, se atisba con esperanza la previsión —formulada en otro tiempo anterior— que el año 2025 sea el que pueda presentar un primer hito científico, acerca de la viabilidad comercial, o no ya se verá, de la fusión nuclear como fuente de energía a gran escala. Llegado el caso favorable, y siendo coherentes, no habría que infravalorar el tiempo que pudiera transcurrir desde la consecución teórica de un hallazgo semejante, con hacer presente y trasladar a la realidad de nuestras vidas y de nuestro mundo, las bondades —esperemos que no otros efectos indeseables— derivadas del mismo. Participan en el proyecto más de treinta países distribuidos en

---

6 <https://es.wikipedia.org/wiki/ITER>
Última consulta resultada para el día 24 de mayo de 2021

torno a siete grandes socios: EE. UU., UE, Rusia, China, Japón, India y Corea del Sur; por lo que respecta a la UE, Barcelona, —que también fue competidora junto a la ganadora Cadarache durante la administración conservadora de José Mª Aznar—, fue designada como sede jurídica para el control del presupuesto correspondiente a dicho socio, o sea, el de la UE. Con una finalidad similar, se tienen otros proyectos, en distintos países y laboratorios, como el del National Ignition Facility (NIF) en EE. UU. y el de Joint European Torus (JET) en Reino Unido, e igualmente otro por parte de China. (* 1 de 5)

Puede objetarse a todo lo anterior, que la guerra durante el período analizado no ha sido un fenómeno que se circunscriba solamente al continente europeo, también hubo guerras en otras partes del mundo que tuvieron un carácter local, aunque involucraran a naciones o pueblos por separado, casi siempre en un mismo continente. En el desenlace, quizá no pueda apreciarse una interacción nítida entre ciencia-guerra y viceversa, toda vez que se desarrollaban utilizando recursos y armas tradicionales de la época; el suministro corrió —como casi siempre— a cargo de otras potencias, pero no existió un valor añadido significativo —a mi juicio— para expresar que la ciencia fuese un acicate más para la guerra ni viceversa, semejante al planteamiento que, en estas páginas, venimos utilizando para ambas guerras mundiales del siglo pasado.

A pocos años de finalizar la Segunda Guerra Mundial, solo eran cinco los países que disponían de armas nucleares: EE. UU., Rusia, China, Reino Unido y Francia; quizá por ello, amén de otras razones, dichas naciones son las mismas que integran a los cinco miembros permanentes del Consejo de Seguridad de las Naciones Unidas; entre otros privilegios, estos países disponen del consabido y famoso derecho de veto. A partir de entonces, otras naciones, una veintena aproximadamente, desarrollaron proyectos nucleares, pero no todos llegaron a cristalizar en armas nucleares; solamente lo alcanzaron India, Corea del Norte, Pakistán, Israel —que nunca desmintió que no lo tuviera— y quizá, Sudáfrica... En la actualidad, decir que Irán, se encuentra en el punto de un "casi no retorno" para disponerla. También España tuvo su proyecto nuclear durante la dictadura de Franco y que se prolongó algunos años más después de su muerte. Inicialmente, fueron los ideólogos teóricos, José Mª de Otero Navascués y Guillermo Velarde Pinacho, quienes, a su condición de científicos de primera magnitud, unieron la de ser político y militar respectivamente. Las vicisitudes por las que pasó el proyecto "ISLERO" —que así se llamó tomando el nombre del toro que mató a Manolete—, fueron las propias de un país sumido todavía en el ostracismo, aparte de otras razones no bien explicitadas, si bien, con cierta capacidad teórica para llevarlo a la práctica, aunque con limitaciones. Podría pensarse, que se trataba de emular a Francia y tratar de conseguir el citado proyecto nuclear por una vía independiente, y situar a España en un peldaño político superior en la esfera internacional, cosa, por otro lado, harto difícil a causa de los problemas internos y externos. A modo de conjetura, se baraja la idea —desconozco si del general Franco o sugerida— de no querer hacer depender el proyecto de la jerarquía militar, y quizá esto condicionara su desarrollo último posterior.

En su día, fueron obstáculos reales en el camino, el accidente de los cuatro artefactos nucleares caídos en Almería (Palomares) —dos en tierra y dos en el mar, muy cerca de la costa—, que involucró a EE. UU. en la cuestión nuclear del país. También la muerte a manos de ETA del Presidente del Gobierno, Carrero Blanco y finalmente, la muerte del dictador. Con el tiempo, y la llegada al poder de la administración socialista en 1982, pocos años después, en 1987, se firmó el Tratado de No Proliferación Nuclear (NPT, en inglés), y ahí se acabaron las pretensiones de nuestro país de alcanzar con la energía nuclear otros fines que no fueran estrictamente civiles. Quizá, lo ocurrido en España, pudiera ser el arquetipo de lo que no debe hacerse, si se quiere contar con un proyecto de esta naturaleza y, que cristalice en algo tangible; no se trata de que haya que apostar por un programa nuclear belicista, no, lo que se plantea es que si se toma la decisión de apostar por ello, parece que debe haber una connivencia entre la ciencia, la política y las fuerzas armadas. Como no soy experto en el tema, tengo la impresión de que así es como ocurre en los países que disponen de armas nucleares. En estos casos, siempre hay un control de la gestión de tales programas de armas de carácter estratégico a cargo de los departamentos de defensa, de investigación, ciencia y tecnología, con independencia de las decisiones políticas de carácter finalista. Finalmente, decir que, para los fines civiles en la construcción de las centrales nucleares, el uranio U_{238} extraído en España se llevaba a EE. UU. y una vez enriquecido, se traía a España como U_{235} para su aplicación en el núcleo de los reactores de las centrales nucleares que demandaba la sociedad para usos civiles. Si España hubiese optado por enriquecer el uranio directamente, cabría preguntarse ¿cómo habría sido entonces nuestra relación con EE. UU. y con la Organización Internacional de la Energía Atómica (OIEA)? ¿Se habría entrado en una espiral semejante a la que representa hoy Irán? Es difícil dar respuesta, sin duda.

Después de la Segunda Guerra Mundial, se vislumbraron otras aplicaciones prácticas de la energía nuclear de fisión para muchos sectores civiles como el aéreo, la navegación..., que con el tiempo, sin entrar en razones, no cristalizaron. No se cumplieron las altas expectativas iniciales, salvo las conocidas de generación de energía eléctrica, aplicaciones en medicina y otras en menor escala, de otros sectores.

El auge de la carrera armamentística, mediante armas nucleares, experimentó un desarrollo significativo a través de la navegación submarina durante el período de Guerra Fría. Después de la Segunda Guerra Mundial, se desguazaron muchos submarinos convencionales, pero en 1954, EE. UU., botó el primer submarino de propulsión nuclear, el Nautilus —que tomó nombre de la novela de Julio Verne, si bien hubo predecesores homónimos—, dando comienzo al desarrollo de otros modelos, portadores, ya sí, de misiles balísticos de corto, medio y largo alcance; A EE. UU. le siguieron otros países como Rusia, China, Reino Unido, Francia, India...; y la carrera estaba servida, desde el mar también.

Así el estado de la cuestión, el concepto de estrategia, había cambiado por completo. Hasta entonces, el campo de batalla —o sea, la guerra— era el escenario, el tablero y la forma de hacer o llevar al enemigo a la claudicación de sus posturas, de manera que, aquel, aceptara las condiciones impuestas por la política del ejército vencedor sobre el enemigo vencido. Conforme nos enseña la propia estrategia, no siempre se llegaba al resultado anterior; en definitiva, nos encontramos ante la teoría de Clausewitz[7] cuando en sus escritos "De la guerra" mantiene: *"La guerra es la continuación de la política por otros medios";* o bien *"la guerra moderna es un acto político"*[8]. Si la cita representaba cómo era el estado de la cuestión en la primera

---

[7] <https://es.wikipedia.org/wiki/Carl_von_Clausewitz>
    Última consulta resultada para el día 28 de mayo de 2021

[8] VON CLAUSEWITZ, K. "De la guerra". Biblioteca virtual universal.
    <https://biblioteca.org.ar/libros/153741.pdf>.
    Última consulta resultada para el día 10 de junio de 2021

mitad del siglo XIX, qué podríamos decir hoy. El advenimiento de las armas nucleares, ha trastocado, a mi juicio, las relaciones de poder y el de la geopolítica mundial, porque con ellas — disponiendo cualquier otro país enemigo de las mismas—, ya no se trata de vencer al enemigo potencial, en el campo de batalla con las armas convencionales, también con gran poder de destrucción y con coste muy elevado en vidas, ahora, en cualquier caso, ya nada es comparable con las armas nucleares. Como se puso de manifiesto en Hiroshima y Nagasaki, el terror producido por las bombas atómicas alcanzaba una escalada nunca vista en situaciones anteriores por la humanidad. La ventaja inicial, adquirida por EE. UU., fue contrarrestada en poco tiempo a medida que otros países accedían a las nuevas armas.

Ante la nueva situación, qué significa vencer, ¿vencer significa aniquilar totalmente al enemigo?; y este, en ese proceso de aniquilamiento, ¿también tendrá la opción de disparar hacia quien lo haga primero con los resortes últimos que disponga? Parece que así pudiera ocurrir. Los efectos, aunque sabidos, esperemos no darles nunca la oportunidad de que así se produzcan; y si se producen, ¿podría tal situación catalogarse como una victoria? Quién podría arrogarse una victoria militar con millones de muertos por todo el mundo. Sería una situación en la que, como gustaba citar a Leonid Brézhnev —secretario general del CCCP, de la extinta Unión Soviética, durante 1966 a

1982—, *"una escalada nuclear y con ataques mutuos [sic] su desenlace podría llevar a una situación tal, en la que los vivos envidiasen a los muertos"* (sic). Por ello, tratándose de armas nucleares, y una escalada potencial hacia la confrontación, se tiende más hacia la persuasión para conseguir, en última instancia, la disuasión. En definitiva, pudiera entenderse como un mecanismo de autodefensa de todos los países con capacidad nuclear. Por otro lado, los cinco miembros permanentes del Consejo de Seguridad de la ONU pretendían que otros países no dispusieran de tales armas, o cuando no es posible su control total, hay que tratar, por todos los medios, que sea en el menor número de países esperado los que dispongan de ellas. Tal es la situación en estos momentos con relación a algún otro país como, por ejemplo, Irán.

La escalada armamentística basada en la fisión y la fusión nuclear atómica, con independencia de su aplicación a otros usos civiles y no militares, no nos debe distraer del horizonte fijado que es ver la relación del movimiento racionalista con los acontecimientos bélicos, como la Primera y Segunda Guerra Mundial, que costaron la vida de decenas y decenas de millones de muertos de buena parte del mundo. Estas cifras, que algunos cálculos pesimistas elevan muy por encima del centenar de millones de muertos entre civiles y militares, por no hablar de los heridos y mutilados de guerra con cifras igualmente sonrojantes. Asimismo, se trataría de ver, en los términos planteados, cuál sería la responsabilidad ante los hechos y cómo articularía la sociedad una respuesta que cubriese tal responsabilidad. En mi opinión, esto quedaba reducido al mundo estrictamente político, imponiendo sanciones de guerra, creando organismos internacionales, abordando procesos de descolonización, de reconstrucción, etc.

No obstante, lo anterior, si desde un punto de vista ético convenimos que el pensamiento que orienta nuestro obrar último debe fluir por cauces acerca de lo que está bien o mal, discernir sobre aquello que es bueno o malo, lo que es correcto o incorrecto, u aquello otro que, en definitiva, fuese lo que caracteriza a un sujeto moral, habría que convenir igualmente que, quizá, tal concepción ética se ha ido adaptando así para el caso que nos ocupa —a una época determinada, a una zona geográfica del mundo y a un estado de pensamiento concreto, en este caso del racionalismo—, hacia una moral que es la que determina nuestras decisiones y acciones, si bien adaptada a nuestras propias características, como tal subsistema cultural, y a las de unas organizaciones políticas y sociales determinadas... Ciertamente, la sociedad del final del siglo XIX y buena parte del XX, era consciente de las bonanzas para la vida que el progreso científico estaba operando y lo que representaban tanto la electricidad, como la física y la química, la medicina, la metalurgia, así como otras ramas del saber..., pero igualmente — al menos, la clase científica y técnica de esa sociedad y, seguramente, buena parte de la clase política—, también fue consciente y conocedora de los peligros asociados a tales progresos de la ciencia. Para llevar las cosas hasta sus últimas consecuencias y en su justa medida, puede citarse, como ejemplo, a Robert Oppenheimer, —principal responsable científico del proyecto Manhattan para la bomba atómica—, que una vez lanzada, posteriormente tuvo sus reparos morales, de conciencia o de otro tipo, para no colaborar en el desarrollo y fabricación de una bomba de hidrógeno. Desconozco los adjetivos verdaderos y reparos morales que interiormente albergara Oppenheimer, cuando conoció los efectos del lanzamiento de la bomba atómica. Decimos entonces que, posiblemente, era una sociedad que se fue haciendo cada vez más elitista y de corte racionalista, para así asumir casi todo tipo de cambios que el progreso conllevaba.

Suele decirse, que no pueden ponerse puertas al campo, y menos a las puertas del conocimiento y del progreso científico. La cuestión es en qué medida es responsable una sociedad, no de sus progresos, sino de aquellos efectos posteriores menos benignos asociados, que luego se revelan como desoladores. En cualquier caso, cuesta admitir que aun siendo lógica esa salida pueda ser así tan descaradamente determinista. Pareciera toda una suerte de admisión simultánea de la tesis y de la antítesis de una proposición: en ella tendría cabida, hablando en términos morales, tanto lo bueno como lo menos bueno —incluso hasta lo malo—, lo correcto y lo incorrecto, lo que está bien y lo que no lo está, pero todo junto al mismo tiempo. Podemos decir que vamos adaptando nuestra ética a la moral de nuestras vidas y de nuestras situaciones según la conveniencia, a la que, al parecer, no estamos dispuestos a renunciar, aunque para ello involucremos de forma inexorable la pérdida de tantas vidas del género humano, de otras especies, o de otros tantos hábitats del planeta en general. En definitiva, parece una situación en la que, parafraseando a Keynes, cuando nos invitaba a reflexionar: *"todos éramos o fuimos inmorales",* aunque el autor la aplicase en otro contexto, quizá.

Visto así, parece concluyente responder afirmativamente que sí, que existe una cierta autoría intelectual que moralmente atribuye o sitúa al racionalismo como desencadenante de los hechos bélicos ocurridos hasta la mitad del siglo XX. Se puede convenir, en que si alguien sería capaz de negar con un planteamiento idéntico, que el racionalismo, a través de la medicina, por ejemplo, ha salvado la vida de millones y millones de personas en forma de previsión de enfermedades o a través de vacunas para hacer frente a pandemias; lo mismo podría decirse de otras ramas del saber tendentes en la misma dirección, o sea hacia la mejora y bienestar del género humano. Por tanto, reconocer que a pesar de la correlación positiva, a mi parecer, existente en la propuesta formulada para este capítulo, también lo sería aquella otra que se estableciese entre el racionalismo hacia conductas más beneficiosas alejadas de posiciones de tipo militaristas. El juicio final no puede ser definitivo, y plantea dudas razonables a nivel particular, así como problemas de conciencia. En otro orden de cosas, lo que sigue es una conjetura. Actualmente, hay dudas acerca del desarrollo y uso de otro tipo de armas, como pueden ser las bacteriológicas, y la medida en como pueden comprometer la seguridad de la población en el mundo. Si hace un siglo la guerra química comprometió a los bandos contendientes e implicó a la población civil como nunca, hoy pudiera pensarse que en la geopolítica del mundo actual, no sería estrictamente necesario una declaración formal de hostilidades para iniciar acciones de tipo, pongamos como ejemplo, en una guerra bacteriológica; dada la imposibilidad de la prueba, es de suponer, para culpar a alguien, el simple hecho de solo pensar que así pudiera ocurrir, ¡da escalofríos! Durante año y medio, solo el que transcurrió conviviendo con la enfermedad de la Covid -19, la cifra de muertos en el mundo alcanza la cifra de ¡6 millones de personas!, según la estadística de "Worldometer"[9]; otras fuentes, menos solventes, quizá, casi triplican la cifra.

(* 1 de 5) Acerca de la energía de fusión, después de décadas de

---

9 <https://www.worldometers.info/coronavirus/z>
Última consulta resultada para el día 2 de agosto de 2021

investigación, a finales de 2022, la esperanza personal que se cita en este párrafo de referencia, se vio acrecentada por lo siguiente:

La Administración Biden anunció a la opinión pública mundial el hito trascendental, por el que un grupo de científicos estadounidenses, adscritos al NIF (National Ignition Facility o Centro Nacional de Ignición), obtuvo por vez primera **una ganancia neta de energía** procedente de una reacción de fusión nuclear; el experimento se llevó a cabo a principios del mes de diciembre de ese año mediante el procedimiento denominado de **confinamiento inercial, c**onsistente en el bombardeo mediante el mayor láser del mundo, de una pequeña pelota de plasma de hidrógeno. La energía aplicada en el reactor fue de 2,1 megajulios (MJ) y la obtenida de 2,5 megajulios (MJ).

En puridad, a principios de 2022 ya se tuvo una reacción de fusión, sin embargo, la energía obtenida no representó una ganancia neta respecto a la energía empleada; por ello, la noticia anterior en cuestión, puede llevarnos a pensar que el reloj que marque el tiempo necesario para hacer posible tal realidad y sus usos prácticos, esté ya en marcha, si bien hay que ser muy prudentes. Podría decirse que el anuncio de lo sucedido marcaría, el inicio de lo que tradicionalmente identificamos como la dialéctica entre ciencia y tecnología; en términos genéricos, se trata de pasar desde el conocimiento teórico demostrado por la ciencia en este campo, que precisa de su tiempo, al conocimiento de la tecnología, que igualmente precisa del suyo propio para hacer una realidad práctica los fundamentos teóricos; para ello pueden pasar años; ¿cuántos?, creo que casi nadie se aventuraría a dar una referencia exacta, o quizá solo aproximada. No obstante, hoy por hoy, existen dos formas posibles de conseguir una reacción de fusión nuclear, siempre pensando en términos de una fuente de energía limpia de usos pacifistas y civiles; por un lado, el descrito, y por otro, el consignado en el proyecto ITER, que sigue un camino diferente basado en el **confinamiento magnético.** Ciertas opiniones parecen sugerir, a pesar del adelanto americano citado del proyecto anterior, que la vía seguida por el ITER, presenta unas expectativas de proyecto con visos de una mejor integración futura de cara a los fundamentos tecnológicos que la hagan posible, a pesar de su aparente retraso con respecto al anterior.

Tal dualidad no es sino una carrera, pues hay otras opiniones que sugieren que el confinamiento inercial sería menos costoso y requiere una utilización de energía menor; dicha carrera llevará años o… décadas, es de suponer; asimismo, ¿quién podría asegurar que el aterrizaje de otras tecnologías entrando en liza, procedentes de otros países, no acabarán imponiéndose finalmente? Sin duda, los nuevos avances y la tecnología marcarán el derrotero y rumbo definitivo a seguir.

Cuando finalizaba este trabajo, verano de 2024, salió a la luz la noticia periodística de que la puesta en marcha del reactor de fusión nuclear del proyecto ITER se posponía hasta 2035, ¡diez años de retraso más!, sobre la fecha prevista inicial.

Las esperanzas de todo tipo expuestas aquí, sin entrar a valorar las razones del aplazamiento, se irían al traste al ser una muy mala noticia para la ciencia y la tecnología; además, abre interrogantes, al menos:

Primero   El retraso transmite dudas sobre la viabilidad futura del proyecto, donde participan tantos países; la palabra abandono total del mismo, sin ser agorero, sobrevuela la mente de muchos ¿?

Segundo   De lo anterior, ¿sería en Occidente dónde la iniciativa privada asumiera la punta de lanza de la investigación y la tecnología asociada?

Tercero   A pesar de formar parte del ITER, China, Rusia e India, quizá, prosiguieran las investigaciones como bloque separado; y tendría consecuencias.

2.   ¿Hay pueblos que son potencias en filosofía?

UN APUNTE ETNOGRÁFICO-HISTÓRICO

Antes de responder directamente a la cuestión que se plantea, quizá sirva de enfoque, a modo de introducción, el concepto mismo de filosofía —no para dar un rodeo—, sino para abordarlo desde el punto de vista antropológico e histórico. Sostenía Bertrand Russell que *"la ciencia representa el conocimiento, mientras que la filosofía es todo aquello que desconocemos"*. Por otro lado, atendiendo a la definición comúnmente aceptada, por filosofía hoy reconocemos "al *conjunto de saberes que busca establecer, de manera racional, los principios más generales que organizan y orientan el conocimiento de la realidad, así como el sentido del obrar humano"*[10]. Es posible que, hoy, esta definición no pudiera mantenerse exactamente así, ya que existe también la opinión de que la filosofía misma acaba en la propia filosofía política, si bien con incursiones en otras ramas como la de la metafísica... En cualquier caso, esta definición genérica acerca de la filosofía nos lleva a una pregunta inicial sobre la misma, y es si, como tal concepto, hubiera existido siempre; o bien, si ello ha sido así solo a partir desde el primer atisbo racional de nuestra especie, es decir, si el filósofo o el teólogo salvaje, ya fueron uno solo en los albores mismos del ser humano y, si no, en su caso, cuándo

---

10 Diccionario de la Lengua Española, vigesimotercera edición. Define "filosofía" acepción 1: f. RAE 2014. Espasa-Libros S.L.U. Avda. Diagonal, 662-664, Barcelona. Primera tirada 2014.

comenzó a perfilarse tal separación. Fuera como fuese, todo ello no hace, sino retrotraernos en cualquier caso hasta la idea del hombre primitivo, donde los conceptos de vida y de muerte —y de lo que esta representaba—, eran ya una realidad que impregnaba el destino y el devenir del ser humano. En esta línea de pensamiento y tomando como referencia a Bronislaw Malinowski, en su reputado libro "Magia, ciencia y religión", el autor sostiene:

Ahora bien, el hombre en general, y el primitivo en particular, tiende a imaginar el mundo externo a su propia imagen. Y como los animales, las plantas y los objetos se mueven, actúan, están dotados de una conducta, ayudan al hombre o le son adversos, es el caso que habrán de estar animados por un alma o espíritu. De tal modo [sic] el animismo, esto es, la filosofía y la religión del hombre primitivo, se ha visto construido sobre la base de observaciones e inferencias equivocadas pero comprensibles en una mente impulida y tosca[11].

Desde un punto de vista antropológico, Malinoski, hace suyas ideas provenientes de James Frazer de su libro "*La rama dorada*", e incide a su vez en las diferencias encontradas entre

11 MALINOWSKI, B. Magia, ciencia y religión, p. 8. Obras Maestras del Pensamiento Contemporáneo. Traducción de Antonio Pérez Ramos. Editorial Planeta Agostini, S. A., 1985. Barcelona.

magia y religión, y expresa:

La magia, basada en la confianza del hombre en poder dominar la naturaleza de modo directo, es en ese aspecto pariente de la ciencia. La religión, la confesión de la impotencia humana en ciertas cuestiones, eleva al hombre por encima del nivel de lo mágico y, más tarde, logra mantener su independencia junto a la ciencia, frente a la cual la magia tiene que sucumbir. [... La ciencia nace de la experiencia, la magia está fabricada por la tradición. La ciencia se guía por la razón y se corrige por la observación; la magia, impermeable a ambas *[sic]* vive en una atmósfera de misticismo...][12].

Así, cuando el hombre no consigue dominar a la naturaleza a través de la magia y su misticismo, es entonces cuando eleva sus ojos, sus sentimientos y sus emociones, buscando la ayuda y la protección de un ente superior, y lo hace con múltiples manifestaciones, si bien otorgándole a aquel, las formas y los atributos que cada grupo humano crea, perciba y requiera conforme a su estado de ánimo. Modernamente, esa búsqueda, en parte no se dirige hacia tal ser superior o deidad determinada dotada de los atributos característicos que se asocian a una religión determinada, sino que los seres humanos proyectan su espiritualidad hacia otras realidades abstractas como bien

---

12 Ibíd., pp. 9-10.

pueden ser la naturaleza misma, el universo, u otras formas similares que trataran de preservar el medio ambiente.

Sin embargo, hay un rasgo que surge de la teoría funcionalista de Malinowski y es el concepto de "necesidad". Sobre este concepto se construye todo el entramado cultural de una sociedad, cualquiera que sea, con tal de satisfacerla. Es una cuestión de pareceres, pero con ello se da pie a que los subsistemas culturales emanados a lo largo del tiempo establezcan pautas y formas de conducta; así, por un lado, satisfacen necesidades iniciales y, por otro, conforman el cuerpo doctrinal que da sentido a la conducta del grupo. Este cuerpo de doctrina, tomado de rasgos antropológicos y psicológicos diversos, junto al estado de necesidad, es sobre el que se asienta tales entramados culturales y estableciendo con ello la naturaleza moral y el patrón sociológico que guía y rige sus actuaciones.

La especie humana siempre ha estado ligada al entorno físico en el que vive y a la realidad social que lo envuelve; sus necesidades no han sido siempre ni las mismas ni coincidentes —en el tiempo y en el lugar—, y es por lo que invariablemente, conforme al argumentario vital, sus respuestas y conductas han sido igualmente distintas, conformando con ello corpus de doctrinas y subsistemas culturales diferentes. Participo del criterio que no puede existir una cultura universal ni pautas de conducta que atribuyan un contenido moral igualmente de carácter universal, admitiendo, eso sí, una mayor o menor influencia de pautas emanadas de las conductas sociales habitualmente dominantes.

En líneas generales, en lo que al paso del tiempo se refiere, el objeto de este trabajo trata de eludir conjeturas en la medida de lo posible, —aunque no siempre, ni todas—, si se permite la expresión, por eso, se plantea que podría establecerse una simplificación a la manera de una elipsis temporal de la historia de la humanidad; eso sí, siempre y cuando no pueda avanzarse sobre hechos probados; aquella que ha copado miles y miles de años y que entronca —al parecer—, con el concepto de sociedades primitivas enlazando, en su estadio más próximo, con el de civilizaciones, hasta desembocar a las puertas mismas de alguna de ellas —vivas hoy—, aún sin extinguir, como en nuestro caso, el de la civilización occidental. La elipsis temporal a la que aludo, valga la expresión, podría ser una mímesis de la escena de la película "2001: Una odisea del espacio"[13]. En el film de Stanley Kubrick, el primate que comprendiendo el valor, significado y el poder que le otorga la violencia para conseguir un fin determinado —en este caso, dominar una charca—, una vez conseguido esta, arroja en última instancia su arma —un resto óseo— elevándolo al firmamento; el hueso, girando y

---

13 <https://www.filmaffinity.com/es/film171099.html>
Última consulta resultada para el día 6 de julio de 2021

girando sobre sí mismo se transforma en una nave espacial. La secuencia, sugiere un salto temporal que abarca nada más y nada menos que ¡varios millones de años! Sobre esta comparación, se abordará en otro pasaje, como el descubrimiento y uso instrumental de la violencia, por otras especies animales, se pone de manifiesto que la misma constituye uno de los elementos integrantes del concepto de estrategia; los otros dos son el engaño y la negociación. Lo que sí parece probado, es que la violencia, como tal elemento instrumental, es anterior a la especie humana, pues se trata de una realidad que ya estuvo presente, en otras especies, anteriores a ella.

Ese paso del tiempo no debe hacernos perder de vista el entramado de este trabajo acerca de la filosofía, y que no es otro que ver cuál ha sido su papel, y también desde cuándo, aunque —conforme a lo dicho en la introducción—, el espacio temporal sea el siglo veinte hasta hoy, básicamente. Siendo ese el hilo conductor, el punto de partida serán conceptos relativos a las sociedades primitivas y el salto desde el estadio representado por tales sociedades hasta el de las civilizaciones manejados por Toynbee. Asimismo, se obviarán opiniones de otros autores coetáneos o posteriores a él, que consideraron que la concepción de aquel, respondía a una visión cíclica de la historia y propia de una sociedad en decadencia. Al hacerlo así se tiene en cuenta que, aunque esto pudiera ser cierto, igualmente sigue siendo válido de cara a explicar lo que se pretende desde una concepción unitaria del período histórico, fuera de cualquier otra concepción determinista preestablecida.

Como se ha citado, este capítulo no trata de las civilizaciones en sí mismas; tampoco pretende abordar sus procesos de génesis, crecimiento y mucho menos la desintegración que las llevara al colapso, pero sí servirá de apoyo las referencias de Toynbee partiendo de su trabajo sobre el "Estudio de la Historia"[14] al menos para centrar el marco conceptual.

En primer lugar, podemos decir que las sociedades primitivas, al igual que las civilizaciones, dispusieron de sus propias instituciones. Las primeras eran sociedades estáticas y no evolucionaban, mientras que las segundas eran dinámicas y por eso respondían a un mecanismo de desafío como motor de cambio. Según Toynbee se tiene que una sociedad torna o evoluciona desde una sociedad primitiva hacia un proceso de civilización cuando *"una minoría dominante sobre una mayoría, establece un Estado universal -legitimado casi siempre por la fuerza- [sic], una Iglesia universal y la*

---

14 TOYNBEE, A. J. Estudio de la Historia I. Compendio de D.C. Somervell, Vols. I-IV, pp. 9 a 55. Obras Maestras del Pensamiento Contemporáneo. Traducción de Luis Grasset. Editorial Planeta Agostini, S. A., 1985. Barcelona.

völkerwanderung[15]. Con el término de *"völkerwanderung"[16]* se identifica a un movimiento de pueblos, dando lugar a un proceso de ósmosis entre elementos de la sociedad que están dentro y fuera del *Estado universal,* a los que se denomina *"proletariado[17] interno y externo"* respectivamente, y que puede desembocar todo ello en un proceso de integración. Por tanto, esos tres elementos citados constituyen para el autor la base sobre la que se fundamenta el concepto central de una civilización.

Al enfocar la cuestión sobre las civilizaciones y las sociedades primitivas, Toynbee establece para esta cuestión que ambas son *"sociedades inteligibles de estudio, si bien a su vez constituyen especies diferentes"[18]*. Sin embargo, cuando Toynbee comenzó a publicar su trabajo, en 1934, y para discernir lo que sigue, ya una primera diferencia que establecía venía determinada por el número comparativo manejado para el estudio de ambas, así se tiene que:

El número de sociedades primitivas conocidas es mucho mayor. En 1915 tres antropólogos occidentales..., limitándose a aquellas de las que se disponía de una

---

15   Ibíd., pp. 19-20.
16   Ibíd., p. 10: Término de la historiografía alemana (migración de pueblos).
17   Ibíd., p. 17: El término proletariado designa a cualquier elemento o grupo social que en algún modo está *"en"* pero no es de una sociedad determinada en un período determinado de la historia de una sociedad.
18   Ibíd., p. 39.

información adecuada, registraron unas 650, la mayor parte de ellas vivas hoy. Es imposible formarse una idea del número de sociedades primitivas que deben haber existido y desaparecido desde que el primer hombre se tornó humano, hace quizá unos trescientos mil años, pero resulta evidente que el predominio de las sociedades primitivas sobre las civilizaciones es abrumador... Casi igualmente abrumador es el predominio de las civilizaciones en sus dimensiones individuales...[19].

Es procedente, aunque solo sea a modo descriptivo, citar las diecinueve sociedades que tienen, para este autor, la consideración de una civilización, a saber:

La Occidental, la Ortodoxa, la Iránica - Persa, la Arábica (estas dos ahora unidas en la Islámica), la Hindú, la del Lejano Oriente, la Helénica, la Siríaca, la Índica, la Sínica, la Minoica, la Sumérica, la Hitita, la Babilónica, la Egipcíaca, la Andina, la Mexicana, la Yucateca y la Maya... Es probablemente deseable dividir la Sociedad Cristiana Ortodoxa en una Sociedad Ortodoxo - Bizantina y otra *[sic]* Ortodoxo - Rusa, y la del Lejano Oriente en una Sociedad China y otra *[sic]* Coreano - Japonesa. Esto elevaría nuestro número a veintiuno...[20].

---

19 Ibíd., p. 39.
20 Ibíd., p. 38.

Otra subdivisión se impone, y es la de aquellas civilizaciones que él consideraba primigenias, serían: *"la Egipcíaca, la Sumérica, la Minoica, La Sínica o China, la Maya y la Andina... Siete de ellas viven aún, catorce se han extinguido, y de éstas [sic], tres por lo menos —la Egipcíaca, la Sumérica y la Minoica—, alcanzan la aurora de la historia"*[21]. Las restantes son consideradas civilizaciones filiales procedentes de aquellas. Este concepto de aurora de la historia me sugiere una referencia a la protohistoria de la humanidad, mientras que cualquier período anterior, ya estaría referido a la prehistoria de la misma.

El tiempo —como no puede ser de otra manera— es un término recurrente en nuestro trabajo, donde lo que late es el tiempo histórico, pero que puede tener distintas connotaciones, a partir de dónde empiece a contarse, y ello lleva a Toynbee a expresar:

El tiempo es relativo y que el período de menos de seis mil años que lleva el intervalo entre el nacimiento de las primeras civilizaciones conocidas y nuestro tiempo ha de medirse en la escala temporal adecuada, esto es, en forma de los espacios de tiempo de las civilizaciones mismas... Porque lo que llamamos historia es la historia del hombre en una sociedad civilizada, pero si por historia entendemos

---

21 Ibíd., pp. 45-53.

la vida del hombre sobre la Tierra, encontraremos que el período que produce las civilizaciones, lejos de ser coetáneo de la historia del hombre, abarca sólo *[sic]* el dos por ciento de ella[22].

Una primera apreciación del aserto anterior es que dicha relación se ha establecido entre el período de trescientos mil años considerado como historia de la humanidad; en segundo lugar, no es menos cierto que Einstein influyó poderosamente en muchas disciplinas científicas y no científicas del saber; sus ideas sirvieron de apoyo y trampolín para otros ámbitos de la vida y esferas del pensamiento para establecer el concepto de relatividad en el tiempo, y que lo utilizaron con mayor o menor rigor en cuanto a disciplina científica así como acierto temporal con respecto a los intereses que se pretendían en cada caso.

Por otro lado, hoy se acepta que hará alrededor de cinco millones de años cuando comenzó la evolución de la especie, desde el primate al hombre, siendo difícil establecer el umbral a partir del cual puede hablarse con propiedad de la especie humana. A partir de ahí, las sociedades primitivas han copado buena parte de la historia humana, ya que como dice Toynbee, de acuerdo a su escala temporal, *"las civilizaciones representan una quincuagésima parte de la vida de la humanidad"*[23]; este

---

22 Ibíd., p. 45
23 Id., p. 45

ratio no es, sino otra forma de expresar el dos por ciento, citado anteriormente, de la relación entre ambas.

La dinámica de trabajo deviene, a partir de aquí, en un hecho fundamental y es que entre las sociedades primitivas y las civilizaciones, existe una diferencia clave como es el de la mímesis, pero si en las primeras la mímesis se dirige al pasado, en las segundas se proyecta hacia adelante y al futuro; así, mientras que:

En una sociedad cuya mímesis se dirige hacia el pasado, gobierna la costumbre, y la sociedad permanece estática. Por otra parte, en las sociedades en proceso de civilización, la mímesis se dirige hacia personalidades creadoras que logran una adhesión porque son precursores... En tales sociedades se rompe la corteza del uso y se pone en movimiento dinámico siguiendo un proceso de cambio y movimiento[24].

No obstante, en el proceso de evolución de las civilizaciones, partiendo desde las sociedades primitivas, pasando por la génesis, desarrollo y cómo no del colapso hasta llegar a la extinción de aquellas, para mí es irresistible y muy sugerente por la comparación, el argumento de la cita de Toynbee siguiente:

---

24 Ibíd., p. 53.

Las sociedades primitivas, tal como las conocemos por la observación directa, pueden asemejarse a gente que yace adormecida en la saliente de una montaña con un precipicio por debajo y otro por arriba; las civilizaciones pueden compararse a compañeros de esos durmientes que acaban de ponerse en pie y que han comenzado a ascender por la cara de la escarpa, en tanto que nosotros, por nuestra parte, podemos parecernos a observadores cuyo campo de visión está limitado a la saliente y a los escalones inferiores del precipicio superior, y que han llegado a la escena en el momento en que los diferentes miembros del conjunto se hallan en sus respectivas actitudes y posiciones. A primera vista podemos sentirnos inclinados a establecer una diferencia absoluta entre los dos grupos, aclamando a los trepadores como atletas y desechando a las figuras yacentes como paralíticas; pero pensándolo mejor encontraremos más prudente suspender el juicio[25].

La prudencia se antoja que no debe ser mala consejera cuando se trate de enjuiciar a las sociedades primitivas y a las civilizaciones —y más aún a las desaparecidas—, porque adoptando el símil de la referencia anterior, la primera cuestión que se plantea es cómo han podido llegar hasta allí los moradores en cuestión y cuántas dificultades han tenido que

---

25 Ibíd., pp. 54-55.

sortear para hacerlo. La comparación con la escarpa representa, al menos, el grado de dificultad al que se enfrenta cualquier sociedad durante su proceso histórico vital; el siguiente hito, puede ser valorar lo que van consiguiendo y, en el caso de las extintas, lo que han conseguido.

Las civilizaciones vivas, hoy, es probable que no sean conscientes, en toda su extensión, del aporte y bagaje cultural recibido y reportado por aquellas otras que ya no son actuales; también, en algún caso, de la deuda —sea del tipo que sea—, contraída para con alguna otra de las extintas, es decir, de aquellas que se quedaron a medio camino de la escarpa durante el devenir del período histórico de la misma. Sirva como ejemplo, —tampoco es único—, el de la civilización Siríaca que, siendo una civilización "digamos filial", hunde sus raíces en otra civilización primigenia como pudiera ser la Sumérica o bien incluso en la Minoica. Dicha civilización Siríaca, lógicamente, ya no persiste en nuestro tiempo, si bien, conforme a la información que disponemos, su sociedad nos hizo y legó los aportes siguientes:

◆ ¿Creó?, y transmitió el alfabeto.
◆ Comprendió y llegó a moldear la concepción única de la divinidad (de un dios único).
◆ Descubrió el océano Atlántico.

Siendo conscientes y reflexionando acerca del primero de estos aportes, hay cierto consenso para mantener que al menos representa el germen que da vida a tantas lenguas y mediante el cual otros tantos pueblos han plasmado sus saberes, sus sentimientos y emociones. Si se permite la comparación, el alfabeto no fue sino el navegador que —en su tiempo, quizá sin pretenderlo—, hizo de vehículo transmisor que propiciara el proceso de comunicación entre buena parte de las sociedades de su tiempo histórico. Con respecto al segundo de los aportes citados, se tiene que del concepto unitario de la divinidad, originó el nacimiento de las distintas religiones monoteístas —tanto de las grandes y de otras no tan grandes—, frente al politeísmo reinante en el tiempo en que fue formulado como tal dicho concepto. Con esa concepción es como hay entender el germen originario del judaísmo, del cristianismo, del islam…, al menos, entre otras religiones.

Por otro lado, hoy, se podrá ser creyente, ateo, agnóstico, o no ser nada de eso, pero tampoco se puede negar, ¡sería como cerrar los ojos!, la influencia capital que las sociedades que responden a planteamientos religiosos monoteístas, vienen ejerciendo a lo largo de la historia, para dar respuesta a problemas trascendentales de la vida y más allá de la muerte, basada precisamente en una concepción única de la divinidad transmitida por la civilización Siríaca. Sobre este aspecto, es muy revelador y no resisto a citar nuevamente a Toynbee:

Hemos observado que el germen de poder creador del cristianismo no era de origen helénico, sino extranjero (en realidad de origen siríaco, tal como podemos identificar ahora). Por contraste, podemos observar que el germen creador del Islam no era extraño a la Sociedad Siríaca, sino nativo de ella. Su fundador, Mahoma, obtuvo su inspiración primaria del judaísmo, una religión puramente siríaca, y secundariamente del nestorianismo, una forma de cristianismo en la que el elemento siríaco había recobrado su predominio sobre el helénico... Hablando en términos generales, sin embargo, el cristianismo es una iglesia universal originada en un germen que era extraño a la sociedad en que desempeñó su papel, mientras que el Islam se originó de un germen que era indígena[26].

Se aborda ahora el tercer aporte de la sociedad Siríaca y la referencia, tanto conceptual como geográfica, al océano Atlántico, debido a que dicha sociedad propició grandes travesías a través del Mediterráneo. En este sentido, se puede precisar ¿qué significa la expresión de descubrir el océano Atlántico? Esto hay que enfocarlo, desde la perspectiva de la preponderancia e influencia que, en la antigüedad, tuvo la parte del mundo formada por el continente europeo a ambos lados del balcón del mar Mediterráneo, Asia Menor, Oriente Medio y su prolongación en zonas euroasiáticas; ya en menor medida de

26 Ibíd., p. 26.

otras del valle del Indo así como otras más allá del subcontinente indio hasta el lejano Oriente. Podemos decir, sin temor a equivocarnos, que con independencia de la existencia de otras sociedades, el corazón de ese mundo antiguo latía y basculaba entre las zonas geográficas descritas. Dado que la sociedad Siríaca favoreció el comercio, no tiene nada de particular que este se practicase desde tal centro neurálgico, desplazándose hacia el oeste de ese mundo —que en aquellos momentos era el más influyente y conocido—, y que allá por entre los siglos décimo y noveno a. de C., arribasen a las costas del balcón Atlántico y oeste de lo que, posteriormente, los griegos denominaron como Iberia, lo que sin duda constituyó un hito importante para esa sociedad y para otras venideras en el futuro. Fue su influencia el germen, a su vez, para el florecimiento de Tartessos —denominación griega también— en el suroeste de la península ibérica. Finalmente, decir que la referencia a la civilización Siríaca y sus aportes, lo es a modo de particularidad concreta, por su influencia significativa, según criterio personal; ello pudiera llevar a pensar en la existencia de realidades parecidas y para extrapolar a otras civilizaciones. En tal caso, como no se trata de generalizar, simplemente decir que para otros casos potenciales serían simples conjeturas, basadas en juicios de valor con poco fundamento, pero sin rechazar tampoco la posibilidad de la existencia de otros aportes culturales semejantes. Así, por ejemplo, la civilización islámica, tuvo su aporte significativo por el avance que supuso la introducción de los números arábigos en el desarrollo matemático, así como en otras disciplinas, frente a los números griegos, que eran más engorrosos para el cálculo.

En otro orden de cosas y situados ya en tiempos más cercanos al presente, creo que se tiene la percepción que el devenir del tiempo histórico lleva a muchas personas a pensar — de hecho creo que así lo piensan—, que existe una preeminencia de la civilización occidental frente a cualquier otra de las actuales, que no resiste comparación; incluso que se hacen referencias a la propia raza para apoyar tal aserto, lo que no deja de introducir un componente cuasi supremacista, eso sí, vista con los ojos desde algún grupo étnico concreto y para una zona geográfica del mundo determinada. Se puede compartir la idea de que nada más lejos de la realidad; por otro lado, frente a quienes invocan la superioridad de la civilización occidental asociada a tales conceptos, se puede argumentar igualmente que no se puede obviar tampoco el hecho objetivo de que la parte del mundo antiguo formada por las zonas citadas anteriormente del continente europeo a ambos lados del balcón del mar Mediterráneo, Asia Menor, Oriente Medio y su prolongación en zonas euroasiáticas, **ha sido el escenario para el desarrollo del mayor número de civilizaciones conocidas, frente a cualquier otra zona geográfica del mundo**.

Con independencia del criterio que se adopte, la

participación en el aserto anterior no bajaría nunca de nueve sociedades, y ello, sin contar con su participación también en la génesis de la propia civilización occidental. Nuevamente, se ha de invocar a la prudencia para no hacer juicios definitivos. Aunque en general no se cuestione los logros y modos de vida alcanzados por dicha sociedad, no hay que olvidar que, como cualquier otra civilización viva, la occidental, hoy, se encuentra en plena escalada de la pared, de la escarpa —conforme a la cita 25 de Toynbee—, si bien es difícil decir en qué estadio se encuentra, ni dónde está la meta, o ¿dónde la situaría?, si es que la hay. De igual manera que otras civilizaciones sucumbieron en la historia e hicieron la parte de su propio camino, para la occidental, hasta ahora, estamos inmersos en el proceso de escalada; dado que no enviamos mensajeros ni notarios al futuro, para conocer cuál puede ser el destino reservado a nuestra sociedad, parece deducible que nuevamente debemos ser prudentes. Asimismo, sobre esta cuestión, podría ser pertinente preguntar —a modo de diálogo intergeneracional hacia atrás en el tiempo—, cuáles podrían ser los pensamientos que invadirían a los mentores de cualquier civilización pasada cuando estaban inmersos en el apogeo de mayor esplendor de la misma. A modo de supuesto ejemplo, la dinastía XV —a mitad de toda la serie—, de la sociedad Egipcíaca acerca de sí misma, ¿contemplaría el declive de esa sociedad visto a un futuro temporal, pero lejano todavía de 1500 años, para la dinastía XXX? Decididamente, cuesta trabajo vislumbrar dónde puede estar el final de una civilización; esto mismo nos lo podemos aplicar a la sociedad occidental, si bien la velocidad de los cambios en este tiempo, invitan nuevamente a la prudencia en la emisión de juicios definitivos. Sin embargo, tal como habrá oportunidad de analizar en el capítulo trece, la decadencia de Occidente ya fue objeto estudio por Spengler en el primer tercio del siglo XX.

Después de esta aproximación acerca de las sociedades primitivas y civilizaciones, pareciera que el campo y objeto de estudio de unas y otras es algo más nítido; así, por ejemplo, se ha citado que las primeras, al dejarse llevar por la costumbre, miran hacia el pasado y son más estáticas, mientras que las civilizaciones, frente al desafío, su mecanismo de respuesta las llevan a mirar al futuro apostando por el dinamismo. Cuestión diferente es cómo evolucionan, hasta dónde llegan, y cuál es su legado; en cualquier caso no responden, en opinión generalizada, a un planteamiento determinista donde su futuro esté escrito y se vaticine la desintegración, aunque el tiempo y los acontecimientos pueda aportar signos en una dirección determinada, claro.

Llegados a este punto puede decirse que a pesar de las diferencias citadas entre sociedades primitivas y civilizaciones, puede sostenerse que la idea misma de la filosofía ha estado presente en ellas —tanto en unas como en otras— desde el primer momento, siendo así reconocido como tal; es decir, filosofía, como concepto, siempre hubo tanto en unas como en otras sociedades, solo que sus mentes estarían moldeadas de acuerdo a las capacidades antropológicas de cada una de ellas y construidas sobre los perfiles psicológicos de las mismas, así como de sus actos cognitivos. Su enfoque debe haber basculado, desde sus albores, entre el misticismo y la religión, hasta apoyarse más en otros campos aledaños a la ciencia, aunque la visión de la ciencia pueda ser un enfoque filosófico por sí mismo. El filósofo de cualquier tiempo siempre se ha ocupado del estudio del hombre y de su entorno; sin embargo, el papel jugado por la filosofía, aparentemente, parece más nítido cuando una determinada sociedad, así como los pueblos y países que la integran, se encuentra en el momento álgido de su devenir histórico.

Durante buena parte de la historia ha existido cierta conexión entre algunas civilizaciones, y se ha citado la existente entre algunas sociedades entre ellas, principalmente la de alguna primigenia con alguna otra de las denominadas filiales; incluso particularizando para la civilización occidental y la civilización islámica, ha existido entre ambas, un grado de cercanía geográfica, también de tipo geopolítico así como una permeabilidad histórica y sociológica. Estos factores han permitido un mejor conocimiento entre ambas, así como cierta influencia en el plano filosófico, sobre todo desde la segunda hacia la primera, pero de ello no puede inferirse un mayor acercamiento de manera conceptual. En épocas moderna y contemporánea, pareciera que las civilizaciones existentes, hoy, han mantenido una especie de compartimentación estanca, con matices, fundamentalmente entre la civilización occidental con las del lejano Oriente, así como con otras, especialmente las asiáticas. Ese grado de estanqueidad entre las civilizaciones nos hace reparar acerca del grado de hermetismo que tradicionalmente representa para nosotros —desde la cultura y civilización occidental—, la filosofía oriental, la hindú, así como su influencia en sus sociedades respectivas.

En lo que sigue, no se trata, ni mucho menos, de hacer una comparativa de la filosofía practicada por las distintas civilizaciones vivas, ni cuáles eran sus preceptos originarios, ni cómo han influido en otros casos, por supuesto no se trata de nada de eso; se trata de enfocar la percepción personal acerca de la medida, que los aportes filosóficos de cada una de ellas muestren una mejor disposición hacia el cambio o no, así como cuál ha sido su evolución posterior y, en su caso, los valores añadidos de esos cambios. Se percibe, al menos, que el desarrollo de cualquier movimiento filosófico que atienda a postulados formulados desde la razón exige, para cada tipo de sociedad, de la influencia de unos perfiles psicológicos que estén movidos por la inquietud y sobre todo de unas mentes dispuestas a abarcar cualquier tipo de tendencias de pensamiento, es decir, que el ejercicio de la filosofía —tal como lo entiendo—, precisa de actitudes abiertas a todo tipo de matices. Desde nuestra visión occidental, esto no ocurre así automáticamente en todas las sociedades, como analizaremos más adelante. En general se tiene, en aquellas sociedades cuya forma de pensar está dominada por aristas y planos muy acusados de razonamiento, que induce a pensar que adoptan precisamente esa postura, porque se sienten en la necesidad —surge de nuevo el concepto de necesidad—, de pasar desde un planteamiento determinado a otro que está situado probablemente en las antípodas de aquel; esto pudiera servir —al menos para actitudes personales— para constatar la ausencia de matices en el discernimiento, pasando desde lo blanco a lo negro sin solución de continuidad, es decir, sin interrupción o bien, a través de un estadio intermedio necesario, a modo de paso previo.

Por otro lado, la influencia de las religiones, con sus iglesias universales, sobre la filosofía de las sociedades en las que aquellas desarrollaban sus roles, fue grande y jugando un papel nada desdeñable; así ha ocurrido siempre y en buena parte de las civilizaciones. Situándonos nuevamente en tiempos de épocas moderna y contemporánea, en las sociedades asiáticas o no, de las civilizaciones vivas hoy, se tiene que ciertamente pueda haber matices para la comprensión del pensamiento, pero en general, puede decirse que el germen de la filosofía, o buena parte de ella, gira en torno al hecho religioso, mira de reojo hacia él y guarda connotaciones cercanas a la búsqueda del animismo, de la paz interior individual y espiritual. En el islam, por ejemplo, al no haber separación entre religión y política, la filosofía deriva hacia la primera faceta y pareciera que no ha evolucionado a la par de cómo lo hace en otras sociedades, o incluso la propia sociedad islámica, que no es indemne a la influencia de los cambios provenientes del exterior a su doctrina universal. Por otro lado, la evolución en este caso concreto actúa como resorte político que viniera a contrarrestar la influencia exterior y de ahí surge la proliferación de movimientos integristas, en el seno de tales sociedades, para frenar la influencia externa proveniente casi siempre de Occidente, y percibida por sectores desde el interior, como una invasión o afrenta a sus propios valores; en definitiva, a la tradición y la costumbre. La cuestión no es si el hecho religioso influye o no en la filosofía, que por supuesto que sí; la cuestión, es si esa influencia representa un freno, o no lo es, para su evolución potencial posterior. Aquí es donde debemos enlazar con la civilización occidental y ver como efectivamente la filosofía en Occidente sí que ha evolucionado, a pesar de las influencias ejercidas por las distintas iglesias, confesiones y aportes de otras sociedades; siendo así, se constataría que tales influencias no han sido óbice, ni un freno aparente, para el desarrollo posterior de otras fuentes de inspiración ajenas al hecho religioso, aunque pudiesen estar mediatizadas por él.

Haciendo un ejercicio comparativo entre estas sociedades vivas y la occidental, en cuanto a su enfoque de la filosofía, hay razones para pensar que el desarrollo de esta en época moderna, contemporánea y más recientemente en la era digital, dichas sociedades parecen comportarse con un patrón parecido —en cuanto a las diferencias—, respecto al establecido entre las sociedades primitivas y las civilizaciones, y muestran una correlación en la misma dirección. Nuevamente, decimos que las primeras están movidas por la tradición, la costumbre y cierto grado estático; las segundas, en cambio, por su grado de dinamismo y evolución. Si hay un elemento diferenciador en Occidente, frente a lo ocurrido con otras sociedades, es precisamente la evolución experimentada por la filosofía desde la época clásica y helénica hasta nuestros días, no siendo ajena al proceso histórico mismo. Durante la época clásica, sus filósofos se ocuparon del estudio del hombre, de la naturaleza y del cosmos en general, si bien conforme a los preceptos por los que se regía la sociedad de aquel tiempo.

A la caída del imperio romano y la división del mismo en el de Oriente y de Occidente con sus respectivas iglesias, siguió un largo período de diez siglos de ostracismo de la alta y baja Edad Media, con el saber recluido en los monasterios, la influencia de otras religiones, sociedades y procesos de *völkerwanderung;* aunque tampoco con el grado de hermetismo y cerrazón con el que tradicionalmente lo ha tratado de presentar la historia. Le siguió el Renacimiento, y se conforma en Occidente un estado de la filosofía con sus influencias respectivas de iglesias y poderes políticos. Todos esos períodos desembocan en época moderna, donde el racionalismo se asienta y se extiende en el tiempo hasta llegar —con sus distintas variantes de escuelas y países—, hasta la etapa contemporánea. Y la razón se eleva como el atributo que en buena parte condiciona el pensamiento de la civilización occidental, en la toma de decisiones y constituye el germen de su propia evolución.

Esa evolución conlleva una dinámica de cambios sociales que también son objeto de estudio a través de distintas corrientes. Al igual que en su día, las nuevas formas de producción, a través de la industrialización, pudieron plasmarse en el positivismo, el materialismo u otras corrientes de pensamiento, hoy en plena era digital, el carácter científico del tratamiento de datos, otras formas de comunicación, la inteligencia artificial, la robótica, el internet de las cosas, así como sus aplicaciones al campo de la genética, la medicina, o cualquier otra rama, sin duda planteará —lo está haciendo ya—, retos a la filosofía; los mismos, se manifestarán en forma de preguntas, de dudas, de nuevos planteamientos de tipo ético y moral, acerca de la frontera entre lo natural y lo artificial, entre otras cuestiones. En el capítulo 13 se abordará un enfoque más actual de las civilizaciones a tenor del desarrollo de las sociedades.

¿HAY PUEBLOS QUE SON POTENCIAS EN FILOSOFÍA?

Después de la aproximación de carácter antropológica del epígrafe anterior, la mirada hacia la antigüedad del mundo clásico, parece sugerir que la dinámica evolutiva seguida por la filosofía occidental a lo largo de la historia no ha ocurrido de forma homogénea por igual, ni en el tiempo ni en otros ámbitos.

Habitualmente se suele dar por sentado que concretar el espacio temporal y el ámbito geográfico, al que se circunscriba cualquier referencia sobre la civilización occidental, puede ser una tarea algo imprecisa; sin embargo, puede existir un cierto consenso en admitir, en su caso, hablando sin mucha precisión y de forma generalizada, que el mundo clásico se esforzó en identificar lo que significaba su propio espíritu como sociedad, resaltando su esencia como pueblo, así como en su seña de identidad; y para ello no dudó en fijar la primacía del hombre frente a la mujer. Además, en esa labor identificativa se guiaba, también, por la práctica de unas relaciones sociales con preeminencia de unas clases sobre otras; asimismo, por establecer claramente aquello que era lo genuino de lo griego frente a aquello otro que no lo era como tal; es decir, que se ponía el énfasis en resaltar la esencia griega sobre lo extranjero, sobre lo bárbaro. También, en fundamentar la idea de la democracia, al menos, tal como nos ha llegado aunque coexistiendo la misma en una sociedad que ejercitaba, sin rémora de ningún tipo, la esclavitud. Finalmente, sus filósofos, se ocuparon del estudio tanto del hombre, de la naturaleza, así como del cosmos. En el capítulo 6 se analizará, cómo ese enfoque de la filosofía hacia lo humano, pareció que no tuvo en cuenta a los seres humildes, ni experimentó la necesidad de una deidad asociada al concepto de la justicia. Con tales ingredientes, y sobre ellos, se edificaron —a mi parecer— tomando cuerpo los postulados de la filosofía clásica; con esa visión de los mismos, se fue irradiando, en el tiempo, a través del mundo helenístico, y de ahí a la época romana así como hacia otros pueblos y sociedades en su devenir histórico para conformar la civilización occidental.

Roma aportó el genio de su gente, que no era otra que la de unas mentes abiertas; aquellas que, a través de la ley, impulsó —entre otras realizaciones—, las comunicaciones, adoptó el latín como lengua común de los ciudadanos romanos y finalmente, el ejército, que aseguraba las fronteras para el ejercicio de la acción de gobierno y administración por todo el imperio. En esa sociedad, a su vez, el cristianismo, fue abriéndose paso hacia el establecimiento de una iglesia universal —conforme a la terminología de Toynbee—, impregnando a sus seguidores, cada vez en mayor número, bajo los conceptos de la práctica de la caridad y de evitar el pecado. A la caída del imperio romano, —puede incluso que antes— se produjo la irrupción de los pueblos godos, así como de otros procedentes del norte del continente europeo —bárbaros— y del centro asiático con los hunos; las realizaciones del mundo clásico, helenístico y romano se difuminaron para siempre. La Alta Edad Media trajo tiempos de oscuridad y pareció que el saber se había perdido y recluido en los monasterios. A pesar de ello, andando el tiempo, la llama del saber no se apagó del todo, ni de la luz que lo alumbraba.

En el ámbito político, se propició el nacimiento del Sacro Imperio Romano Germánico, a modo de herencia del imperio romano. Por un lado, se tuvo un período que se denominó como el "renacimiento carolingio", precisamente con la figura de Carlomagno. Varios siglos más tarde, se produjo un fenómeno significativo de importancia capital, como fue el nacimiento de los burgos y de la burguesía, que transformaría las ciudades y las relaciones de la población, mientras que al final de la Baja Edad Media, se pusieron los cimientos en los que la filosofía, asentada todavía, no obstante, en la teología, sin embargo, vislumbraba ya el amanecer de un tiempo nuevo que colocaba a la razón, a la ciencia y, en definitiva, al humanismo, en la justa dimensión del porvenir. Había llegado el Renacimiento. Le siguieron, por otro lado, la expansión de los reinados asociados al cristianismo ortodoxo así como la llegada del imperio otomano y del islam, que dejaron sentir la impronta de sus sociedades respectivas junto al judaísmo. En cambio, las sociedades asiáticas, en general, tales como la indostánica a través del subcontinente indio, así como las de lejano Oriente y, en general, el resto de otras sociedades vivas, tuvieron un comportamiento más hermético, y no propiciaron una influencia recíproca similar, ni tampoco confiaron en el conocimiento científico que se barruntaba y que, andando el tiempo, hubiera permitido la evolución de las mismas. En ellas, predominaban actitudes como el animismo, la meditación, la contemplación de la naturaleza, así como de otras que, desde un punto conceptual, pudieran ser, quizá, incluso anteriores a otros preceptos de tipo eminentemente religioso. Ya inmersos en época moderna, también es de significar la formación de los "estados nación", surgidos desde el siglo quince, aproximadamente. Y mucho antes, quedaron atrás, y fueron abandonados para siempre los restos del feudalismo y de los siervos de la gleba, que estuvieron presentes en el continente europeo durante siglos.

El desarrollo de la filosofía, al menos en la parte del mundo que venimos analizando, casi siempre corrió una suerte paralela con la formación de los estados nación —en algún caso, con visos de imperio y casi siempre por el ejercicio de la fuerza —, surgidos desde el siglo quince aproximadamente, de manera que el apogeo político de dichos estados, digamos modernos, iba acompañado de un aura cultural que utilizaba a la lengua como vehículo de implantación de preceptos religiosos, de ciencia, sociales, de pensamientos e ideas, de economía y de otros valores morales propios de la metrópoli de los cuales eran portadores. Así ocurrió en el modelo de expansión política de la tradición continental europea, de las ciudades y repúblicas italianas y del modelo de las islas británicas. Además, la expansión europea de dichos estados, se irradió básicamente hacia el continente americano, hacia Oceanía y en otra medida también a África, así como a otros lugares del mundo asiático, incluido el lejano Oriente. En los nuevos ámbitos, la religión a implantar generalmente fue la cristiana —en sus distintas iglesias y congregaciones—, conviviendo con las tradicionales de la población indígena, así como del islam ya asentado en bastantes territorios de África y Asia. Ello tuvo como consecuencia la formación del fenómeno denominado como *völkerwanderung*[27] —migración de pueblos, utilizando nuevamente la terminología de Toynbee—, en el que aun no siendo todos sus integrantes del mismo imperio, —o pertenecientes a él—, sino de estados nación, que a su vez influían en la propia metrópoli. En esta situación, el desarrollo de la filosofía tenía una correlación alta con la influencia e implantación política jugada por los estados, a las que se sumaba el estatus científico de los mismos. No obstante, buena parte de los países europeos tuvieron zonas de influencia en el continente africano e igualmente también en el suroeste asiático. En ambos casos, la religión imperante entre la población nativa, en el continente africano y en el suroeste asiático, era musulmana básicamente, con la salvedad de que en las colonias en este último continente, a cargo de Portugal y España, databan del

---

27 TOYNBEE, A. J. Op. cit., p. 10.

siglo XVI. En estos casos, la bula papal en favor de estos países consistía en conceder a un príncipe la posesión y soberanía de las tierras descubiertas —en alguna parte del orbe, hasta entonces no conocido por aquellos—, a cambio de imponer a la población indígena la evangelización. En España, la propia concepción de imperio venía determinada no ya por sus extensiones, en el continente europeo y ultramar, sino porque el propio rey, Carlos V, en el siglo XVI, fue coronado heredero y emperador del Sacro Imperio Romano Germánico, a través de la casa de Habsburgo, y le siguieron o coexistieron en el tiempo, otros imperios como el austro húngaro y el otomano —que se prolongaron, ambos, hasta la Primera Guerra Mundial— o en la parte cristiana ortodoxo oriental de Rusia. Andando el tiempo, otros países como Inglaterra, Francia, Holanda..., ejercieron acciones similares en sus respectivas zonas de influencia.

Siguiendo la referencia del párrafo anterior, desde el siglo XVI, durante los casi cuatro últimos siglos, la producción filosófica continental europea y de las islas británicas fue amplia y fecunda; propició el desarrollo de la sociedad occidental y su mundo a través del racionalismo, de otras corrientes y del conocimiento científico que, junto con la influencia del judaísmo, sentaron las bases tal como las conocemos hoy para dicha sociedad y del capitalismo en sí mismo. Se crearon los burgos que dieron paso a una sociedad de individuos más libres; a una sociedad que permitió la creación de oficios, de profesionales, de artesanos y hombres de ciencia, como estadio previo a la ilustración e industrialización; de forma correlativa, la filosofía tuvo pensadores con esa misma orientación, ejerciendo el rol de correa de transmisión de la misma. En contraposición, puede decirse que España durante el siglo XVI, ya en época de Felipe II y posteriormente, en el apogeo del dominio político imperialista, no se desarrolló esa producción en el campo de la filosofía o no se ejerció ese papel con la misma dimensión, quizá con la excepción del dominico, Martín de Azpilcueta que, en el siglo XVI, llevando al terreno económico sus ideas, tuvo cierta influencia en el continente al observar y relacionar como el aumento del precio del dinero con la llegada metales preciosos, procedentes del Nuevo Mundo, le permitió abordar en uno de sus libros el concepto de usura junto a los aspectos morales de la misma. Anticipaba con ello —no de una manera formal—, aspectos sobre la teoría cuantitativa del dinero y de la oferta y la demanda, que sí se desarrollaron posteriormente en el pensamiento continental. Es, quizá, la muestra que explique la correlación entre poder político y filosófico. Ciertamente filósofos y pensadores en España sí que los ha habido, y ejercieron su influencia, en parte, pero no al mismo nivel que posteriormente la desarrollaron otros países. En ello, pudo influir el no disponer del ambiente cultural apropiado; más bien pudiera ser que fuese la fuerte tradición de la Iglesia católica en España y, quizá también, el no disponer de pensadores y científicos en la cuantía de otros países.

Posteriormente, con el final del viejo régimen y llegada de la estirpe borbónica con Felipe V —último tercio del siglo XVIII—, España entró en un período de decadencia secular a partir de ese hito histórico. Paralelamente, en otros países del continente, junto a Gran Bretaña, ya se había iniciado otra fase de poderío político, siendo su bagaje filosófico cuando menos notable y que corría paralelo con aquel. Existió una correlación clara entre un aspecto y otro, y aunque considero que correlación no es igual a causación de algo, sin embargo, la similitud, al caso europeo, en general, no ocurrió así en España. Una simple mirada por la nómina o elenco de figuras dedicadas a la filosofía en estos países durante el tiempo que venimos analizando, nos daría una primera impresión de la cantidad y significación de las corrientes filosóficas y sus respectivas influencias de poder y significación en cada uno de los imperios o estados nación. Un ejemplo, quizá, sea el imperio austro-húngaro y la significación que adquirió la Escuela de Viena, con su capilaridad, en bastantes ramas del saber tales como la ciencia, filosofía, medicina, psicología, lógica...

Existió, por otro lado, una corriente generalizada en la Europa de finales del siglo XVIII y en buena parte del XIX, en la que observando la situación en que se encontraba España en aquellos momentos, mostraba su extrañeza —no exenta, quizá, de una cierta dosis de envidia—, que se preguntaba por el hecho de cómo a un país, a España en este caso, pudiera haberle correspondido el inmenso privilegio —nunca diré el honor— de colonizar casi todo el continente americano, así como otros territorios; por más razones que pudieran argumentar, todos percibían y concluían que únicamente solo a un golpe de la fortuna podía deberse, una explicación convincente. Si el ejemplo citado para España fuese, en su caso, la excepción para describir la correlación general existente entre desarrollo filosófico y poder político, en el lado opuesto podemos citar el caso de Alemania. Extrañamente, este país, aunque llegó a tener sus zonas de influencia en el continente y diseminadas por el exterior, jamás llegó a disponer de un imperio propio, en el sentido amplio que venimos otorgándole aquí, como para llegar a pensar en la implantación de su administración, de su cultura e idiosincrasia y del idioma alemán en el mismo, en un plano igualitario a semejanza de otros idiomas como el inglés, el francés o el español, más allá del establecimiento de zonas de influencia en otros lugares.

Por contra, la producción filosófica alemana fue espectacular; ya sea por su número de pensadores, abarcando todo tipo de tendencias, ya fuese por la influencia y aplicación directa de aquellas, lo cierto es que corrió paralela y propició un grado de desarrollo en una sociedad que la ponía a la vanguardia del pensamiento en muchas esferas de la vida. Esas corrientes filosóficas y sus variantes, con incursiones en la psicología y en otras ramas, hicieron que, entre el siglo XIX y el XX, por ejemplo, fuesen capaces de crear símbolos potentes tomados incluso de la propia historiografía alemana, de la antigüedad y de otros pueblos, que sirvieron de armazón para el desarrollo posterior, por ejemplo del nacionalismo y del nazismo. Después, esos símbolos fueron abrazados por el pueblo a través del ejercicio de la propaganda política y, finalmente, la puesta en escena con la estética que dichos símbolos requieren, y el conjunto cobra una fuerza inusitada donde la organización política se encargó de cerrar el círculo para inflamar al pueblo; ¡no era, sino otra forma de populismo! Sí, pero propio de una sociedad de hace cien años. Como vemos, el fenómeno visto hoy, no es algo novedoso, solo adquiere formas diversas acordes a cada tiempo. Así, el valor de las ideas —buenas o no tan buenas —, son asumidas por el pueblo como si fuesen suyas propiamente; en general, así se construyen todos los "ismos" del mundo contemporáneo y de la actualidad: nazismo, comunismo, fascismo, ateísmo, nuevos colonialismos, integrismos..., y seguramente podríamos retrotraernos en el tiempo algo más. Pero al igual que Alemania, otros países europeos han tenido su propio protagonismo en su expansión política en el mundo, especialmente Gran Bretaña, y en escala menor, igualmente, otros países como Francia, Bélgica, Holanda, Italia... En ellos, la producción filosófica está en consonancia con su influencia y papel jugado en el mundo; y otro tanto, puede decirse de la versión cristiana Ortodoxa - Rusa y el desarrollo posterior del comunismo, así como desde la faceta imperialista ejercida por los EE. UU. de América.

Es oportuno enlazar aquí con el desarrollo del capítulo uno acerca del racionalismo, fruto de ese desarrollo filosófico en sus distintas variantes, ver cuáles han sido los resultados y hasta dónde nos ha llevado. Puede decirse, con carácter general, que la mayoría de los Estados nación europeos han participado —aunque no en la misma medida los periféricos—, de ese proceso de producción filosófica, de progreso, así como receptores —en una especie de bumerán—, de los efectos derivados que la aplicación de tales ideas traen consigo, sean las que sean, buenas y no tan buenas. A modo de ejemplos llevados a épocas moderna o contemporánea tenemos, para Gran Bretaña, que la idea filosófica que subyacía a su pensamiento político pudiera ser, a modo de ejemplo, el librecambismo y nada mejor que el título del libro: "La riqueza de Inglaterra por el comercio exterior"[28]. Para Francia, pudieran ser las ideas cartesianas y después, el espíritu expansivo de Napoleón, el cual sería soportable para la sociedad de su tiempo, toda vez que en el interior del país se veía dicho espíritu como un éxito del Estado por su avance en el exterior, frente a las fatigas del pueblo e ideas de la revolución. En Alemania, pudiera ser su fuerte sentido del nacionalismo; para el imperio austro húngaro, quizá, sentir la herencia del Sacro Imperio Romano Germánico.

---

28 NOTA DE AUTOR. Libro de MUN T: La riqueza de Inglaterra por el comercio exterior.

Los efectos adversos de esa estrategia casi siempre eran las guerras y, estas, constituyen un sufrimiento para todos los pueblos, fueran los países directamente implicados y además, todos los de alrededor y periféricos. En el capítulo precedente hemos hablado de los millones de muertos y heridos causados por las guerras mundiales y otras de ámbito menor, y sin retrotraernos más en el tiempo, no cabe duda que unos países han sufrido más que otros, pero casi siempre son los más pobres.

En una tipología burda centrada en el siglo XX —habría otros ejemplos de países si miramos más atrás en el tiempo u otras partes del mundo—, puede decirse que frente a los deseos de expansión de unos países, ha habido otros que, aparentemente, se han comportado con más coherencia, mesura y equilibrio; los primeros, sin duda han aplicado dosis de irracionalidad cercanas a la barbarie. En este espécimen, me fijo básicamente en la Alemania de sus grandes hombres y mujeres: filósofos, científicos y premios Nobel, entre otros, que han impregnado a buena parte de la sociedad, a la clase política en la ideología y valores que propugnaban con sus ideas y llevando a su país, al continente europeo y a buena parte del mundo, a conflictos armados nunca vistos. Curiosamente, como se ha citado, se trata de un país que nunca tuvo el dominio de un imperio, y quizá ese deseo irresistible, nunca satisfecho, lo que llevara al país —durante el siglo XX— a esa ansia irrefrenable de su afán expansionista, y siempre dispuesto a practicarlo, tan pronto como se presentara la oportunidad. Así, en tiempos recientes, —a finales del siglo XX—, con motivo de la guerra en los Balcanes, es lo que le lleva a un hábito corriente en política exterior como, por ejemplo, ser el primer país en reconocer la soberanía de Eslovenia. Lo anterior, no sugiere ninguna crítica, sino que induce a la pregunta de ¿acaso percibía una nueva zona de influencia política y por ello se posiciona a favor del reconocimiento?

En otro orden de cosas, y por motivos diferentes, tenemos el caso de la expansión comunista en la Europa del Este, después de la Segunda Guerra Mundial, para configurar la idea de bloques en el mundo. Después, en función del resultado obtenido a través de los conflictos armados a raíz de la estrategia seguida, puede decirse que un país como Alemania podría tratarse de un gigante filosófico pero con los pies de barro, precisamente por su escasa significación política en el mundo. Este argumento podría barajarse desde otro punto de vista diciendo: si la suerte de armas hubiese sido distinta, la significación política posiblemente hubiese corrido de forma paralela. Dentro de esta categoría, podría incluirse a igualmente a Japón, si bien será objeto de análisis en el capítulo 3. Aquí podría justificarse, en términos que geopolítica global, en el hecho de que ambas guerras mundiales las ganaron las democracias.

En otros países —sin que ello suponga la exoneración de los mismos en sus respectivas ansias coloniales—, si tomamos como referencia a Francia, ciertamente su producción filosófica no es nada desdeñable, antes al contrario, es la cuna del racionalismo moderno, si bien y por las mismas razones anteriores, la preponderancia política asumida siempre es superior a la que realmente le corresponde, al menos en términos económicos; en definitiva, no deja de ser una cierta y rara habilidad. En otra instancia, tenemos el caso de Gran Bretaña que, en mi opinión, aglutina un equilibrio entre la filosofía que produce, transmite y practica, con la política que desarrolla y su posición teórica y real en el mundo. La pregunta que surge podría ser: ¿cuáles son entonces las ventajas y desventajas de ser un país puntero en filosofía y en otros ámbitos? Pudiera ser oportuno establecer una tipología y decir que, independientemente de la influencia ejercida, una primera respuesta puede argumentarse en si la producción filosófica tiende hacia la preferencia de estar siempre en el lado que asegure el progreso, en el lado de los vencedores y todo lo que a ello se asocia; naturalmente esto es una ventaja en sí misma, porque ello representa justamente el dinamismo de la sociedad a la que se encarna. Tiene por contra alguna desventaja —a mi juicio, si es que puede argumentarse así—, y es como si tales sociedades se viesen arrastradas a tener que actuar en la forma que lo hacen porque, a su vez, son esclavas o están atrapadas en la grandeza de tener que estar en la cima del pensamiento y del poder; en la grandeza de los valores asumidos y propugnados desde el pensamiento surgido de sus propias ideas filosóficas, que a su vez, las fomentan. Es un círculo que se retroalimenta a sí mismo; por ello, los efectos bumerán de los sufrimientos, también son mayores.

En clave interna nacional, los pensadores y filósofos españoles han tenido una producción menor que la de otros países similares a los que hemos aludido y que se precien; siempre estamos en condiciones de citar los ejemplos individuales que demuestran la valía de ellos como tal, pero no han sido creadores de corrientes que influyesen por sí mismos en la medida que hemos descrito anteriormente en otros países; podría decirse que guardan un cierto equilibrio entre las corrientes provenientes de fuera y la producción propia interior, y tampoco ha estado exenta de corrientes foráneas que arrastraran a las masas.

Es mi parecer que España practica una forma de hacer filosofía —sin pretenderlo quizá, o sí—, que guarda un ejercicio de equilibrio entre posturas diversas. Por un lado, tiene como faceta positiva la ventaja de no estar maniatada o sujeta necesariamente a otras corrientes de pensamiento, lo que da pie a una producción propia, y en lo negativo, aquello que pudiéramos tildar de hacer seguidismo de otras corrientes foráneas, es decir, somos tal cual somos, para lo bueno y lo menos bueno.

En esa producción propia, quizá, nuestro mayor déficit estriba en no haber sabido articular un cuerpo de pensamiento y doctrinal necesario que fuese aglutinador —al menos en los aspectos básicos—, de la diversidad de los pueblos de España, para conformar una idea de país que en lo antropológico, psicológico, social y político, hiciera posible a aquel. Al menos, los siglos XIX, XX y lo que llevamos vivido del XXI, son buena muestra de ello y de esa incapacidad.

Con respecto a cómo se irradió el estado de la filosofía desde el continente europeo al americano, la cuestión principal es que los valores de la sociedad americana mostraban sus señas de identidad desde la declaración de independencia y la redacción de su Constitución. Ya entonces, pero sobre todo a partir del último siglo y medio, al menos, dicha sociedad en buena parte ha recibido el aluvión de contingentes sociales de cualquier parte del mundo, convirtiéndose en una tierra de promisión para todos ellos. Los aportes recibidos eran variados, generalmente fueron masas trabajadoras, aunque no faltaron tampoco los ejemplos de valía individual. Más allá de la necesidad de la adaptación personal, los que arribaron al continente americano, eran portadores de valores morales, culturales, creencias religiosas, hábitos y otras formas de comportamiento propias de sus lugares de origen. Así las cosas, no sería extraño que, buena parte de lo que hemos analizado —en lo que a Europa se refiere—, se trasladara igualmente a Norteamérica y que los valores fundacionales sobre los que se asentaron esas tierras, recibieran otras influencias de muchas partes del mundo, donde finalmente se dejaran sentir en el estado del pensamiento de esa sociedad.

A partir de aquí, estamos en condiciones de afirmar que sí, que efectivamente hay países o conjunto de ellos que son verdaderas potencias en filosofía, y portadores de otros saberes que desembocan, incluso, en una mayor producción política, y económica en general; en este sentido, identificamos a estos países, extraídos en última instancia de aquellas sociedades y civilizaciones —la occidental, entre ellas—, que apostaron abiertamente por el saber y el conocimiento científico, —que tampoco fue ajeno en otras— y donde la filosofía no fue, o no es, coartada o frenada por el estigma de la religión.

Se adopta ahora una visión diferente para establecer, a priori, una concomitancia entre el enfoque de la filosofía y lo que podemos denominar como la "influencia de la élite social en el desarrollo de los pueblos en particular y de las naciones en general". Una de las formas de catalogar a los países está en el tratamiento de las élites. No cabe duda que élites, como tales, hay muchas; las hay en todos los países, en todos los ámbitos, dentro de las clases sociales que queramos citar, ya provengan del mundo de la ciencia, del pensamiento, de la política, de la literatura, de la empresa, del deporte... El comportamiento de dicha élite, determina en buena medida las pautas a seguir por los pueblos, arrastrándolos hacia los valores propugnados, ya sean dignos o lo sean tanto. El fomento de las mismas se consigue, en primer lugar, mediante el desarrollo de instituciones que afloren su valía; citar, a modo de ejemplo, algunas como podrían ser las Universidades de Oxford y Cambridge, el Instituto de Estudios Políticos de París, algunas Universidades de Alemania, de Estados Unidos, o de Canadá y muchas más..., naturalmente. Si no se cita a otros ejemplos provenientes del anterior mundo comunista, no es por la ausencia de valía de los mismos, que sí la tienen sin discusión, pero no desde el enfoque social que se da aquí a esta parte del trabajo. De las primeras citadas, se extrae el germen humano que está a la vanguardia y de dónde se nutre el mundo científico, empresarial, de la literatura, de la administración de los estados, de otros campos, etc. En algunos casos, son distinguidos con el Premio Nobel como una muestra de la excelencia de las mismas; el resto de personas que pasan por allí, sin estar dotadas de ese galardón, no por ello dejan de irradiar sobre la sociedad los valores de tales instituciones para que posteriormente se materialicen en otros tantos beneficios sociales —sean del tipo que sean—, para toda ella. No cabe duda que en los países de las instituciones citadas, las sociedades también son o han sido clasistas, y en algún caso bastante, pero incluso con esa rémora, tales clases se sacuden ese atisbo de clase y entienden que el proceso de ascensión a la cúspide de la pirámide social, debe comportar la asunción de valores, precisamente con mayores responsabilidades asociadas a cada estadio de la misma, a fin de que sirvan de ejemplo para el resto de la sociedad, es decir, a mayor estatus social en la pirámide, mayor responsabilidad para dar ejemplo de comportamiento fructífero en cada campo. La diferencia con respecto a la postura anterior, y de otros países, está cuando la élite no asume por sí misma esa carga de auto responsabilidad, y solo entiende que su comportamiento va dirigido hacia la promoción personal exclusivamente. Con ello se difumina el efecto benefactor de los mejores, cara a la sociedad, y por contra, potencia la promoción de estos últimos como espejo donde mirar para elevarse socialmente. Este argumento de las élites, no debe confundirnos con lo que modernamente se considera el ascensor social, el cual responde a otros planteamientos y motivaciones, siendo totalmente distinto del enfoque aquí utilizado.

Hoy, la sociedad occidental, al menos en sus aspectos económicos y sociales, se caracteriza por el imperio del capitalismo, el cual tiene una capacidad de adaptación semejante al camaleón, siendo capaz de adoptar o abrazar postulados de cualquier otro movimiento para subsistir, provengan de donde provengan, como por ejemplo, del comunismo; esta es su fuerza, su capacidad de cambio y de evolución ante los retos del mundo moderno. Dentro de tal movimiento, existen tres variantes de pensamiento, siendo los matices tradicionales más acusados de cada uno de ellos los siguientes: en Europa, ese capitalismo lucha y tiende hacia la consecución de lo que reconocemos con el término de justicia social, no exenta de la consecución de máximo beneficio naturalmente; en Norteamérica y su influencia sajona, hasta ahora, ha brillado con luz propia el liberalismo, la lucha individual, el nacimiento y desarrollo de las grandes corporaciones transnacionales —ahora decimos multinacionales —, y que se han extendido por todo el planeta. Existen acercamientos para una mayor participación del Estado en la sociedad americana, pero no fáciles de cuajar —después de dos legislaturas— como hemos visto después de la administración y presidencia de Obama. Finalmente, tenemos el ejemplo asociado a Japón y su zona de influencia sur asiática, se trata del modelo empresa - trabajador, donde, en una especie de simbiosis, se trata de resolver uno de los problemas tradicionales entre ambos sectores, o sea, las relaciones laborales. Estas tres visiones, de empresa, existentes hoy acerca de la producción y sus relaciones con otros agentes necesarios, como son: los trabajadores, el propio estado, así como el nacimiento del compromiso y la responsabilidad social con los clientes, con el medio ambiente, que induce a considerar que, debería formularse una especie de código deontológico a cargo de pensadores, de múltiples disciplinas y economistas, para organizar la casa común del mundo. Quizá, la estrategia pase por una visión global de empresa, habida cuenta del crecimiento demográfico esperado en el mundo y los recursos igualmente disponibles. Alguno de ellos, como el agua, por ejemplo, ciertamente cada vez más escaso, sin citar otros.

En lo que se refiere a la sociedad emanada del régimen comunista de la extinta Unión Soviética, a la caída del régimen, los recursos de todo tipo fueron asignados o repartidos entre personalidades del partido comunista, miembros del Komsomol[29], directores, altos ejecutivos de fábricas, corporaciones, políticos, distintos organismos... Y de igual manera que en el pasado un decreto nacionalizó todas las propiedades del país, a la caída del régimen comunista otro decreto posibilitó el reparto anterior, solo que en favor de unos pocos, ¡muy pocos!, pero donde la inmensa mayoría de la población no participó del mismo. Hoy, desde algunos sectores, se pretende justificar aquel reparto equiparando a aquella élite resultante, con la existente en otras partes de Occidente, sin querer reconocer que para esta última haya sido necesario varias generaciones o siglos para conseguirlo, o quizá no, además de ciertos conocimientos científicos, empresariales, de negocios, etc. y el tiempo necesario para su desarrollo. Generalizando,

---

29 NOTA DE AUTOR. KOMSOMOL: Acrónimo del Órgano que integraba a las Juventudes del Partido Comunista Soviético.

puede afirmarse que, no fueron tales atributos los que sirvieran de referencia en el reparto de las propiedades de la extinta URSS.

El modelo abrazado, sin dudar, es un capitalismo con todas las rigideces, pocas libertades y controles mordazas de un aparato, todavía, muy fuerte del estado. Lo verdaderamente afortunado es que fue un proceso, digamos incruento en general, aunque guerras sí que las hubo en algunas repúblicas. La cara menos amable, es que en esa sociedad, se aprecia ¡cómo no!, fuertes diferencias sociales y una clase media todavía en fase muy incipiente; muchas familias, para hacerse con los títulos de propiedad de las viviendas en las que han vivido toda la vida, deben pagar cantidades asequibles, o no, durante buena parte de sus vidas, que para ciudadanos acostumbrados a tenerlo todo, o casi todo pagado, aunque fuese escaso, durante su vida, pues representa un modelo difícil de comprender y soportar. Las generaciones más jóvenes, se enfrentan hoy a esos cambios de manera diferente y han podido asimilarlos mejor conforme al ritmo de los nuevos tiempos.

Respecto a China, el modelo dentro de esa variante económica capitalista, presenta el hecho de que el partido comunista chino sigue controlando el poder así como todas las decisiones. El derrotero que se sigue, pasa actualmente por los mejores conceptos de la estrategia, ya citados que son: el engaño, la negociación y el uso instrumental de la violencia, si llega el caso. Un ejemplo de ello, al que nos referiremos en otro apartado, puede ser la recuperación de la soberanía de la colonia de Hong Kong —anteriormente en poder de Reino Unido—, después de un período de transición de treinta años. En palabras de los propios dirigentes chinos, se trata de implantar el eslogan de ¡un país, dos modelos! Algo parecido encierra actualmente la presión ejercida sobre Taiwán, y ello es evidente; la idea no puede sorprender a nadie, toda vez que es considerada una zona de influencia y que se persigue el objetivo último de la soberanía plena de China.

No cabe duda de que la influencia de la civilización occidental —aun siendo foránea en la geografía de otros territorios— se irradia por casi todo el orbe, con sus aspectos positivos y no tan positivos, pero al fin y al cabo, las distintas sociedades en las que ejerce su influencia, siguen teniendo sus valores propios y siguen avanzando conforme a ellos formando subsistemas culturales. Finalmente, no debemos olvidar, conforme a los conceptos manejados en este capítulo, que cualquier civilización a lo largo de su historia —extinta o no— ha tenido, o tiene, su génesis, su desarrollo, su momento álgido y llegado el caso, hasta su declive y finalmente, su extinción. El auge de las civilizaciones, como se ha dicho, corre paralelo al imperio. La civilización occidental, como otras, ha tenido influencias positivas para su apuntalamiento político de los pueblos que integran el *völkerwanderung*[30] generado. Por el suroeste europeo, los pueblos de la península ibérica —con posterioridad a los visigodos—, que durante casi ocho siglos, a caballo entre el primer y segundo milenio de nuestra era, contuvieron el avance de la civilización islámica en Europa; por otro, en el lado oeste europeo y del mediterráneo, cuando la Liga Santa —con Felipe II, como valedor principal a la cabeza—, venció al imperio otomano en la batalla de Lepanto; finalmente, en el centro europeo, el mismo imperio otomano sitió Viena en dos ocasiones: en la primera, la estirpe de Carlos V —a través de su hermano, como rey de Hungría—, fue quién desbarató la ocasión, y la última, en 1683, y ser derrotado dicho imperio para siempre en Europa, y esta contuvo el aliento. Con todo, la influencia entre la civilización occidental e islámica, y viceversa, ha estado presente a lo largo de la historia de manera más o menos acusada; y como casi siempre, son los países limítrofes — a uno u otro lado— los que, potencialmente, son los más susceptibles de adoptar o ejercer tales influencias.

La civilización occidental, como cualquier otra de las existentes o vivas hoy, no se puede vislumbrar en qué momento de su devenir histórico se encuentra. Tampoco debemos olvidar que, a pesar de las interacciones, influencias y efectos —positivos o negativos— que pudieran tener entre sí las civilizaciones vivas y de la preponderancia de alguna de ellas sobre otras, el

---

30 TOYNBEE, A. J. Op. cit., p. 10.

desarrollo, al fin y al cabo, no es sino una carrera individual, donde cada una circula por una senda paralela a otras, y el camino está —aparentemente— expedito para todas. Pareciera, como si el proceso de génesis, desarrollo y extinción de las civilizaciones —extensible quizá a las sociedades primitivas—, a lo largo de la historia, no fuese sino el mecanismo que rige para la evolución de aquellas, condicionando así el de la propia especie como tal. Sí podemos afirmar que, todas se encuentran en la cornisa del precipicio, entendiendo, como tal, el camino o hándicap elegido, y que en su devenir histórico, cada sociedad ha de salvar en su lucha por su propia supervivencia. A su vez, cada una de ellas cuenta con sus potencialidades y con sus debilidades, pero al final, todas están en la escarpa, en su propia lucha, según la idea de Toynbee. El futuro no está escrito para ninguna de ellas, a pesar del bagaje acumulado, de todo tipo, de la influencia ejercida, o de la aureola de grandeza, y por qué no decirlo, hasta de ¡superioridad moral!, que se atribuye a la civilización occidental, o que se atribuye ella misma. Pero no nos engañemos, otras con una vitola parecida, o superior, en otro momento histórico, ¡también sucumbieron por el camino! Así ha sido el devenir histórico seguido por todas las civilizaciones extintas.

Existe la duda razonable de si llegará un día —o no— donde pudiera ser de aplicación potencial, por lo que hablar de un comportamiento futuro de las mismas tiene, cuando en el argot popular, hablamos de alguien o de algo que se siente muy ufano, seguro, y que está en la cúspide; en estos casos, suele aplicarse el viejo aforismo conocido como ¡torres más altas cayeron!, en una clara alusión, por su analogía, igualmente comparativa, de cómo otras organizaciones florecientes, en otro tiempo, que igualmente sobresalieron, finalmente terminaron sucumbiendo; y ello nos lleva a decir, con respecto a las civilizaciones, que nada hace pensar que alguna de ellas, bien de las actuales o alguna por venir, pudiera perdurar de forma inmutable en el tiempo.

3. El lanzamiento de bombas atómicas sobre ciudades de Japón, ¿constituyó quizá un acto de racismo?

El capítulo primero ha hecho referencia a las dos confrontaciones bélicas que conmovieron al mundo durante la primera mitad del siglo XX, como fueron la Primera y la Segunda Guerra Mundial, aunque en relación con otro enfoque.

Allí se ha citado una estimación de las víctimas que ambas guerras causaron, cuyas cifras invitan siempre a la reflexión, y cuando no, a la rebelión de la razón ante semejantes atrocidades; por contra, las más de las veces, se tiene el fenómeno de la memoria colectiva que, tiende con el paso del tiempo, en general, a caer en la indiferencia acerca de los efectos directos de las guerras, así como de los indirectos y, últimamente, se habla también de los colaterales, pero todos ellos indeseables, sin distinción. Es esa percepción sobre la actitud inexorable —de generación tras generación—, en la forma de enfocar el fenómeno de la guerra, la que invita al desasosiego para cualquier espíritu movido por el ansia de resolver los conflictos de otra manera, no a través de las armas, sino de forma pacífica. Naturalmente, se nos dice que las relaciones internacionales, la disuasión y el ejercicio diplomático —entre otras acciones—, también evitarán otros muchos conflictos armados más; ¡desde luego que sí, todo ello es cierto!; pero desgraciadamente, otras veces no ocurre así.

El título de este capítulo hace referencia a Japón y para centrar la cuestión, una alusión inicial se impone sobre la posición mantenida por este país antes y durante la guerra. Así, antes de iniciarse la Segunda Guerra Mundial, los afanes de expansión de Japón se pusieron ya de manifiesto con la invasión de Manchuria —zona del noreste de China—, con una superficie aproximada casi dos veces la de la península ibérica. El país del sol naciente retuvo la región hasta finalizada la guerra, sojuzgando a sus gentes mediante un gobierno títere pero de un comportamiento despiadado. Iniciada ya la guerra, y posicionado Japón con las fuerzas del Eje Berlín y Roma, el ímpetu imperialista de Tokio le llevó a invadir buena parte del sudeste asiático, con la idea de asegurar el control de los recursos energéticos de la zona, así como de otras materias primas, indispensables para ejercer la hegemonía nipona en esa parte del mundo. Para completar dicha hegemonía, en diciembre de 1941, la idea de asegurar el control del océano Pacífico, le llevó a bombardear Pearl Harbor —complejo portuario en la isla de Oahu, perteneciente al archipiélago de Hawái—, causando varios miles de muertos y la destrucción de parte de la flota americana del océano Pacífico. Tal bombardeo supuso de facto la entrada de Estados Unidos en la Segunda Guerra Mundial, y de paso, que el país activara su maquinaria de guerra. Aunque solo fuese por este último suceso, fue la señal esperada en Europa, desde hacía dos años, para que EE. UU. se decidiera finalmente para su entrada en la guerra.

Lo que sigue incluye, a sabiendas, una buena dosis de aporte subjetivo —contrastado con la información objetiva—, dada la naturaleza del tema en cuestión, sometido en última instancia a la posición del lector.

Con anterioridad a lo citado en párrafos anteriores, el escenario geopolítico en EE. UU. —aunque se resistiera a entrar en la guerra— fue madurando y quizá cambió a raíz de la carta que —aunque escrita por Leó Szilárd— Einstein[31] firmó y envió al Presidente Roosevelt, en agosto de 1939.

Dicha carta, alertaba sobre los avances que el régimen nazi estaba haciendo en materia nuclear, y sobre las disponibilidades de uranio por parte de Alemania, frente a las existentes en EE. UU.; lo cierto fue que, en 1942, se puso en marcha el proyecto Manhattan[32] para fabricar una bomba atómica. Entre ambas fechas citadas ocurrieron dos hechos significativos, siendo el primero de ellos el inicio de la Segunda Guerra Mundial, en la que EE. UU. no se vio involucrado inicialmente; y el segundo, ya citado, ocurrido en diciembre de 1941, con el ataque de Japón a la base de Pearl Harbor que supuso, ya sí, la entrada de EE. UU.

---

31 <https://es.wikipedia.org/wiki/Carta_Einstein-Szilárd>
Última consulta resultada para el día 14 de agosto de 2022.

Carta reproducida en la obra citada de SÁNCHEZ RON, JM. Referencia 4.

32 NOTA DE AUTOR. PROYECTO MANHATTAN: Proyecto de investigación nuclear, que en su caso condujese al desarrollo de bombas atómicas; fue liderado por EE. UU. y participaron otros países.

en dicha guerra.

No se podrá afirmar de manera tajante en qué medida dicha carta influyera, o no, en los planes nucleares americanos, pero lo cierto fue que a raíz de la misma, la oportunidad de fabricar una bomba atómica, por ese país, estuvo presente entre las opciones a barajar y, visto el desenlace, ya no tuvo marcha atrás.

Al parecer, tal decisión a cargo de la administración estadounidense, inicialmente, pudiera haber revestido un carácter preventivo, desde el punto de vista estratégico, sobre todo para situarse en condiciones ventajosas frente a posibles avances en este campo de otros enemigos potenciales. Durante el desarrollo del proyecto Manhattan, si EE. UU. tuvo decidido, o no, el uso finalista del lanzamiento de una bomba de tales características, una vez fabricada, es un aspecto que no invita a la especulación; pero sí es cierto que una vez conseguida la bomba y probado su uso efectivo, en 1945, en el desierto de Alamogordo, la decisión subsiguiente, al parecer, fue que su lanzamiento se destinaría sobre "determinadas ciudades", descartando por completo el uso destinado sobre otros objetivos como bien pudieran haber sido complejos fabriles, centros industriales o armamentísticos. En mi opinión, la mera decisión, o la preferencia, de un objetivo como el de una ciudad tipo, frente a otros como los citados tomados por los responsables últimos para el lanzamiento de un artefacto nuclear, presupone de antemano una postura que encierra ya connotaciones de tipo ético y moral que invitan a la reflexión. Si no fuera por la diferencia del explosivo empleado en sí mismo, no me siento en condiciones de explicar bien si tales consideraciones merecen mayor reprobación, o no, que otros bombardeos convencionales, mutuos, sobre poblaciones y otros objetivos por ambos bandos, sin entrar a cuestionar ahora quién los inició.

En la primavera de 1945 la guerra había finalizado ya en Europa, si bien continuaba en el Pacífico; Japón durante los últimos meses estaba soportando y sufriendo el mayor bombardeo sistemático, de tipo convencional, de algunas ciudades del país. Entre ellas, no se encontraban ninguna de las previstas para el lanzamiento final de la bomba atómica, pues se trataba de verificar el efecto nocivo real y el verdadero poder destructivo de la nueva arma; se escogió a ciudades no afectadas por bombardeos anteriores. Así, llegaron los días fatídicos del 6 y 9 de agosto de ese año, con el lanzamiento de sendas bombas de uranio y plutonio sobre Hiroshima y Nagasaki respectivamente, que finalmente fueron las ciudades elegidas para tan triste destino, al igual que lo hubiesen sido cualesquiera otras naturalmente. Tampoco se especulará sobre el número de víctimas resultantes, así como los efectos causados a la población, ni en tiempo real ni en otros plazos posteriores, ya fuesen a corto, medio o largo plazo; sin duda, el paso del tiempo provocaría en muchas personas distintas afecciones de tipología diversa en forma de quemaduras, variedades de cánceres, leucemias, afecciones en la piel, etc. El lanzamiento de la primera bomba —con su secuela devastadora— al parecer, no causó el efecto militar pretendido por EE. UU. que, a su juicio, hubiese sido suficiente para que Japón se rindiese. Se produjo así el segundo lanzamiento con efectos similares a la primera y, finalmente, Japón se rindió ¡si bien no a la primera de cambio!, sino hasta el día 2 del mes de septiembre de 1945; este hecho significó, ya sí, el final de la Segunda Guerra Mundial.

Se podría argumentar, de manera intrínseca, que qué diferencia puede haber entre bombardear ciudades de forma sistemática y masiva con armas convencionales —tal como se hizo en la Segunda Guerra Mundial y, posteriormente, en Corea, en Indochina, en Vietnam— y en otros muchos más sitios, o bien hacerlo con armas nucleares. Me respondo a mí mismo diciendo que, quizá, la principal diferencia estribe en que estas últimas, bien sea por el tipo de bombas empleado, o bien por el material que propiciaba la fisión —aunque lo hicieran en un porcentaje bajo, comprendido solo entre el 1 y 2 por ciento del mismo—, lo cierto fue que la reacción en cadena generada fue lo suficientemente significativa para producir los efectos más devastadores hasta entonces no conocidos, pero muy superiores a aquellos otros convencionales. Las dos ciudades citadas constituyen —hasta hoy—, los dos únicos ejemplos de objetivos civiles donde se ha utilizado el arma nuclear con fines bélicos. Después de aquello, ninguna otra nación se ha atrevido —afortunadamente— a utilizarla en acciones similares posteriores. De forma paralela, sí que se han desarrollado otras acciones en materia de fusión nuclear —aunque solo haya sido en el campo de pruebas—, aún más potentes, tal como hemos visto en el capítulo 1.

Los efectos desastrosos que causaron las bombas nucleares desataron un intenso debate sobre si fue necesario un ataque de tal envergadura sobre la población civil. Aun en plena vorágine de la guerra, quienes en su día justificaron su uso, lo hicieron basándose, en parte, en términos cuantitativos de las víctimas potenciales esperadas durante el curso de la misma, aduciendo al hecho esperado de que si el final de la Segunda Guerra Mundial en el Pacífico hubiese seguido por los derroteros de una guerra convencional, sin duda hubiese sido más onerosa en términos de vidas humanas. Al hacerlo así, aquellos, al parecer, se identificaban claramente con una visión de la noción de la estrategia consistente en llevar al enemigo a la destrucción total, ganar la guerra y conseguir la claudicación definitiva. Aunque en otros períodos de la historia es posible que eso no se cumpliera así exactamente, sin embargo, en 1945, sí que fue posible precisamente por la disponibilidad, ¡solo por parte de uno de los bandos contendientes!, de un artefacto —nuclear— cuyo poder destructivo era hasta entonces desconocido, si bien mayor a lo conocido.

El debate, al que aludo, tuvo influencia en personalidades de todo tipo, especialmente del mundo científico. He mencionado la actitud simbólica de Robert Oppenheimer, a través de su negativa a seguir colaborando en proyectos de esa naturaleza o que tuvieran una finalidad similar. En ello, también pudiera haber influido el hecho de haber sido desautorizado por Truman, a causa de sus antiguas afinidades con el partido comunista, y posteriormente, durante la caza de brujas, ser expulsado del Comité de Energía Atómica.

Hay en todo el planteamiento anterior una derivada no abordada hasta ahora, ya que se trata del carácter psicológico puesto en escena por las fuerzas japonesas durante el desarrollo de la guerra, así como por la forma de afrontar el combate. He citado como, estas fuerzas de invasión, se hicieron con el control del sudeste asiático, y de innumerables islas del océano Pacífico, llegando incluso hasta las costas de Australia. A raíz de la batalla de Midway, en junio de 1942, la tarea de recuperar estos territorios y mares que los circundan, en poder de Japón, a cargo del ejército aliado fue ardua y penosa; en muchos casos, revistió el carácter de verdaderos combates librados, cuerpo a cuerpo, por parte de tropas de EE. UU. y otras fuerzas de coalición, frente a las de Japón.

En ocasiones, los ejércitos se ven impelidos u obligados a la rendición de una posición determinada o de cualquier otro objetivo. En términos militares, la rendición, en sus distintas variantes, suele provocar entre los soldados vencidos una sensación —entre otras—, de tristeza moral y de corazón; para una fuerza concreta, esta situación puede acarrear un descrédito a los ojos de mucha gente, aunque no necesariamente sea así si se está convencido de que su lucha está guiada por un ideal moralmente justo; visto así, no habría nada innoble en ello. Sin embargo, eso mismo no ocurría en las tropas del imperio japonés. Ya fuese por el carácter psicológico de las mismas, bien por albergar reminiscencias antropológicas antiguas de su propia sociedad o incluso, tal vez, de otras, provenientes de la civilización del lejano Oriente a la que pertenecían, lo cierto es que las tropas japonesas ¡no se rendían! Al contrario, despreciaban al ejército enemigo y se mofaban de él cuando este sí lo hacía en tales términos; además, consideraban a un ejército desprovisto de honor, por la acción misma de entregar las armas a cambio de conservar la vida. Solo de esta manera, para nuestra mentalidad occidental, podemos entender el comportamiento suicida de los pilotos a los que denominamos familiarmente kamikazes[33], o por su forma de comportarse en el combate en

---

33 NOTA DE AUTOR. KAMIKAZE: Hasta la Segunda Guerra Mundial esta palabra no tenía acomodo en lengua castellana; a raíz de la acción de los pilotos japoneses, con ella identificamos, además, de forma general la actitud suicida de una persona o cuando con tal comportamiento pone en riesgo de forma clara su propia vida o, incluso, la de otras.

general. Sin embargo, visto desde esa perspectiva, o de esa manera, el concepto de honor pudiera tener connotaciones diversas que explicarían otros roles diferentes, a cargo de otros grupos sociales o para otros pueblos, en otras partes del mundo, distintas del occidental.

Salen aquí a relucir nuevamente los conceptos de subsistemas culturales en el mundo, aquellos que se oponen o hacen frente al pretendido concepto universal de la cultura, preconizado desde ámbitos diversos. Con estas formas y actitudes de combatir, de entender la guerra y por qué no ¡hasta de la propia vida!, por parte de los soldados japoneses, el conflicto en el océano Pacífico significaba que era preciso tomar isla por isla. Tal menester comportó el sacrificio de muchas vidas, japonesas, americanas y de otras muchas más nacionalidades; con esta forma de hacer la guerra es probable que las víctimas hubiesen sido, de forma cuantitativa aún más con la prolongación de aquella; tampoco se especulará sobre su número o sobre la elección moral a través de una u otra forma de conducir la guerra —salvo las reservas de utilización de las nuevas armas—, ya que desgraciadamente, esta conlleva implícitamente este tipo de maldades.

El nuevo orden surgido tras la Segunda Guerra Mundial, con otras nuevas instituciones rigiendo los destinos del mundo, con sus programas de ayuda a países vencedores y vencidos, adornado con el discurso de la paz de las potencias vencedoras y el del fin del colonialismo, hicieron que el mundo surgido tras aquella guerra, tampoco planteara muchos remilgos de naturaleza moral a lo ocurrido respecto al lanzamiento de las bombas atómicas. A partir de ahí, lo importante fue constatar que el mundo experimentó unos niveles de vida muy aceptables con una recuperación espectacular del comercio mundial y de la población, como nunca antes se había conocido. Sin embargo, en el último tercio del siglo XX, el debate al que aludo, sobre los efectos devastadores que causaron las bombas nucleares de Hiroshima y Nagasaki sobre la población civil, afloró nuevamente. Solo que esta vez, el debate había permeabilizado ya a otras capas de la sociedad fuera del ámbito científico o político, pero sobre todo del militar; por ello no tuvo nada de extraño que desde el mundo académico, de la cultura o incluso del periodismo, surgieran otras voces cuestionando las razones últimas que llevaron al lanzamiento de aquellas, y siempre bajo el común denominador de la valoración moral y ética de aquel acto.

A mi parecer, en Europa fue solo cierto sector de la intelectualidad francesa la que originó el debate y tuvo su continuación en algún medio especializado, siendo su exponente más activo, quizá, la figura de Jean Lacouture[34], historiador,

---

[34] <https://en.wikipedia.org/wiki/Jean_Lacouture>
   Última consulta resultada para el día 25 de agosto de 2021.

periodista y biógrafo de personalidades importantes de su época. En honor a la verdad, tampoco puede decirse que fuera un debate generalizado en la población ni de todos los países; pues como suele ser habitual, solo llegó a determinadas capas de la población, cierta minoría, quizá marginal y en sectores concretos.

Soy consciente que, hoy día, quizá, es difícil sostener lo que digo con el argumento acerca de lo que puedan pensar las sociedades americanas y japonesas, una sobre otra, y viceversa sobre este tema; vistas hoy como sociedades modernas ambas, habiendo transcurrido ochenta años y seguramente alejadas de las posiciones que aquí se tratan. También es controvertido señalar cuál sería el verdadero estado de opinión sobre la cuestión, entonces; pero lo que sigue es, por tanto, la impresión personal de cómo era percibido aquel estado de las cosas en el último cuarto del siglo XX, desde cierta parte de Europa y naturalmente, desde parte de su sociedad y estamentos.

Llegados hasta aquí, diré que participo de la opinión —minoritaria, sin duda— acerca de que el lanzamiento de las bombas atómicas sobre Hiroshima y Nagasaki, incluso con las salvedades realizadas en párrafos anteriores, revistió el tinte de un acto supremacista rayando incluso en el racismo. Por otro lado, considero a las autoridades japonesas de aquel tiempo tan responsables, y no menos, como a las propias del régimen nazi que llevaron al mundo a la vorágine de la Segunda Guerra Mundial. Ambas sociedades —nazi y japonesa—, en su ideología misma, fueron racistas hasta límites insospechados y la aplicaron sobre colectivos y grupos étnicos porque —a juicio de aquellas— no portaban los atributos requeridos. Siendo así, entonces podríamos preguntarnos, incluso, ¿por qué el título de este capítulo cuestiona o parece incidir solo en el racismo visto desde una sola vertiente?, o sea, en el de la potencia que al final de la guerra resultó vencedora de la misma y lanzó una bomba nuclear. No obstante, en el enfoque y en la pregunta de este capítulo, se trata de poner el énfasis, en la desproporción de los medios utilizados, en última instancia, desde esa otra vertiente.

Es por ello que, desde mi punto de vista, la responsabilidad política de Japón en la guerra no justificaría, sin embargo, por sí misma, la acción final sobre ese país, siendo víctima de los efectos que todos conocemos. Aun en estado de guerra, el lanzamiento supuso elevar el grado de terror —como acto en sí mismo— a una escalada de un nivel nunca conocido en el mundo. Puestos a elucubrar, cuesta trabajo creer, aun aceptando la teoría cuantitativa de un número de víctimas potencialmente esperadas mayores hasta el final de la guerra por métodos convencionales, que EE. UU., aun en caso necesario, hubiese lanzado la bomba atómica sobre ciudades de Alemania, de Italia o de cualquier otro país europeo. Sencillamente, quiero pensar que no se hubiese atrevido a tal acción, sin que ello suponga decir que no quisiera ganar la guerra. Para ello invoco a los lazos de la cultura occidental, de todo tipo compartidos, al grado de colaboración de preguerra entre ambas naciones, cordones materiales así como a otros vínculos materiales e inmateriales de naturaleza diversa, que se antojan anzuelos potentes que llevan a la presunción de hacer impensable un final de las hostilidades bélicas en Europa, que hubiesen tenido como colofón el lanzamiento de sendas bombas atómicas sobre ciudades de los países citados.

La historia, sin embargo, no colocó a la nación alemana y a otras, de ese tiempo, en la misma tesitura de hacer una declaración de guerra a los EE. UU., en los mismos términos bélicos como —comparativamente— sí lo hizo realmente Japón. En puridad, no se puede aventurar qué hubiese podido ocurrir ante una hipótesis semejante a la planteada, siendo por ello solo un ejercicio teórico en potencia, de carácter intelectual y naturalmente ucrónico. Sobre lo que sí ocurrió, el pueblo americano sintió la acción de guerra de Japón, como una humillación con su ataque sobre Pearl Harbor y como acto ignominioso; se sintió, por tanto, ser una víctima. Es cierto, que no medió una declaración de guerra abierta, pero tampoco fue callada e inesperada, y los informes previos de EE. UU. auguraban el ataque japonés, pero jamás supuso que lo fuese en los términos en que realmente se produjeron.

El pueblo americano, sí comenzó a dar muestras de racismo sobre otros ciudadanos americanos, aunque de origen japonés. El desarrollo posterior de las hostilidades, es lo que lleva a pensar que en el lanzamiento de los artefactos atómicos, hubo no solo el deseo de ganar la guerra, y cuanto antes mejor. Hubo, además, un componente basado en el concepto anteriormente calificado de racista —creo que no solo como acto de venganza—, si bien en mi opinión se acerca más a la idea antropológica de establecer las diferencias entre ambos grupos, los grupos sociales contendientes, con todo lo que ello conllevaba.

Desde un enfoque esencialmente racial, el pueblo japonés, por sí mismo, no se adscribe a una raza única en concreto. Aparte de su componente indígena propiamente dicho, este pueblo se adscribe también a ese conglomerado de pueblos de raza asiática que lo acercan, en una buena proporción, al pueblo chino, e igualmente, a otros pueblos con rasgos provenientes de otras partes del continente, como son el sudeste asiático y en mucha menor medida, incluso de Rusia. Desde la visión antropológica, de igual manera que en los pueblos primitivos, cuando una tribu buscaba un comportamiento determinado que fuese el elemento diferenciador frente a otras tribus en disputa, una vez encontrado ese elemento y así asumido, tal comportamiento diferente se convertía en el signo inequívoco de la estrategia en su relación sucesiva y futura con las demás. Así, quizá, EE. UU. no supo, no quiso o no pudo encontrar otra forma de diferenciación más genuina, entre el tipo de sociedad occidental que ella misma entendía, que representaba, frente a aquella otra sociedad, de rasgos asiáticos —con posibles reminiscencias de la del lejano Oriente—, que no fuese a través de la barbarie moderna y del lanzamiento de las bombas atómicas. Dejo de lado y no abordaré el motivo de la venganza.

Con respecto a las bombas, su fabricación, quizá, constituyera una acción preventiva, pero la entrada en la guerra sirvió de motivo y excusa para las acciones siguientes; así, la disposición y el lanzamiento de la bomba atómica, fue el elemento diferenciador entre las sociedades descritas en disputa. Nuevamente, participo de la opinión que, tal elemento diferenciador obedecía a una concepción supremacista y confería a una sociedad, en aquel tiempo la de EE. UU., **que era la única nación poseedora del mismo** —aunque el secreto de ese elemento diferenciador, fuera compartido con Reino Unido— otorgándole una posición de superioridad sobre aquella otra sociedad, considerada distinta social y culturalmente, como era la de Japón. Puede inferirse que, con esa conducta, aun sin concurrir elementos estrictamente raciales, de ahí al racismo solo hay un paso. Por contra, la nación alemana u otras naciones europeas, no serían percibidas por EE. UU. —a mi juicio, según el razonamiento anterior—, como grupos sociales distintos al suyo, para que en definitiva las hicieran objetivos potenciales de las acciones de una guerra nuclear, conforme se baraja en este capítulo y, por ello, ser tildadas por algunos como actos de racismo.

La comparación con otras naciones distintas a Japón, naturalmente, no es sino un razonamiento ucrónico porque históricamente no ocurrió así; sin embargo, en el juego de posibilidades y estrategias, pudieran haberse desarrollado acontecimientos históricos con roles invertidos o en otras circunstancias si los hechos de armas hubiesen sido distintos. Tal razonamiento, podría extenderse a otro escenario de cómo hubiesen sucedido los acontecimientos, si las circunstancias y los actores involucrados hubiesen propiciado una situación inversa, dependiendo de qué país fuese el primero en disponer armas atómicas, toda vez que EE. UU. entró en la carrera nuclear al conocer los avances de la Alemania nazi en ese campo. Hablando sobre lo que sí sucedió realmente, y a resultas de todo el planteamiento anteriormente expresado, es lo que sí induce a barajar la idea del racismo en el lanzamiento de las bombas atómicas sobre las ciudades japonesas hace 80 años y, apelando además a la diferencia de valores culturales y raciales, para explicar por qué me inclino a creer que tal bombardeo no se hubiese ejecutado sobre otras ciudades occidentales —fuera del bando aliado—, consideradas como enemigas durante la contienda.

Siendo esta la visión aplicada a un país occidental como EE. UU., poseedor de un arma nueva, y su comportamiento en guerra frente a otro pueblo diferente como Japón, podríamos preguntarnos ahora qué otro argumento se podría aplicar a otro país occidental, como era la Alemania nazi, que frente a colectivos étnicos considerados distintos tales como judíos, eslavos, gitanos, homosexuales o cualquier otro considerado por Alemania fuera de la raza aria, para utilizar los medios de exterminio más abyectos e inhumanos causando un panorama de horror y muerte jamás vistos. Para esa ejecución no precisó el concurso de armas nucleares. En este sentido, considero que tampoco debe causar extrañeza, desde un plano teórico, que el racismo —en todas sus formas y extensión—, fuera el único mecanismo que impulsara al género humano a la comisión de acciones atroces, y posiblemente tampoco sea el más importante, sino que simplemente es uno más. Si algo nos enseña la historia de la humanidad, es que esta se ha tejido sobre los escombros de luchas de grupos diversos, bien a causa de la raza, la religión, la política, la etnia, y ¡cómo no!, la disposición de los recursos para la supervivencia y en definitiva, la consecución del poder. A veces, la lucha era motivada por una sola de esas causas, otras por varias de ellas o incluso de todas las anteriores juntas; en definitiva, era la lucha de siempre, entre los "diferentes" o contra los "otros" en cualquiera de sus formas; por supuesto no siempre en condiciones de igualdad, pues en la mayoría de las veces hay un actor dominante sojuzgando a otro dominado y, cuando no, llevándolo a la muerte y la destrucción. La estrategia seguida siempre ha sido la más adecuada y conveniente en cada caso, tiempo y lugar, pero siempre acorde con los valores propios de cada grupo, con el objetivo de alcanzar el poder, ejercerlo y perpetuarse en él.

En otro orden de cosas, volviendo nuevamente sobre el lanzamiento de los artefactos nucleares sobre Japón, modernamente existe otro argumento, a modo de conjetura política, que justificaría que el mismo estuviera basado o asociado a la consecución de un objetivo secundario, cuál era la intimidación hacia la URSS; desde luego, un objetivo nada baladí que sentaba las bases para el estado de opinión sobre lo que posteriormente conoceríamos como Guerra Fría. Así lo manifestó el profesor Glauber, en su día integrante del proyecto Manhattan. Pero al parecer, una cosa es que el estado de opinión de la comunidad científica del proyecto así lo creyera, y cosa distinta es que la decisión política última que decidió su destino, así lo compartiera. Visto de manera fría y calculadora, nada impide asociar el enfoque supremacista utilizado aquí, junto a la consecución de cualquier otro objetivo, que resultaría de todo punto complementario, aunque solo fuese de carácter disuasorio con respecto a la URSS.

EINSTEIN PACIFISTA

Escribir, hablar o posicionarse acerca del pacifismo invita, cuando menos, a la controversia; por un lado, tiene la virtud de desnudar la condición de las personas que lo hacen, sobre un tema que es constante a lo largo de la historia, sacando a relucir la propia condición humana que, en su caso, y como un recurso más, se abre a la posibilidad de que los pueblos del planeta diriman, entre ellos, sus disputas por otros medios que no sean los del conflicto armado. Por otro, la guerra, guste o no, forma parte de nuestras vidas; unas son más cercanas que otras en lo geográfico, otras lo son más o menos alejadas o cercanas en el tiempo, mejor o peor percibidas o entendidas, pero ninguna debiera sernos indiferentes, si bien, todas están ahí. Son pocos los países que no hayan estado involucrados en alguna ocasión en una contienda sea del tipo que sea. Pensemos en el hecho de que, en tiempos modernos y contemporáneos, los gobiernos de las naciones ya reservaban precisamente una de las carteras ministeriales para aquella actividad a la que pomposamente denominaban genéricamente como "ministerio de la guerra"; esa misma que, hoy, denominamos cartera de defensa o del ejército, lo cierto es que dicha actividad así era percibida y asumida por la sociedad.

La condición pacifista tiene muchas luminarias, adónde mirar y mirarse como ejemplo, y hoy, son legión aquellos que cada vez más lo hacen desde el anonimato; desde esta última perspectiva, y en lo que respecta a la esfera personal, nada ni nadie me sugiere sentimientos más loables, que quien inspira la referencia siguiente. De la misma manera, entiendo que hay otras figuras igualmente dignas de mención, pero a mí, me sirve básicamente la siguiente como paradigma de lo que se pretende expresar desde esa condición pacifista y lo que conlleva serlo.

La figura de Albert Einstein fue —buena parte de su vida, si no toda— acaparadora de simpatías provenientes desde cualquier ámbito de la sociedad de su tiempo; asimismo, lo fue después de su muerte a lo largo del siglo XX, llegando, incluso, hasta hoy. Antes de su muerte, una revista de tirada mundial lo catalogó como el personaje más influyente de la primera mitad del siglo XX. También fue objeto de críticas, pues a su condición de científico de talla universal, en el campo de la física, aglutinó otros atributos de naturaleza personal, tales como la perspicacia, la clarividencia y sobre todo, a mi parecer, el grado de compromiso personal necesario para que pocos temas, inherentes a la sociedad de su tiempo, escapasen a su juicio y consideración; sobre todo por lo que hoy solemos decir "meterse en jardines". La mayoría de los mismos fueron expuestos en su libro "Ideas and Opinions" poco antes de su muerte; lo componen escritos monográficos, seminarios, conferencias, discursos, artículos de periódicos, de revistas, comentarios, así como cualquier otro tipo de correspondencia mantenida de forma epistolar o bien en programas de radio, sobre temas variados y de su interés. En España, el libro fue publicado bajo el título "Mis ideas y opiniones"[35], casi treinta años después.

En su quehacer, de la física de su tiempo, contribuyó también a poner los cimientos de la teoría cuántica —faceta, quizá, menos conocida como científico—, ya que como es sabido el reconocimiento del que es objeto desde entonces, corre a cargo de su afamada teoría de la relatividad, especial y general. Su compromiso, fuera de la ciencia, se extendió a temas filosóficos, religiosos, o abarcando otras cuestiones muy humanas, ya fuesen de índole política, social, económica, cultural, etc. En ellas, tuvieron cabida, conceptos tales como la libertad, el conocimiento, el socialismo, las relaciones internacionales, los derechos humanos, la educación, la política, la música o, incluso, la amistad misma. Por otro lado, dado su origen judío y el posicionamiento en favor de este pueblo, le hicieron pronunciarse abiertamente sobre el mismo, abrazando la causa sionista; también emitió el juicio de valor que le merecía la patria que le vio nacer, derivando después en la Alemania del régimen nazi y de la cual, acabó exiliándose para siempre. Con todo lo mencionado, hay un aspecto al que dedicó buena parte de sus energías y donde, a mi parecer, concitó no pocas simpatías, fue sin duda en el tema de la paz y en la labor que

---

35 EINSTEIN, A. Mis ideas y opiniones. Traducción de José M. Álvarez Flores y Ana Goldar. Antoni Bosch, editor, Casa Editorial, S. A., 1983, Barcelona.

desarrolló como pacifista convencido a lo largo de su vida, siendo en esta faceta —con sus luces y sus sombras— a la que nos referimos en este epígrafe.

En primer lugar, se plantea el hecho sorpresivo de cómo una persona sumida en la enjundia de su actividad teórica y científica, bien como investigador, ya sea como catedrático o como profesional, pudiera dedicar buena parte de su tiempo a discernir cualquier elucubración del tipo antes mencionada. Su figura, haría pensar que el hecho de ser un personaje mundialmente reconocido, digamos de carácter público, y sobre todo su grado de compromiso, fuese el anzuelo invisible que empujara al hombre científico, hacia esa actitud para expresar sus rasgos personales en tiempos convulsos, como fueron los años de la primera mitad del siglo pasado y algunos posteriores.

En segundo lugar, solo a modo de advertencia, hay una cuestión relativa a la forma de hablar de alguien o escribir sobre algo en concreto, siguiendo un enfoque determinado; surge, en general, cuando ha transcurrido cierto tiempo desde su muerte —como es el caso—, que suele caerse en el error de enjuiciar su labor conforme a parámetros que nos parecen más o menos actuales, es decir, viéndolos únicamente con los ojos del presente. En tal situación, siendo legítima, por supuesto, aunque el relato que se haga no falte al rigor histórico, sin embargo, creo que es difícil asumir de manera fiel cuál era el estado de pensamiento, los principios y valores propios que imperaban en la sociedad del tiempo del personaje que pretendemos enjuiciar; luego, naturalmente, habría que tener en cuenta también los de sus comportamientos individuales, conforme a sus propios perfiles, ya fuesen sociológicos, psicológicos, políticos, históricos o de cualquier otro tipo. Sin duda este es el riesgo a correr y que se pretende esquivar, en la medida de lo posible, al hablar del personaje en cuestión.

Al inicio de la Primera Guerra Mundial, Einstein, se encontraba en la cumbre de su profesión, adscrito en Alemania a los centros que estaban considerados como la vanguardia mundial en la materia de su competencia; era catedrático de física en la Universidad de Berlín, Director del Instituto de Física teórica de la Asociación Káiser Guillermo y, por último, miembro de la Academia Prusiana de Ciencias. A raíz de la invasión alemana de Bélgica, casi un centenar de científicos alemanes de nivel primerísimo —entre los que se encontraban varios premios Nobel—, dejándose llevar por el espíritu característico que impregnaba todo el nacionalismo alemán, difundieron un manifiesto bastante explícito en favor del militarismo de su país. Consideraban que tal actitud formaba parte de su propia cultura; defendían con ello las actuaciones militares germanas de manera muy parcial y patriotera al entender, que quien criticaba tal postura, en realidad, atacaba a la cultura alemana misma, ya que no podía entenderse la una sin la otra y viceversa. Ante tal estado de las cosas, pocos días después de la publicación, un conocido pacifista alemán, el profesor Georg Friedrich Nicolai, preparó una réplica en contra de la guerra abogando por valores que sirvieran para unir a los países y pueblos europeos; la misma, la repartió entre sus colegas universitarios, siendo el grado de consenso que concitó ciertamente exiguo, hasta el punto de que ¡únicamente tres personas!, se unieron a ella y una, fue precisamente Albert Einstein; a partir de ahí trazó la senda de su transitar por el pacifismo.

Esto debiera ser suficiente para hacernos una idea de lo difícil que puede resultar, en cualquier época y lugar, adoptar una postura personal en contra de la guerra, así como, incluso, posicionarse a favor de ella; si bien, si nos atenemos solo a los números, pareciera que no habría ninguna duda, al menos en la Alemania, de aquellos días, a favor de este último caso. Pero los comportamientos individuales semejantes pueden encontrarse también en otros países, como fue el caso de Bertrand Russell, en Gran Bretaña; en definitiva, el desiderátum posterior, es que semejantes comportamientos —en este caso, de corte pacifista— parecieran ser un lujo cultural que solo está al alcance de personas de una altura moral e intelectual como lo son algunas de las citadas. Podríamos añadir, pero entonces, el pueblo llano, anónimo como tal, en general ¿cómo los expresa, o cómo puede expresarlos?

En una cosa Friedrich no se equivocaba, cuando sostenía: *"La guerra que ruge difícilmente puede dar un vencedor; todas las naciones que participan en ella pagarán, con toda probabilidad, un precio extremadamente alto"*[36]. En la guerra, aunque siempre haya vencedores y vencidos, todos los contendientes pierden algo —o mucho—, en un sentido genérico o, incluso, hasta figurado. De aquella contienda, el precio a pagar, por todos, fue que en un período de tiempo relativamente corto — solo veintiún años después—, Europa y buena parte del resto del mundo, se vio arrastrado a una nueva guerra más mortífera y destructiva que la anterior.

En el intermedio de ambas, tampoco habría que olvidar, que entre 1935 y 1936, se tuvo la invasión italiana del territorio de Abisinia —en las actuales Etiopía y Eritrea—, así como su presencia en Libia, en un claro ejemplo del expansionismo fascista, atisbando con ello futuros lazos premonitorios del eje con Alemania. Al respecto, resulta chocante hoy, ver las imágenes de gerifaltes eclesiásticos italianos bendiciendo a las tropas y los cañones destinados a las operaciones. Por otro lado, cómo olvidar la guerra civil española durante los tres años siguientes que, en algún aspecto, sirvió de tablero de juego preparatorio de aquella guerra mundial. A nivel interno, el precio de la guerra civil fue muy doloroso para nuestro país, y su proyección en el tiempo, por sus efectos, muy largo en todos los

---

36 SÁNCHEZ RON, J. M. Op. cit., pp. 55-56.

sentidos.

Finalizada la Primera Guerra Mundial, en un período de tiempo tan cambiante, como fue el que transcurrió entre ambas guerras mundiales, Einstein, no dejó de manifestarse escribiendo artículos o pronunciando conferencias en favor de la paz y del desarme; máxime al alcanzar Hitler la cancillería en Alemania, en 1933, cuando los tambores que retumbaban nuevamente en el corazón de Europa no eran de paz precisamente, siendo la probabilidad de una nueva contienda mundial alta y no solo un simple alarde bélico de tipo metafórico. Visto, además, el precedente tan desgarrador que supuso la guerra civil en España, y el posicionamiento de otros países, la pregunta a partir de entonces sería que ¿cuándo ocurriría? Siendo así el contexto, en lo que sigue a continuación, no se trata de exponer lo que fue su pensamiento pacifista en toda la extensión, pero sí incluir —como ejemplo— varios extractos, de citas, que podrían reflejar fielmente su impronta en esta faceta, durante esa época:

Los hombres realmente grandes de las generaciones que nos precedieron, percibieron que era muy importante garantizar la paz internacional. Pero los adelantos técnicos de nuestra época han convertido este postulado ético en una cuestión de vida o muerte para la humanidad civilizada, y en un deber moral, [sic] el tomar parte activa en la solución del problema de la paz, deber que ningún hombre consciente puede eludir.

Hemos de tener en cuenta que los poderosos grupos industriales interesados en la fabricación de armamento están haciendo todo lo posible, en todos los países, para impedir un arreglo pacífico de las disputas internacionales, y que los gobiernos sólo *[sic]* pueden lograr la paz si están seguros del respaldo incondicional de la mayoría de sus pueblos. En estos tiempos de gobierno democrático, el destino de las naciones depende de los pueblos mismos; cada uno de nosotros debe tenerlo siempre en cuenta[37].

Indagando aún más en su relación con la industria armamentística, mantuvo de forma continuada un intercambio epistolar con personas interesadas en el tema y, cuando fue requerido para ello, dejó claro cuál era su punto de vista al respecto:

La industria del armamento es, sin duda, uno de los mayores peligros que acechan al género humano. Es el poder maligno que se oculta detrás del nacionalismo, que predomina en todas partes...

Quizá se lograse algo con la nacionalización. Pero es muy

37 EINSTEIN, A. "PAZ Y EL PROBLEMA DEL PACIFISMO". Op. cit., pp. 92-93.

difícil determinar exactamente qué industrias deberían incluirse. ¿Debería incluirse la industria aeronáutica? ¿Y en qué cuantía deberíamos incluir la metalúrgica y la química?...[38]

Un apunte más del concepto pacifista activo y la consideración sobre los ejércitos:

... Mientras existan ejércitos, cualquier conflicto grave llevará a la guerra. Un pacifismo que no se oponga activamente a que las naciones se armen es y seguirá siendo por necesidad impotente.

¡Ojalá la conciencia y el sentido común de los pueblos despierten, y podamos llegar a un nuevo estadio de la civilización, en que puedan las gentes considerar la guerra como algo pretérito, como una aberración incomprensible de sus antepasados![39].

Cuando nuestro personaje habla, por tanto, de los avances tecnológicos en tiempos de "nuestra época", se está refiriendo, lógicamente, a "la época de su vida" que abarcaba al primer tercio del siglo XX, incluyendo al período que media entre las dos guerras mundiales. Este fue convulso por sus características

---

38 Ibíd., "TRES CARTAS A AMIGOS DE LA PAZ", p. 96.
39 Ibíd., "PACIFISMO ACTIVO", p. 97.

propias, y sirvió para moldear su espíritu sensible y sus sentimientos, hacia posiciones contrarias a la guerra, a la industria armamentística y en favor del pacifismo, al menos, en los términos anteriormente citados de su propia obra, tal como nos la legó.

Los comportamientos lineales a lo largo de la vida son difíciles de mantener; en 1939, al estampar su firma en la famosa carta —escrita inicialmente por Leó Szilárd—, pero que Einstein dirigió al Presidente Roosevelt, pudo parecer que el contenido de la misma, representaba una inflexión en los principios que había mantenido hasta aquel momento sobre el tema. Puestos a elucubrar, cabría preguntarse, por otro lado, qué pensaría entonces de sí mismo al tomar una posición tan distinta a la mantenida en 1914; qué juicios de naturaleza moral asistirían en aquel momento a su persona para adoptar aquella decisión; y finalmente, aunque no tenga más importancia que la que pretendamos darle, qué pensarían otras personas que se habían dejado llevar hacia posiciones similares a las suyas, arrastradas precisamente por su altura y autoridad moral. Esto induce a pensar acerca del grado de conocimiento que tuviese la opinión pública, en general, sobre el contenido de la carta citada. De las motivaciones psicológicas que le empujaran a firmar la misiva, creo, no debe haber mucha literatura, pero sí se ha escrito que, cuando le hicieron la propuesta y los motivos en los que aquella se fundamentaba, comentó algo así: *"No he reparado mucho en la cuestión".* Y quizá no debamos profundizar mucho más en el asunto, o bien admitir, simplemente, que bien pudiera haberse dejado arrastrar por su animadversión hacia todo lo que representaba la Alemania nazi, que era de donde provenía el riesgo potencial que se pretendía denunciar. Es razonable pensar que habrá autores y personas anónimas, que vieran su actitud con cierta condescendencia, dejándose arrastrar en sus críticas por la autoridad moral de la personalidad en cuestión, así como por la necesidad estratégica que el asunto representaba.

No obstante, en la misiva, entre otras razones, se hacían sugerencias —al presidente de una nación democrática, como es EE. UU.—, para arbitrar cuestiones del siguiente tenor: cómo deben ser las relaciones entre la administración del estado y la comunidad científica de físicos, sobre todo con relación a los avances con el uranio; también sobre las reacciones en cadena de este elemento; igualmente, sobre las reservas estratégicas del mismo, no ya como una nueva fuente de energía a utilizar, **sino como la posibilidad de fabricar bombas, con esa nueva fuente, para contrarrestar los avances en ese campo de otra nación**. Lo anterior, se mire como se mire, el contenido de la carta no dejaba de ser, sino una invitación, al menos intelectualmente hablando, a pensar legítimamente que, Einstein, tendió hacia posiciones opuestas a las mantenidas hasta entonces; pareció un cambio significativo y la crítica, sustentada de forma legítima, coherente y como de escaso rigor pacifista, no se hizo esperar y acompañaría, ya para siempre, a su persona.

Por otro lado, se ha citado, con justeza en este capítulo, que no se podría afirmar con rotundidad que dicha carta influyera, o no, en los planes nucleares americanos, o que existiese una correlación alta entre ambos; sabemos que la existencia de una correlación no significa causación última, pero tampoco sería impreciso, incluso injusto, admitir que a raíz de la misma, se allanara el camino a la oportunidad estratégica de fabricar una bomba atómica por ese país, y que el proceso ya no tuviese marcha atrás.

Iniciada la Segunda Guerra Mundial hubo otras cartas de distinta naturaleza y que se dilataron en el tiempo; es de imaginar que las cuales debieron impregnar a otras conciencias sensibles con un argumento parecido al siguiente: "cómo era posible que un personaje adornado de un espíritu y valores tan afines al pacifismo, pudieran desembocar ahora en posturas aparentemente contrarias". Los problemas de conciencia, serían más evidentes, y vendrían posteriormente con el epílogo puesto a la Segunda Guerra Mundial con el lanzamiento de dos bombas atómicas. Nadie puede engañarse —tampoco el que escribe—, al pensar que Einstein, al igual que otros científicos de la talla de Oppenheimer, Szilárd, Teller…, eran perfectamente conocedores de las consecuencias que la nueva fuente de energía conllevaba, específicamente con un uso armamentístico; la tesitura histórica y la dinámica de los hechos, situó a esas personas —en su condición de científicos—, en una disyuntiva concreta pero perversa. Actuarían, creo, conforme les dictaran sus conciencias en cada momento, ¡y la conciencia es algo muy personal!, aunque también es justo admitir la legitimidad de las críticas respecto a sus actuaciones.

Finalizada la guerra, con el desarrollo de las instituciones de la ONU, Einstein, desde el realismo imperante en el nuevo orden mundial, prosiguió —si es que alguna vez lo interrumpió— con las posiciones pacifistas de siempre, abogando por la idea de **un gobierno mundial** desde la base de dicha organización; esto le valió la crítica a través de la correspondencia que mantuvo con miembros de la Academia de Ciencias rusa. Sostenía esta, que dicho pensamiento no era sino fruto del imperialismo occidental, del que afortunadamente se había liberado la URSS. Añadía, además, juicios de valor sobre el sistema representativo de los países de Occidente; ¡quién lo diría!, como si la URSS fuese un dechado de libertades que respetase, al menos, siquiera, la libertad individual y la representatividad de los ciudadanos. De igual manera, tampoco las naciones occidentales mostraron un interés excesivo en tales propuestas. Pero quizás, lo más llamativo de su pensamiento en esta etapa que, incluso, pudiera sonar a algún tipo de justificación respecto de su etapa anterior, o sea de la carta famosa, haya que buscarlo en un discurso pronunciado en 1945, si bien publicado en 1950, cuando sostenía:

> ... Nosotros ayudamos a construir esa arma nueva para impedir que los enemigos de la humanidad lo lograsen antes que nosotros, lo cual, dada la mentalidad de los nazis, habría significado la destrucción y la esclavitud del resto del mundo. Pusimos este *[sic]* arma en manos de los norteamericanos y de los ingleses como representantes de toda la humanidad, como defensores de la paz y de la libertad... **Se ha ganado la guerra** *[sic]* **pero no la paz**. Las grandes potencias unidas en la lucha, están divididas ahora en relación con los acuerdos de paz. Se prometió al mundo liberarlo del miedo, pero la verdad es que el miedo no ha hecho, *[sic]* sino aumentar terriblemente desde que terminó la guerra. Se prometió al mundo liberarlo de carencias y necesidades, pero grandes sectores del mundo se enfrentan hoy con el hambre mientras otros viven en la abundancia...[40].

En buena lógica, las palabras anteriores pudieran arrojar luz y dar una respuesta a algunas de las preguntas planteadas anteriormente. Así, cuando utiliza el pronombre *"nosotros"*, parece que no solo se está refriendo a la comunidad de

---

40 EINSTEIN, A. "SE HA GANADO LA GUERRA, PERO NO LA PAZ".
 Op. cit., pp. 100-103.

científicos, sino también a la sociedad de las naciones libres, de la que se siente miembro activo para situarse frente a los *"enemigos de la humanidad"*; este es el contexto adecuado para entender sus palabras. Por otro lado, cuesta imaginar el estado de ánimo de Einstein, la tristeza moral y de espíritu que le produciría constatar la proliferación del arma nuclear; y cómo, a partir de 1949, la URSS detonó su primer artefacto nuclear y que, mediando un posible espionaje a favor de la URSS, en su caso, hubiese acelerado el acceso de este país al mismo; tampoco la confianza que había expresado en EE. UU. y Gran Bretaña como naciones garantes del arsenal y de los secretos nucleares.

Como suele decirse, no pueden ponerse puertas al campo, y este no es, sino, un ejemplo más. De forma paulatina, se fueron incorporando otras naciones del mundo —fuesen democracias o no—, al elenco de los países que disponían de programas nucleares propios, en una carrera de armamento que, aunque nunca estuvo parada, ya no se detendría jamás. La dinámica en marcha durante esos años representaba, en definitiva, una clara división —a la que él aludía— del mundo, en relación con los acuerdos de paz después de la guerra. Poco a poco, el pacifismo por el que tanto abogó, y con un número mayor de países disponiendo de armas nucleares, se fue fundamentando hacia otro concepto de las relaciones internacionales y por ende, de la estrategia, cuál es el de la disuasión, al que está abocado el mundo por el concurso de este tipo de armas. Einstein vivió solo unos pocos años más para conocer el inicio de ese cambio.

De todo lo anterior, y la postura adoptada por nuestro personaje, induce a pensar nuevamente en una cuestión que he expresado en otro trabajo acerca del comportamiento lineal de las personas:

> Debo reconocer que he conocido a pocas personas de la vida pública que hayan tenido una actitud que yo identifico con el término que denomino lisa y llanamente como "comportamiento completamente lineal a lo largo de su vida". Cuando hablo de comportamiento lineal, lo hago en el sentido de mantener una trayectoria coherente a lo largo del tiempo[41].

Seguramente todo se reduce a la idea de que no es fácil mantener una postura sencilla y coherente —sea en el tema que sea— a lo largo del tiempo; primero por los propios hechos, después, por las circunstancias cambiantes y finalmente, por la mutación de las personas mismas. En definitiva, con frecuencia los humanos desarrollan pensamientos ambiguos, o bien, suelen caer en comportamientos poliédricos difíciles de encuadrar y, cuando no, son claramente contradictorios, como bien pudiera ser el caso de nuestro personaje que ya lo acompañarían para siempre. Por otro lado, fue consciente de que sus palabras incomodaban muy poco a los políticos, siempre y cuando no amenazasen la posición de estos, y por eso hablaba o podía permitirse el lujo de expresarse con semejante grado de libertad

---

41 ESTRELLA LINARES, J. Op. cit., p. 203.

y franqueza; él sabía que no amenazaba la posición de aquellos, y esto nos lleva a plantear la cuestión sobre la escasa recepción que suelen hacer los gobernantes del mundo acerca de las ideas emitidas por personas con autoridad moral en la cuestión.

El concepto de pacifismo de Einstein, lo ejerció en la época que le tocó vivir, en el mundo de su tiempo y conforme a los principios y medios por los que aquel se regía. Hoy, la carrera armamentística ha adquirido una naturaleza y dimensión propia, que sobrepasa con mucho lo que él conoció, así como la esfera de los comportamientos individuales; asimismo, se precisa del elemento anónimo de la población en general para oponerse a ella. De vivir en el presente, se escandalizaría aún más y, como conjetura, se tiene la presunción de que estaría al lado de los pacifistas actuales, participando con los medios de nuestro tiempo, si bien se tiene la duda acerca de si compartiría el espíritu de los mismos.

A modo de corolario, para concluir este capítulo, añadiré lo siguiente: a la muerte de Haim Weizmann —primer presidente de Israel—, acaecida en 1952, el primer ministro israelí, a la sazón, David Ben-Gurión, ofreció a Einstein el desempeño de la presidencia del joven Estado de Israel. Según las palabras del famoso físico, con todo el dolor de su corazón declinó la propuesta, entre otras razones, porque argüía que no se sentía capacitado para desempeñar un cargo con ese rango institucional, ¡algo verdaderamente sorprendente! Pero el destino, algunas veces, acompaña a las personas, envolviéndolo con una ironía perversa; en el caso de haber aceptado, la dinámica propia de la guerra, a la que tanto repudiaba, habría sido una constante para él —otra más en su vida, además de las físicas—, solo que esta vez vivida además en primera persona como presidente. La guerra, le habría acompañado el resto de sus días, arrastrado precisamente por la historia misma de Israel, desde su nacimiento como estado. Su génesis, su desarrollo, a través de relaciones belicosas con los países árabes, limítrofes en general, y con el pueblo palestino en particular, siguen perpetuándose en el tiempo hasta hoy.

Además, con su perspicacia, supo ver que el nuevo estado de Israel nació efectivamente desde y con toda la legalidad internacional que le otorgó la Resolución 181 de Asamblea General de las Naciones Unidas, de 27 de noviembre de 1947, para la Partición de Palestina, así como posteriormente la proclamación del Estado de Israel el 14 de mayo de 1948. No obstante, comprendió que tal vitola de "legalidad" adolecía muy probablemente, por sí sola, de una falta de "legitimidad" que solo podía provenir de la aquiescencia de la población palestina en particular, y del resto de países del entorno árabe en general.

Como reflexión final —también a modo de conjetura—, es posible que esta fuera otra razón más, en clave interna, personal, esgrimida por nuestro personaje, para rechazar la propuesta presidencial del Estado de Israel.

4. La guerra continuó y...

En 1947, el subcontinente indio, en un proceso distinto, ajeno a otros países de Asia, alcanzó la independencia. De forma sucinta, *"India, colonizada por Reino Unido desde el siglo XIX, se convirtió en una nación independiente en 1947 tras una lucha por la independencia de ese país que estuvo marcada por un movimiento de no violencia, liderado por Gandhi"*[42]. Por contra, el proceso de separación de Pakistán, respecto de la India, fue traumático y cruento hasta límites insospechados, entre otras razones, a causa de la diferencia religiosa.

Volviendo nuevamente al pensamiento de Einstein, sobre esta cuestión, consistente en que *"se ha ganado la guerra, pero no la paz"*, expuesto justo a mediados del siglo pasado, puede decirse que, como vaticinio, no pudo ser más acertado. Dicha máxima, se convirtió en un aforismo cada vez más aceptado y ajustado tristemente a la realidad del aquel momento, así como a la de otras que estaban por venir. Finalizada la Segunda Guerra Mundial, el imperialismo, el comunismo, los estertores del fascismo, el colonialismo, el incipiente nacionalismo, así como cualquier otro reducto de "ismo" que se nos antoje, o que pudiera quedar de ellos, en sus distintas modalidades, o bien la llama que prendiera de otros nuevos amaneceres, se dieron cita a sí mismos para converger —o no—, haciéndose presentes en el

---

[42] <https://es.wikipedia.org/wiki/India>
Última consulta resultada para el día 4 de diciembre de 2021

mundo con la excusa adecuada, y todo ello para la extensión de la guerra bajo cualquier modalidad o en cualquier parte del planeta.

De nada sirvió el hecho de que otrora países, incluso, aliados para derrotar al nazismo, albergaran cierta dosis de confianza mutua que se tradujese en una paz duradera; lo cierto es que se vieron involucrados por la ideología en una fragmentación del mundo que se dio en llamar "política de bloques". La mayoría de los países se alinearon en organizaciones de corte político y militar tales como la OTAN (Organización del Tratado del Atlántico Norte), según la terminología francesa, —o la NATO, en la terminología anglosajona—, dentro de la esfera occidental, o bien en el Pacto de Varsovia, para los países del ámbito pro soviético. Estaban adheridos, militarmente, a una u otra organización, en función de su adscripción política conforme a valores propios de un país considerado o adscrito al bloque occidental, por un lado, o bien al del bloque comunista, por otro. Además, cada bloque consideraba que, en el mundo, había zonas de determinada influencia propia, como si fuesen exclusivamente suyas, en la que el otro bloque no debía inmiscuirse. A título de ejemplo, podría citarse: Cuba, una especie de cuña comunista, incrustada casi en el pleno corazón geográfico y territorial de EE. UU.; a la inversa, Corea del Sur, Taiwán (antigua China nacionalista), la propia Hong Kong, situada en territorio chino, o regímenes pro occidentales situados en zonas de clara influencia china; o bien

Turquía, país miembro de la OTAN, situado en la misma frontera con la URSS. Fue, por tanto, la ideología dominante la que determinó el estado de las relaciones internacionales. La estrategia planetaria seguida por la política de bloques, acabó acuñando el concepto de "Guerra Fría"; situación aplicada para describir la referencia al estado de las relaciones entre EE. UU., URSS y China, fundamentalmente, pero que involucraba al resto de países, según su zona de influencia. Tal enfrentamiento era de naturaleza política, social y económica, fundamentalmente, pero sobre todo militar, si bien se extendía a otras esferas de la vida como la cultura, el pensamiento, el deporte, los viajes u otras actividades más cotidianas, etc. Por tanto, aunque no hubiera una guerra declarada formalmente, sí había actos violentos o enfrentamientos armados, ya fuese participando en guerras de otros países, o bien apoyando a los bandos opositores.

El escenario de la Guerra Fría estableció unas reglas de juego perversas que estaban dominadas, al menos, por la desconfianza —cuando no por el miedo— de la posesión y utilización de armas nucleares por el enemigo. Respondía, así, a la forma y manera de actuar de cada bloque, teniendo en cuenta, además, cómo pensaría y actuaría el bloque contrario. De esta manera, las potencias citadas, dispusieron el establecimiento de bases militares diseminadas por todo el mundo en países que se consideraban estratégicos; en ellas, se hizo el acopio y almacenamiento de todo tipo de armas, incluidas las nucleares, ya fuesen de carácter estratégico o de tipo táctico.

La situación, comportaba un grado de riesgo global para casi todos los países —especialmente, para aquellos donde se ubicaban las bases—, a fin de mantener las posiciones y objetivos militares de ambos bloques. Así, en el occidental, EE. UU., consideraba que ante un ataque de la Unión Soviética, su grado de respuesta debía ser "inmediato" e implicaba tener una fuerza aérea continuamente transportando armas nucleares de carácter táctico, desde cualquier parte del mundo —normalmente del hemisferio norte— hacia y desde el espacio aéreo lo más cercano a la Unión Soviética, como por ejemplo Turquía u otros...

A modo de ejemplo, esta operativa, de respuesta inmediata, explica el accidente ocurrido en el pequeño pueblo de Palomares (Almería), en el año de 1966, donde un bombardero B-52 colisionó en el aire con un avión nodriza KC-135 —de abastecimiento—, que lo repostaba en pleno vuelo. Aquellos con dirección hacia la URSS, repostaban sobre el espacio aéreo de la provincia de Zaragoza y, los de vuelta, lo hacían desde la base de Morón de la Frontera, concretamente, sobre la vertical de la provincia de Almería, en una maniobra que las gentes del lugar veían con cierta congoja, y se preguntaban una y otra vez, cómo era posible que dos aviones se acercaran tanto entre sí diariamente. Fruto de esa maniobra u otra causa, el accidente ocurrió y cuatro bombas termonucleares se precipitaron sobre el área de Palomares, tres de ellas en los aledaños al pueblo y una cuarta en el mar. Sobre las primeras, el material radiactivo no llegó a explosionar, pero en dos de ellas, sí lo hizo el explosivo convencional que, además, propició el escape de plutonio, convirtiendo el entorno a la población de Palomares, desde entonces, en una zona de radioactividad muy significativa, que llega incluso hasta hoy. La cuarta bomba, caída en el mar, fue rescatada, a los tres meses del accidente, también sin detonar. En ese intervalo, en un escenario propio de la Guerra Fría, el artefacto fue objeto de deseo y de búsqueda por parte de buques de la marina soviética y americana en la zona y, finalmente, con 38 buques de la VI flota americana con base en el Mediterráneo, pudo ser izada y rescatada desde una profundidad de 800 metros aproximadamente.

En otro orden de cosas, sobre el último artefacto en sí, no todo el mérito hay que atribuirlo en el haber de la marina de EE. UU. Hubo dos hitos significativos, como fueron señalar el lugar exacto adónde había caído la bomba y, posteriormente, localizarla en el fondo del mar, hechos ambos, que corrieron a cargo de la iniciativa privada, podemos decir. Aún recuerdo a mi profesor de física, en bachiller, a finales de los años sesenta del siglo pasado, explicándonos que si no hubiese sido por la información aportada por el pescador "Paco el de la bomba", quizá el reto del rescate hubiese durado mucho más tiempo; y respecto a su localización exacta en el fondo del mar, la iniciativa corrió a cargo de una empresa privada de pequeños submarinos, que fue quien propició su detección para que, posteriormente, la marina efectuara el rescate. En el lugar exacto en cuestión, la plataforma marina registraba ya una profundidad muy considerable. Finalmente, los restos de los dos aviones siniestrados, fueron arrojados al mar.

Como información complementaria a la anterior, un accidente similar ocurrió ese mismo año en la base danesa de Thule, en una latitud muy al norte, donde, igualmente, un B-52 se vio involucrado con dos bombas termonucleares. Asimismo, con anterioridad, en el año 1961, en el propio territorio de EE. UU., concretamente en Carolina del Norte, dos bombas no llegaron a detonar en su impacto contra el suelo también desde un B-52.

Este era el estado de riesgo nuclear en el que vivía parte de la población en el mundo fruto de un escenario genuino de Guerra Fría; la cita de estos tres ejemplos es debido a la información disponible para la parte del mundo occidental en que nos movemos, dado que nos es más cercana y conocida; en otras latitudes, con la presencia de EE. UU., la casuística particular revestiría los tintes propios de cada escenario. Por parte del bloque de los países comunistas, a modo de conjetura, es de suponer la ocurrencia de incidentes similares o, incluso, de mayor gravedad, aunque, quizá, no se disponga de la misma información para poder afirmarlo ni contrastarlo. En la actualidad, hay armas nucleares, de tipo estratégico, desplegadas en varios países europeos en el seno de la OTAN tales como Alemania, Italia, Bélgica..., si bien, lógicamente no responden al estado de ánimo vivido durante el período que estamos analizando y pareciera que, la percepción que del mismo se tiene, no presupone una situación de riesgo como la de los casos citados.

Esta era la visión, a grandes rasgos, de como se percibía lo que fue la geopolítica mundial, desde mediados del siglo pasado hasta los cambios producidos con la desmembración de la URSS. Este período propició, a su vez, nuevas contiendas militares, como se verá más adelante. De otro lado, se encontraban los países catalogados como "no alineados" o también llamados "neutrales" que, abiertamente, no se adscribían ni a uno ni a otro bloque, pero a los que ambos bloques no vacilaban en encelarlos para atraerlos hacia sus respectivas esferas de influencia, estábamos inmersos ya en la Guerra Fría. Con este panorama, en palabras de cualquier pacifista convencido, casi podría decirse aquello de que ino me gustan las guerras, sean cuales sean sus temperaturas!, ni las frías y mucho menos, las calientes. En cualquier caso, esta fue la situación que se tuvo en el mundo hasta la caída de la Unión Soviética.

Las nuevas contiendas surgieron pronto en el sudeste asiático, primero con la guerra de Indochina, más tarde continuó con la de Vietnam, aunque realmente fue una sola guerra que siempre tuvieron como objetivo tratar de impedir la formación de un régimen comunista, bajo un solo país. Solapada en ese tiempo, se tuvo también la guerra de Corea y las luchas de la Indonesia holandesa, por conseguir su independencia;

continuaron las acciones belicistas por parte de Francia, China, la URSS y Estados Unidos, como actores principales, seguidos de otros países. La participación de Portugal, sobre los enclaves de referencia en el océano Índico, siguieron, a mi parecer, un desarrollo distinto al que se cita en estas páginas y no precisan, a mi juicio, una mención especial.

Nada más finalizar la Segunda Guerra Mundial, en 1946, el sudeste asiático fue la zona que primero se vio sacudida por el fragor de la guerra, siendo el tablero donde se desarrollaron las operaciones; en Indochina, las hostilidades revistieron todavía un cierto aroma en forma de guerra colonial, aunque como se ha mencionado anteriormente, no hay que ser excesivamente cándido para constatar el objetivo perseguido por las grandes potencias, así como el apoyo prestado a cada bando. El ejército exterior de Francia, del lejano Oriente, apoyado por los partisanos del Estado de Vietnam, otros países limítrofes y en menor medida, de la de EE. UU., se enfrentaron al Viet Minh de Vietnam, en lo que se denominó primera guerra de Indochina. El movimiento Viet Minh, consideraba que su levantamiento en armas, era una guerra de resistencia contra la ocupación francesa, y para ello contó con el apoyo decidido de la URSS y de China. Después de ocho largos años de guerra, la batalla de Dien Bien Phu, en 1954, puso el fin a la misma; el epílogo sombrío, tuvo como imagen significativa el hecho de que diez divisiones francesas —todo un cuerpo de ejército—, fueran hechas prisioneras, desarmadas y concentradas en un aeropuerto. El militar que propició la victoria vietnamita sobre Francia fue el general Giap, mientras que el líder moral y político que inflamaba al pueblo, corrió a cargo de Ho Chi Minh.

En otro orden de cosas, resulta de todo punto curioso comprobar hoy, cómo este último personaje fuese, en su día miembro del partido comunista francés y, también, del partido comunista de Vietnam. Por otro lado, Ho Chi Minh, como líder, supo mantener muy alta la moral de uno de los pueblos más castigados de la Tierra, y particularmente después, durante la guerra de Vietnam, propiamente dicha. Las conversaciones de paz en Ginebra de ese año alumbraron el nacimiento de dos estados: Vietnam del Norte y Vietnam del Sur, separados por el famoso paralelo 17. Andando el tiempo, tal demarcación, serviría de referencia para ubicar geográficamente el curso de las operaciones militares, a uno u otro lado del mismo, siendo utilizada tanto por corresponsales de guerra, medios de comunicación, políticos, etc. sobre todo en la continuación de la guerra con la participación directa de EE. UU. Tal separación se pretendió que no fuese solo una cuestión geográfica, sino que respondiese además al espíritu que animaba a uno de los contendientes —EE. UU.—, para que el norte fuese de corte político comunista y el sur lo fuese capitalista.

Tras la retirada de Francia, las incursiones de Vietnam del Norte sobre el Vietnam del Sur fueron cada vez más sucesivas, teniendo como objetivo último unificar el país bajo un régimen comunista. Las fuerzas del Viet Cong o Frente Nacional de Liberación de Vietnam, practicaron el hostigamiento continuo. A medida que transcurría el tiempo, EE. UU. decidió intervenir militarmente en la zona para que tal unificación no se llevase a efecto; utilizó el incidente ocurrido en el golfo de Tonkín en 1964 —que no se desarrolla aquí—, para el inicio de las hostilidades. Algunos comentarios de la época, sobre todo alimentados también en España, desde algún sector de la izquierda, fundamentalmente del PCE, decían que "el Presidente de Francia, el general De Gaulle, después de la derrota sufrida por el ejército francés habría advertido, en su día, al Presidente de los Estados Unidos sobre los riesgos que implicaba la participación de EE. UU. en Vietnam". Añadían, además, que la respuesta de los americanos siempre fue la misma: "no ocurrirá igual con nosotros, porque somos el ejército más poderoso". En el transcurso de las hostilidades, aunque ya se había utilizado en alguna otra ocasión con anterioridad, fue en esta contienda donde se generalizó el uso del explosivo napalm, como arma química, utilizada por el ejército estadounidense. Bajo el acrónimo de los dos ácidos que la componen —nafténico y palmítico—, eran bombas incendiarias muy persistentes con efectos que resultaban devastadores sobre las personas y los lugares donde se proyectaban. Fue otro peldaño más en el grado de terror causado por los bombardeos convencionales hacia el pináculo de la devastación; los efectos de los mismos producían quemaduras muy graves entre la población, a la vez que causaban grandes estragos en la vegetación y los consiguientes efectos ambientales. Nuevamente, sale a relucir, y es recurrente, la idea de la ciencia, de la técnica que alimenta y desarrolla a la industria bélica y armamentística. En todo caso, los casi diez años de guerra, causaron muchos centenares de miles de víctimas —cifrándose en varios millones de personas—, entre soldados de ambos bandos, población civil, también de desaparecidos, así como de los enormes destrozos ambientales a causa de los bombardeos. Al final de la misma, Estados Unidos encajó la derrota y tampoco pudo impedir la unificación de ambos estados en uno solo de corte comunista en 1976. Su capital siguió siendo Hanói, y la ciudad de Saigón —que anteriormente era la capital de Vietnam del Sur—, fue rebautizada con el nombre de ciudad de Ho Chi Minh, en honor de su líder fallecido ya en 1969.

La salida de EE. UU. de Vietnam tuvo como repercusión colateral que otros países limítrofes se vieran involucrados en su propia contienda, como fue el caso de la vecina Camboya, que durante los años de la década de 1970, los jemeres rojos — integrantes pertenecientes al partido comunista o maoísta de Camboya—, llevaron a cabo uno de los mayores genocidios conocidos de la historia reciente del mundo.

Solapada en el tiempo con la primera guerra de Indochina, se tuvo la guerra de Corea. A diferencia de aquella, esta guerra no se inició precisamente por un ejército colonial como fue el de Francia, en ella estuvo presente, desde el primer momento, el concepto de Guerra Fría, el control de las aguas del océano Pacífico, sobre todo aquellas que rodean al mar de Japón, frente a las costas de China y sus mares circundantes, es decir, el amarillo, el oriental y el meridional. En esta situación, detrás de las fuerzas coreanas se encontraban apoyadas por países como la URSS primero y después, por China. La península de Corea, había estado bajo el dominio de Japón hasta la derrota de este país en 1945; al finalizar la Segunda Guerra Mundial, la URSS y EE. UU. acordaron dividir el país en dos zonas, teniéndose así una Corea del Norte y una Corea del Sur, cada una bajo su respectiva esfera de influencia. El accidente virtual, de naturaleza geográfica, que marcaba tal separación, era y sigue siendo el famoso paralelo 38. Es mi parecer, en una primera característica del inicio de aquella guerra, así dicho con cierta ironía, que era como si fuese "una guerra a la que no se podía tomar muy en serio", eso dependiendo de quién lo dijera, naturalmente; porque se tendía a pensar que, después de una guerra mundial, pareciera como si todo lo demás que estuviera por venir o que pudiera suceder después, tendría que ser de menor calado o que careciese de importancia. Pero sí que la tuvo, y mucha, porque fue una guerra muy sangrienta, en los tres años que duró, y porque era prácticamente el inicio de Guerra la Fría.

Aunque hubo intentos de reunificación de ambas Coreas, el inicio de la guerra, coincidió con algo habitual en aquella zona de influencia, y fue la invasión de Corea del Sur por parte del ejército de Corea del Norte, apoyado por la URSS y más tarde, por fuerzas del régimen chino. La entrada de EE. UU. no se hizo esperar, y con la participación de la ONU, aceptando la entrada de tropas norteamericanas y de otras naciones bajo el paraguas del organismo, repelieron la invasión. Tras el armisticio, se restableció el límite fronterizo, tomándose nuevamente de referencia el paralelo 38, si bien aceptándose por las partes una zona desmilitarizada —a ambos lados del mismo—, de 4 km. en total. Dicha guerra, entre otras razones, puso de manifiesto dos cosas: por un lado, la reunificación no fue posible y, por otro, sirvió para justificar y fortalecer la presencia de enclaves de corte capitalista en la zona, tales como Corea del Norte, Taiwán, Japón, Filipinas, Singapur o el mismísimo, Hong Kong, entre otros, en un entorno dominado por los países comunistas o de corte maoístas. El caso de Hong Kong, a partir de 1984, siguió su devenir histórico propio hasta llegar al tiempo actual. Dicho año, China y Reino Unido acordaron —incluso me atrevería a decir ultimátum por parte de China—, la cesión de soberanía y entrega total a China en 1997. Aunque desde entonces este enclave pretende mantener su antiguo estatus colonial de corte capitalista, sin embargo, ya bajo soberanía china, sirve de pretexto a los propios dirigentes chinos, al referirse a Hong Kong y a China, para expresar, a modo de eslogan, que "son dos modelos distintos en un solo país". Los disturbios más recientes en Hong Kong, hacen pensar que la sociedad de este enclave, ni es tan manejable, ni tan acomodaticia al pensamiento único presente en el resto del país.

Las atrocidades que se cometen en períodos de guerras, ya sean en forma de levantamientos, de revueltas, y revistan la naturaleza que sean, ya políticas, ya religiosas o de cualquier otro tipo, lo cierto es que conducen a exterminios, masacres, matanzas, purgas indiscriminadas que son justamente aquello que se pretende aflorar en este capítulo.

Aquí, se ha aludido, antes, aunque de pasada, a las luchas de un país como Indonesia por conseguir su independencia respecto de los Países Bajos. Así, al finalizar la guerra en 1945, el proceso se fue consolidando con la figura de Sukarno, un líder nacionalista, perseguido por las autoridades coloniales, que condujo a Indonesia en unos momentos delicados por los intentos de los Países Bajos por recolonizar nuevamente el país, hasta que, definitivamente, Indonesia consiguió la independencia en 1949. Sukarno, implantó una democracia parlamentaria "sui géneris" y quedó en entredicho, si bien consiguió aunar, durante algún tiempo, a las distintas capas sociales y facciones, ¡incluida la religiosa!, pero a partir de 1960 hizo un giro radical a su política, dando protección al partido comunista indonesio PKI, y llevando a cabo una política antiimperialista con el apoyo de China y de Rusia. Hasta aquí, el devenir político de este país pareciera ser similar —aunque con matices—, al canon seguido en otros países de la zona, sin embargo, entre 1965 y 1970, aproximadamente, se produjo —a mi parecer— el hecho diferencial consistente en el protagonismo adoptado por el movimiento islámico de ese país, a quien repugnaba el protagonismo y el rol preponderante asumido por el PKI en Indonesia; durante ese período, dicho movimiento islamista con el apoyo de militares y milicias de corte nacionalista, llevaron a cabo una de las mayores atrocidades que puedan recordarse hoy en contra del partido comunista indonesio; al respecto, se estima una cifra que oscila entre 500. 000 y un millón de muertos, el resultado de la masacre perpetrada entre los integrantes del PKI, otros grupos minoritarios y de confesiones religiosas. Sukarno fue depuesto y detenido por uno de sus generales —Suharto—, que murió en 1970.

A modo de aproximación al tema, pues guarda cierta relación con él, reviste cierto interés informativo el film denominado como "El año que vivimos peligrosamente", de 1982, del director Peter Weir y protagonizado por Mel Gibson, Sigourney Weaver, Linda Hunt...

A caballo entre las guerras citadas, quizás más llamativas que otras, a nivel periodístico o de medios informativos, a causa de los propios países involucrados, o bien por el tiempo, ya que fueran inmediatamente anterior o posterior a las mismas, tuvieron lugar en el mundo otros conflictos armados, de todo tipo, que resultaron no por ello menos sangrientos que otras guerras anteriores y que respondían igualmente a causas muy diversas.

Durante el período que aquí se baraja, han existido muchos conflictos armados, ¡siempre serán demasiados!; lo que sigue no pretende ser una relación exhaustiva de los mismos, ni mucho menos, ya que sería algo pretencioso, si bien, sirven al objeto de este trabajo para constatar la constancia de la guerra durante el período en cuestión del mismo. Según ámbitos geográficos, podríamos citar, como más representativos, los siguientes:

<u>En Europa</u>

En el continente europeo, la sombra de las reivindicaciones territoriales hicieron que, en 1974, Turquía invadiera la isla de Chipre, dejándose llevar por las reticencias que despertaban las acciones de Grecia, frente al gobierno del arzobispo y político Makarios III. Sobre la idea de defender a la población, de origen turco, Turquía, invadió militarmente la isla en gran parte y la ocupación de la misma dio origen al establecimiento de un territorio que se denomina, República Turca del Norte, que ocupa un tercio de la isla y que posteriormente, en 1983, se declaró totalmente independiente de Grecia y también de Turquía. Los dos tercios restantes constituyen la actual República de Chipre. Como suele ocurrir en estos casos, a lo largo de la historia, se tuvo el desplazamiento de varios cientos de miles de personas, de un territorio a otro que, todavía hoy, siguen reivindicando la posibilidad de volver a sus lugares de origen sin que hasta ahora haya sido posible. Los intentos posteriores, recientes en el tiempo, a cargo de la ONU y de la UE por la unificación del territorio, levanta muchas suspicacias entre las comunidades griega y turca.

Asimismo, tuvieron lugar guerras civiles como fue en el caso de Grecia.

Posteriormente, en el proceso de desmembración de la URSS, digamos que este fue el terreno propicio para conflictos armados como los sucedidos en Tayika, Chechenia, Georgia e igualmente en los territorios de Osetia del Norte y del Sur.

La guerra de los Balcanes, en la extinta Yugoslavia, que también participaba del proceso de desmembración citado; sin embargo, en este caso, era un producto también derivado de la Guerra Fría, de la política bloques, al que se sumaba adicionalmente el estigma de la religión cristiana y musulmana, así como de los diferentes ritos católicos. En este caso, tuvo lugar la intervención de fuerzas de la OTAN en un país —Yugoslavia—, que no era miembro de la Alianza Atlántica. Primero, al comienzo en 1992, con la misión de ayudar a la ONU a mantener las sanciones impuestas al régimen del dirigente Milosevic; posteriormente, en 1999, pero ya sin el mandamiento expreso del Consejo de Seguridad de la ONU, la OTAN efectuó bombardeos en territorio serbio atendiendo al criterio, y bajo el dudoso paraguas moral, de estar respondiendo a actos de genocidio cometidos por aquel.

En Asia

Estuvo presente el fenómeno de la descolonización mezclado con las diferencias religiosas; así, en Pakistán, que accedió a la independencia, era y es, básicamente, un país musulmán, frente al hinduismo reinante en India. El proceso de separación de esta, —siendo Reino Unido la potencia administrativa—, costó dos millones de vidas. Así tuvieron lugar varias guerras indo – pakistaní, la independencia de Bangladés, de gran repercusión y hablándose de muchos muertos entre soldados y población civil.

Por motivos propios de estrategia y de geopolítica, se tuvo también la guerra de China e India.

En 1979, la URSS, respondiendo a razones de política de bloques, invadió Afganistán, y mantuvo su presencia en ese país durante diez largos años. En esa política de bloques existente, a la sazón, en el mundo, es controvertido pensar ahora, cómo en aquel tiempo EE. UU. apoyaba entonces, de forma incondicional, al ejército de muyahidines que luchaba contra Rusia. Andando el tiempo, esos mismos apoyos, fueron el germen que protagonizó los atentados terroristas de 2001 en EE. UU. Posteriormente, en 2004, —después del atentado— quien protagoniza la invasión contra sus aliados en otro tiempo, fue el propio EE. UU., en una ocupación que ha durado hasta prácticamente el día de hoy.

En 1980, se inició un período que estuvo marcado por la guerra y revolución islámica de Irán y continuó en el continente con Afganistán. Siguieron las resoluciones de la ONU por la invasión de Kuwait a cargo de Irak, con la primera y segunda guerra del Golfo Pérsico. Por otro lado, Irán, que otrora —fue, si no abiertamente occidental, sí cuando menos, no beligerante con Occidente—, pretendió convertirse en una potencia hegemónica en esa zona del mundo, una `potencia regional e invadió Irak. Asimismo, continuaron otros conflictos con la guerra de Siria.

En África

Quizá, el rasgo más significativo de las contiendas producidas en este continente en la segunda mitad del siglo XX, estuvo asociado al proceso de descolonización, marcado por las resoluciones de la ONU, si bien las guerras civiles, fueron una constante en muchos países, incluso mezclados ambos procesos; además, en otros países, la guerra estuvo asociada a otros procesos sociales o de tipo político y étnico. Así, se registraron guerras civiles en Sudán, en Nigeria (con la guerra de Biafra), en Etiopía, en Liberia, en Angola, en Rodesia…; y más cercana en el tiempo, se tuvo la de República Centro Africana.

Tampoco hay que dejar pasar por alto el genocidio perpetrado en la década de 1990 en Ruanda, cuando en un contexto de segregación social, el grupo étnico en el poder, los "hutus", masacraron a la minoría étnica de los "tutsi"; se cifra entre medio y un millón de muertos entre las personas masacradas.

El proceso de descolonización, dio lugar a guerras de independencia propiamente dichas en países como Argelia, en Eritrea, en Angola y Mozambique; la crisis del Congo, o la de Marruecos con España y Francia, por la región de Ifni, y anteriormente, por el denominado territorio del Protectorado. Igualmente, se tiene la guerra de Sahara Occidental, la guerra entre Libia y Egipto, y la de Uganda y Tanzania. Igualmente, se tuvo la denominada guerra del "Mau Mau", en la formación de la República de Kenya. Finalmente, más reciente en el tiempo, en 2011, la crisis de Sudán. Todo lo dicho aquí sirve de aplicación al caso que nos ocupa; toda vez que en la formación del nuevo país, los ciudadanos del sur votaron en un referéndum la separación de sus vecinos del norte y la creación de otro Estado, Sudán del Sur. Durante el tiempo transcurrido desde entonces, las características de este último son conocidas: lucha por el poder, violencia extrema, guerra civil, varios cientos de miles de muertos, varios millones de personas desplazadas, una parte internamente en su territorio y otra, hacia los países limítrofes. Si hablamos de los recursos, Sudán del Sur acapara buena parte de los pozos petrolíferos de los dos estados, pero las refinerías de crudo se ubican en la zona norte, es decir, en Sudán (que conserva su nombre).

Una característica fundamental, en mi criterio, de todas las guerras civiles en África y, en menor medida, quizá, de la descolonización, es el movimiento de desplazamiento de grandes grupos de población de unos territorios a otros; si a lo anterior añadimos el motivado por las grandes hambrunas, junto con las sequías, las malas cosechas, etc., nos encontramos con esas migraciones masivas y el gran problema de los campos de refugiados, situados en medio de ninguna parte del continente, y sin los recursos mínimos necesarios, ni de casi nada... En los mismos, allí reinan el fraude y la corrupción de los poderes institucionales y locales, en donde enormes masas de población sobreviven en condiciones infrahumanas, a la vez que son el punto de partida hacia otras regiones más favorables del continente africano, o incluso del europeo, proliferando los grupos organizados que socavan sus maltrechas economías. Están sometidos todos ellos al albur de la solidaridad internacional, dada la carencia de lo más básico que podamos imaginar. En definitiva, los campos de refugiados son una constante allí donde se tienen situaciones de guerra, preguerra u otras similares a ella; no solo debemos pensar en África, también están presentes en Oriente Medio, en Turquía, en la zona del Kurdistán, Siria..., con todos los países limítrofes afectados, sin olvidar tampoco los hechos más recientes en Europa, con la crisis migratoria a partir de 2015.

En América

Básicamente, el centro y el sur del continente americano, durante el período histórico que abarca desde la segunda mitad del siglo XX, se vio sacudido por el proceso de guerras civiles, fundamentalmente; tales fueron los casos de Paraguay, de Costa Rica, de Colombia o de Guatemala. Asimismo, en un contexto diferente, habría que enmarcar el conflicto entre El Salvador y Honduras; este caso fue propio de las disputas entre dos vecinos mal avenidos que, sin embargo, a la larga, están condenados a entenderse históricamente.

El episodio relativo a la revolución cubana responde al manual propio de la Guerra Fría, siendo quizá el momento decisivo y de tensión máxima, el protagonizado durante la crisis de los misiles en 1962; aunque no pueda hablarse que fuese una crisis totalmente incruenta —porque algún piloto sí que murió—, sin embargo, no hubo que lamentar otras víctimas, según la información disponible, para el peligro potencial a que realmente se expuso al mundo, cuando había armas nucleares de por medio.

Más cercana en el tiempo, se tiene la guerra entre Argentina y Reino Unido; hace dos años se cumplió el cuadragésimo aniversario de la guerra de las islas Malvinas o Falkland Islands (en inglés), así como de los archipiélagos de las islas Georgias del Sur y de las islas Sandwich del Sur. En el año 1982, se produjo el enfrentamiento, entre ambas naciones, que obedecía a razones de tipo aparentemente colonial; así, para la ONU, estos territorios y sus aguas circundantes, tienen la consideración de territorios disputados, pero ¡eso sí!, bajo la condición de explotación a cargo de Reino Unido;

anteriormente, en otro tiempo fueron colonias españolas y después, pasaron a ser argentinas. En 1982, la Junta militar que gobernaba Argentina procedió a su ocupación; Reino Unido, desplegó a la marina real y con el apoyo logístico de EE. UU. desde el hemisferio norte, procedió a su recuperación. Fue una guerra corta —duró menos de tres meses—, con pérdidas materiales de aviones y barcos significativas, pero sobre todo en vidas: una cifra cercana al millar de muertos, otra cifra similar o cercana a la anterior motivadas por suicidios y, por otro lado, estaban los muchos desaparecidos. Pasado algún tiempo, se barajaron cifras de enfermos psiquiátricos, en teoría, a causa de la guerra; las estimaciones hablaban de cinco o seis millares de enfermos. La derrota de Argentina propició la caída de la Junta militar y quizá algo más, quizá una potencial agresión a Chile sobre otros territorios en disputa, como pudiera ser alguna que otra isla del canal de Beagle. En política exterior, quizás no haya dos situaciones de similitud comparables, sin embargo, Reino Unido, en 1982, hizo el resto —o echó el resto, como suele decirse—, para mantener bajo su soberanía a las islas Malvinas; contrariamente, dos años más tarde, continuó negociando para ceder la soberanía de Hong Kong a China, a condición de que la colonia mantuviera un estatus capitalista a partir de 1997. Haciendo un pequeño ejercicio comparativo, irónicamente, suele decirse que ¡no exige quien quiere, sino quien puede! China exigió porque podía y puede; Reino Unido, comprendió que tenía que aceptar tal exigencia; la diferencia de actitud —fuese estratégica o de otro tipo— con respecto a Argentina y Las

Malvinas, era evidente. En Hong Kong, aunque hoy su población no ha dejado de crecer, sin embargo, varios cientos de miles de personas —quizá de las más influyentes—, han abandonado el territorio desde entonces.

Finalmente, por parte de EE. UU., se ha llevado a cabo alguna que otra invasión, como fue la de la isla de Granada, cuando a través de una alianza cubano-soviética se intenta alterar el "estatus quo" establecido, en algún punto concreto, como es el enclave del caso que se cita, es decir, para imponer un régimen comunista en una zona de influencia clara considerada como propia de aquella, o sea de EE. UU. Por contra, en el lado opuesto, tenemos otro claro ejemplo de intervención en la zona de influencia del bloque soviético; así, lo más cercano en el tiempo, ya en el siglo XXI, concretamente en 2014, se produjo la anexión por parte de Rusia, de la República de Crimea y de la ciudad de Sebastopol, ambas adscritas a Ucrania. Este país, mostraba por entonces cierta preferencia hacia la UE, y no ocultaba su distanciamiento de Rusia; esta, abiertamente, no lo permitió. Dicha anexión no es reconocida por la comunidad internacional ni tampoco por la ONU, ya que mediante la Resolución 68/262 de la Asamblea General, reafirmó la integridad territorial de Ucrania; la situación hoy puede considerarse a mi juicio como de hechos consumados, y desde entonces, hasta hoy, es un nuevo factor de tensión junto a los problemas fronterizos del Este de Ucrania con Rusia en la región de Donetsk. (* **2 de 5**)

Dejo para otro capítulo el conflicto que rodea a Israel con el pueblo palestino y resto de países árabes; por su propia naturaleza y por otras muchas razones, de índole diversa, merece a mi juicio un tratamiento diferenciado. No solo por lo que atañe a Israel y al pueblo palestino en sí mismos, sino también con respecto a otros vecinos, países árabes, con los cuales mantiene fronteras tales como Jordania, Egipto, Siria y Líbano. Tampoco debe olvidarse a otros países con los cuales no las tiene, pero donde estos pretenden jugar, o juegan, un papel preponderante dentro de la geopolítica del mundo islámico, árabes, o no.

Volviendo otra vez la mirada hacia la figura de Einstein, sobre las contiendas citadas, mencionaré solamente que aún vivía nuestro personaje cuando finalizó la guerra de Corea; podría comprobar a tiempo, por sí mismo, —creo que con un cierto poso de amargura—, lo poco errado que anduvo al afirmar aquello de que **"se había ganado la guerra pero no la paz"**.

Así, a poco que la fortuna hubiese tenido a bien agasajar a su persona con una mayor longevidad, aunque hubiese sido solo unos pocos años más, habrían sido suficiente —aparte de lo que había vivido ya—, no para corroborar, sino para acrecentar todavía más todo su pensamiento sobre la cuestión; sin extenderse más en el tiempo, bastaba con mirar a través de las guerras de Pakistán, de Indochina, de Vietnam, de Camboya u otras colaterales y..., ¡ya no hacía falta más! Puesto en esa tesitura, surge como reflexión la cuestión: ¿hacía falta vivir más para discernir sobre lo que significa la guerra?, ¿y todo ello para qué?, ¡para ver tanto odio y muerte en el mundo!, y constatar una vez más cómo se prolonga el fenómeno generación tras generación y siglo tras siglo, con centenares de miles y millones de víctimas, de todo tipo. ¿Es que, acaso, podría aceptarse tal situación con el argumento, aunque solo fuese como fruto de la estrategia, o como un mecanismo que actuase como moral natural, regulador de la población mundial y de los recursos?; no, decididamente que no, en cualquier caso, pero aunque así fuese, cuesta trabajo aceptarlo para cualquiera. Sería rebajar la condición humana hasta límites...

A modo de reflexión final, a resultas de la observación de las generaciones que he sido testigo directo y de las sociedades contemporáneas, al menos, surge la percepción de que tales comunidades, cada una en el tiempo que le ha tocado vivir, tienden a **pensar en la guerra, en términos como si de un fenómeno asociado siempre al pasado, se tratase;** además, que es propio de gentes de otro tiempo, siempre achacable a la irracionalidad de las generaciones anteriores, y así ocurre sucesivamente, obviando y olvidando, como si el presente y el futuro fuesen períodos inmunes al mismo, o que estuviesen libres de caer en el mismo prejuicio y en la misma trampa. No se tiene la consciencia de pensar que siempre estará en marcha el reloj de un nuevo tiempo por venir que esté libre, al menos, de esos pensamientos, y de otros acontecimientos.

Desgraciadamente, no es así; cuando se habla de guerra, no deberíamos caer en la complacencia de que cualquier tiempo pasado fue peor. Históricamente, la violencia, la guerra y el militarismo son las parteras que alumbraron y conformaron pueblos, imperios, naciones, estados…, y han acompañado al género humano en su devenir. Por ello, por encima de cualquier otra consideración, hay que pensar que la guerra es sobre todo una cuestión política por excelencia.

Tampoco debemos olvidar, otro aspecto que guarda relación con el párrafo anterior, se trata del rol y la sombra tan alargada que imprime la geografía política y de cómo influye en cada momento. En este sentido, un estudio detallado, partiendo desde este planteamiento y con un criterio selectivo, es el que nos ofrecía, hace algunos años, el autor Tim Marshall en su libro "Prisioneros de la Geografía" - Todo lo que hay que saber de política mundial a través de diez mapas.

Si el paso del tiempo, algo nos enseña —aunque aparentemente se goce de períodos de paz, más o menos largos —, es saber que las sociedades siempre encuentran motivos de disputa que, en algún caso —no en todos afortunadamente—, se traducirán en actos de guerra. Para luchar contra eso, el mejor antídoto, creo, pasa por la dotación de instituciones lo más representativas posible de sus respectivas sociedades, ya sean nacionales o supranacionales, fuertes en democracia y de escala planetaria. A su vez, sería ideal disponer de líderes políticos y sociales carismáticos que, haciéndose merecedores de la confianza de las sociedades respectivas, aboguen por erradicar las desigualdades e injusticias sociales, y haciendo ver a aquellas la pérdida que supone para todos —aunque para unos más que otros, sean vencedores o vencidos—, el estallido de cualquier confrontación bélica. Para resumir la causa que provoca la guerra, diré que solo se me ocurren dos ideas; por un lado, que la sombra de las reivindicaciones históricas —de cualquier naturaleza— para cada pueblo, es muy alargada en el tiempo e involucra a los territorios afectados, en cada parte del mundo. La segunda, es que las reivindicaciones pueden adoptar una tipología diversa, ya sea política, social, religiosa, económica, militar, etnológica... Tales reivindicaciones pueden estar envueltas, quizá, en ideales sublimes, pero casi siempre, asociadas al poder; por otro lado, los intereses estratégicos y de los recursos, suelen hacer el resto. No olvido igualmente que puede haber un tercer factor que me produce todavía más repugnancia, es cuando en algún caso el detonante, puede estar asociado a actos de venganza por hechos anteriores, lo que crea una cadena de eslabones punitivos interminables. La actitud personal debe pasar por comprender lo que es la guerra conceptualmente, lo que ha significado en el tiempo, para abogar por conseguir lo citado aquí y adoptando una actitud serena alejada de las causas conducentes a ella y al militarismo.

Cuando finaliza este capítulo, acaecido en 2022, el juicio de valor citado en párrafos anteriores surge nuevamente y cobra plena vigencia; los ecos de la guerra empiezan a resonar en la región sureste de Ucrania, en la cuenca de Donetsk, frontera con Rusia. Sea por deseos inconfesables de los pueblos involucrados, los cuales permanecen larvados y durmientes, que resurgen prestos en cualquier momento de la historia, si son convenientemente inflamados; en otras ocasiones, por otros motivos, lo cierto es que hay pueblos, o una parte de la comunidad internacional, que siempre encontrará motivos, históricos o de otro tipo, legítimos o no, para reivindicar como solución —o mediante la imposición— tales motivos a través de la guerra.

Ojalá no fuese así. Como casi siempre suele ocurrir, es en tales momentos cuando los políticos de medio mundo requieren el apoyo y consejo de los historiadores expertos en historia contemporánea, moderna, o no tan moderna, a fin de comprender las razones históricas últimas que mueven a los pueblos en sus reivindicaciones territoriales en el tiempo, hasta el punto de situarlas en ocasiones al borde de actos bélicos y cuando no, a la guerra misma. Aquí no vale el viejo adagio de que "dos no se pelean si uno no quiere". En la guerra, desgraciadamente basta que uno la quiera para dar lugar a la confrontación. Previamente a ese punto, se puede cuestionar en el terreno filosófico acerca de la justicia o injusticia de la guerra, que ha ocupado a tantos pensadores a lo largo de la historia. Seguiría, ¡cómo no!, el manoseado lema latino "si quieres la paz prepárate para la guerra"; a partir de ahí, se tiene la carrera armamentística, el militarismo y..., vuelta a empezar, conforme se ha analizado en capítulos anteriores. Las palabras de Einstein siguen siendo vigentes en todos los sentidos. Una vez se tiene la guerra, la pregunta es, qué se puede hacer en términos racionales y prácticos para detenerla... Por encima de cualquier otra consideración, siempre debieran prevalecer los valores humanistas y derechos de los hombres. Además, se utilizarán los mecanismos propios de cada época, de cada generación, con el propósito de castigar al enemigo —de cada parte— o de otro tipo. Tales mecanismos, buenos, quizá lo sean, pero la experiencia tiende a hacer pensar que se verán superados de manera recurrente en el porvenir de otras generaciones por los hechos, los cuales no invitan a la esperanza y al sosiego. Trabajar por la paz, **debe ser un objetivo ineludible**, no solo en períodos cuando la guerra es un hecho, **sino fundamentalmente en los períodos de paz,** a través de medidas políticas, disminución de los ejércitos y de la carrera armamentística...

Como corolario al tema en cuestión, diré que frente a la ilusión por apurar la vida, como característica de la especie humana, es posible que tales ansias llevaran el germen de la desaparición de la especie, o de otras incluso; quizás hasta de la vida misma en este planeta, e incluso hasta la desintegración del mismo. Y con el militarismo, la carrera de armamentos y la guerra —en cualquiera de sus manifestaciones—, se corre el riesgo de que esta última no fuese sino un instrumento más para ello. Se nos dirá que es una constante humana, cierto, pero si las armas convencionales, son ya de por sí lo suficientemente destructivas, se tiene el agravante máximo si se utilizaran armas nucleares, cosa que afortunadamente —hasta ahora— no ha ocurrido desde 1945.

En el transcurso de lo que resta del libro, los acontecimientos en Ucrania se han precipitado hacia la guerra abierta. En febrero de 2022, Rusia invadió el país, y las operaciones militares tuvieron una fase ofensiva por parte de este país, le sigue una contraofensiva de Ucrania y, por ahora, todo hace presagiar un período de desgaste, hasta ver si la diplomacia consigue resultados esperanzadores que, hasta ahora, han sido infructuosos. Cuando han transcurrido más de dos años desde el inicio de la invasión, en todo este tiempo, al menos, hemos asistido:

➢ A la ocupación de una parte del país, sobre todo en el sudeste del mismo, con la intención —en mi opinión— de establecer un corredor, al menos, desde territorio ruso hasta Crimea, todo bajo soberanía rusa.

➢ Desplazamiento estimado de varios millones de personas hacia otros países limítrofes y de la UE.

➢ El embargo comercial establecido por la UE y otros países a Rusia, ampliado después a otros recursos estratégicos como el petróleo y el gas ruso.

➢ El embargo de los activos estatales de Rusia ubicados en países comunitarios.

- ➢ Bombardeos rusos sistemáticos de distintas zonas del país y sobre todo la zona de Kiev y otras grandes ciudades.

- ➢ El apoyo operativo hacia Rusia de otro país limítrofe como es Bielorrusia; envío de material militar de terceros países hacia Rusia desde Irán, China…

- ➢ El apoyo y envío de material selectivo de guerra por parte de EE. UU., la UE y otros países hacia Ucrania.

- ➢ Contraofensiva por parte de Ucrania, con la recuperación de una parte del territorio invadido, sobre todo en las zonas de Lugansk y Járkov.

- ➢ Ataque de Rusia sobre infraestructuras básicas ucranianas, seguidos de otras acciones ofensivas.

- ➢ El curso de la guerra se percibe cada vez más doloroso para Ucrania por la dificultad de aglutinar la ayuda militar de Occidente necesaria para contrarrestar las operaciones de Rusia.

- ➢ En algunos sectores de la opinión pública —normalmente partidos de izquierda—, ha calado el mensaje de Rusia de que la invasión es responsabilidad de la OTAN. En cualquier caso, y sea como fuere, la invasión ha propiciado el ingreso de Finlandia y Suecia en el seno de la misma como miembros de pleno derecho, ante un ataque eventual por parte de Rusia.

Aunque pueda parecer que se trata de una guerra de este tiempo —que lo es—, donde se ponen en prácticas recursos, métodos y actitudes que aparentemente no son reconocibles respecto de otros conflictos anteriores, igualmente se tiene que, el horror, la destrucción, el sufrimiento, están presentes, como elementos comunes de siempre, y se imponen como en cualquier otro conflicto más. De todo ello, se tiene una cifra de víctimas —de ambos bandos— nunca declarada, pero que se presume elevada. Sin hablar de las pérdidas materiales de todo tipo, desplazamientos humanos...

Después del armisticio, cuando llegue, ¡ojalá sea pronto!, la geopolítica en el continente europeo habrá cambiado, ya lo está haciendo; de la suerte final de la contienda, creo que a nadie se le escapa, que la UE tendrá un protagonismo significativo, pero donde, además de la defensa del continente, sin embargo, el rol que fácilmente la población europea identifica como genuino o asignado a la UE, es precisamente la financiación de la reconstrucción futura de los límites definitivos del país.

Otro aspecto —nada baladí— en el que puede materializarse el cambio en la geopolítica de la UE, quizá, tenga que ver en la forma como articula su política de defensa. En este sentido, se trata de ver si aboga por una política propia —nada fácil— con visos de una mayor independencia o bien sigue las directrices preconizadas por la OTAN y los países amplían sus presupuestos de defensa —opción que tampoco se antoja sea mayoritaria—, de forma acompasada a las inversiones de EE. UU. en el seno de aquella.

5. La descolonización después de la Segunda Guerra Mundial en África

El capítulo primero y el anterior a este, han abordado diversos aspectos de la guerra dentro de una visión conceptual, teniéndose la constatación de ser un fenómeno continuo a lo largo del siglo XX, período cronológico básico de este trabajo. Unas veces, lo han sido a nivel global o casi, y otras, las más numerosas, han estado focalizadas en determinados territorios de sus respectivas zonas de influencia, pero no por ello sus efectos han sido menos sangrientos ni menos dolorosos.

En la primera mitad del siglo XX, básicamente, mediante dos guerras mundiales, además de otros hechos armados relacionados sobre todo con el pasado colonial; en la segunda mitad de aquel, con conflictos diseminados a escala casi planetaria. En este último escenario, ya fuesen como reductos del colonialismo, lo fuesen como un reflejo de la Guerra Fría, bien por el deseo de alcanzar la independencia —de otros países — o bien por otros motivos, el fenómeno de la guerra estuvo presente, con la cara más fea y áspera de cada tiempo sobrecogiendo el ánimo de los pueblos. Además, se materializó así cuando parecía que ya nada podía sorprender más, respecto a lo ocurrido anteriormente, en ese mismo siglo, después de dos guerras mundiales vividas en el mismo. Este capítulo se adentra ahora en el proceso de la descolonización en el continente africano.

Para el propósito objeto de desarrollo en este capítulo, baste decir que el siglo XIX sirvió, entre otras cosas, para aplicar y consolidar en el terreno económico las ideas de Adam Smith en el viejo continente europeo. Aunque el colonialismo —como tal fenómeno— estuvo presente en otros territorios y continentes, África, fue básicamente el escenario escogido en el que pusieron su mirada buena parte de los países europeos. El autor de la "Riqueza de las Naciones" atribuía a los poderes públicos de su tiempo —los gobiernos en general—, acciones que descansaban básicamente sobre los pilares y actuaciones de tres ministerios: de la guerra, de justicia y de hacienda. Paulatinamente, se fueron incorporaron actividades relacionadas con las obras públicas y otras denominadas como de fomento; el resto de aquellas otras —necesarias para desarrollar o ejecutar las anteriores—, quedaría bajo la iniciativa privada, lo que no dejaba de ser un horizonte lleno de posibilidades que mezclaba —entre otras— la dominación, las influencias políticas y las expectativas comerciales, bajo el paraguas que el colonialismo brindaba en ese continente. Algunos países, con Gran Bretaña a la cabeza, seguido de Francia, Bélgica, Italia, Portugal, España..., —no necesariamente en ese orden—, disponían además del llamado ministerio de colonias o algo similar; en él, la figura del Alto Comisionado era el representante del estado, en cuestión, en la colonia. Así, durante el siglo XIX, África fue objeto de dominación de las potencias europeas, no solo por razones estrictamente comerciales, sino también políticas. En todo caso, cabría preguntarse si es posible la separación entre ambas cuestiones.

Desde otro enfoque, en épocas y siglos anteriores a las que aquí se baraja, parte del negocio tuvo una motivación denigrante y vergonzosa para la dignidad del género humano, porque se basó en la trata de esclavos. Por ello, dejando de lado la práctica de la esclavitud ejercida por el imperio otomano, en su afección a África y otros pueblos a ambos lados del Mediterráneo, lo que sí puede decirse es que este continente durante los dos siglos anteriores y hasta bien entrado el XIX, las estimaciones cifran en casi una decena y media de millones de personas afectadas por esa lacra; con esa motivación, fueron extraídas de sus entornos naturales de vida para ser destinadas como esclavos al nuevo mundo, en su mayoría, y hacia otras partes; se podría pensar por mentes bien intencionadas para amansar las conciencias: ¡ojalá hubiese sido un tráfico encaminado solo a la mano de obra! Pero no, la condición de esclavo desgraciadamente no se resumía en la búsqueda de la fuerza de trabajo para los mercados incipientes, sino que arrastraba a la misma condición humana a la bajeza y sumisión hasta límites insospechados.

En ese contexto, los países que por su historia venían precedidos de una vitola tradicional de corte imperialista, naturalmente trataron de extender dicha condición colonial al continente africano; sin embargo, el papel jugado por Gran Bretaña y España, por citar un ejemplo de aquellos, fue muy desigual. La primera, en su condición de potencia imperialista con carácter global, sobre todo, desde finales del siglo XVIII hasta inicios del XX, en buena parte del mundo, tuvo una presencia acorde y significativa en el continente. España lo hizo en menor medida —tampoco lo fue con carácter marginal—, toda vez que, tal período, por un lado, coincidió con la decadencia como tal potencia imperialista y muchos países —del continente americano—, alcanzaron la independencia; por otro, porque su presencia no fue comparable a la de Gran Bretaña, Francia y otros países, que prácticamente se repartieron el continente; básicamente, se circunscribió a la cornisa mediterránea de los enclaves de Ceuta, Melilla y la parte del Oranesado. Y para la estancia en otros territorios, de la costa atlántica, analizar su evolución diacrónica y descolonización posterior, me remito a un extracto tomado de mi trabajo "Vivencias, reflexiones y opiniones (Atalaya de un testigo anónimo)":

Siendo por aquel tiempo la descolonización un fenómeno generalizado en el continente africano, lo ocurrido a Francia con respecto a Argelia, aparte de otras colonias y otros países, no era sino el anticipo de lo que ocurriría en España en esa misma década con las provincias de Ifni, cedida a Marruecos en 1969 así como las provincias de Río Muni y Fernando Poo, en lo que constituía la Guinea Española hasta 1969, cuando a partir de entonces adquirieron su independencia dentro de lo que es hoy Guinea Ecuatorial. Y algunos años después, el

Sahara español[43].

No cabe duda que el tiempo va matizando las posturas y aunque no se pierde de vista la idea del referéndum, ya más cercano en el tiempo se tiene la Resolución 2602 (2021) aprobada por el Consejo de Seguridad el 29 de octubre de 2021, donde se recoge:

1. Decide prorrogar el mandato de la MINURSO hasta el 31 de octubre de 2022.
2. Pone de relieve la necesidad de alcanzar una solución política a la cuestión del Sáhara Occidental, que sea realista, viable, duradera y aceptable para todas las partes y esté basada en la avenencia, así como la importancia de adaptar el enfoque estratégico de la MINURSO y orientar los recursos de las Naciones Unidas con ese fin.

MINURSO es el acrónimo de Misión de las Naciones Unidas para el Referéndum en el Sahara Occidental.

Por lo que a nuestro país atañe, a finales de marzo de 2022, la coalición de gobierno en el poder, reconoce ante el Rey de Marruecos que el plan de autonomía propuesto por este país es aceptado por el Gobierno de España ¿?

Tras el inciso de Gran Bretaña y España, el resto de países

---

43 ESTRELLA LINARES, J. Op. cit., p. 105.

europeos, sin ser exhaustivos, cada uno en su dimensión, tales como Francia, Portugal, Bélgica, Holanda, y en menor medida quizá Alemania, Italia, Estados Unidos y alguno que otro más, también participaron en el proceso de reparto de la tarta colonial que el continente africano suponía. En este contexto, se tiene como hito significativo la celebración de la Conferencia de Berlín, entre 1884 y 1885; fue auspiciada por Francia y Gran Bretaña, y sirvió para fijar los límites o concretar la repartición entre los países europeos, así como limar los problemas que implicaba la expansión en sí misma. Particularmente significativo es el caso de Francia, cuando a partir de mediados del siglo XVII hizo de esta parte del mundo la base para el asentamiento de su expansionismo generalizado —más allá de otros enclaves, ya fuese en centro América o del Pacífico Sur—, donde la cultura y el habla francesa irradió en buena parte del continente.

En ese régimen de capitalismo moderno incipiente y hasta más allá de la segunda mitad del XX, el modelo colonial no pudo ser más fructífero, dependiendo para quién y de quién lo mire naturalmente. Los países africanos se convirtieron en meros suministradores de materias primas que tenían como destinos las metrópolis de referencia, en cada caso. Fue, por tanto, el colonial, un modelo que encerraba ciertos rasgos de simbiosis —salvando las distancias—, entre la colonia y la metrópoli, que a ambas reportaba una ventaja cierta, si bien, no a través de una relación de igual a igual lógicamente. En esa relación, los aspectos básicos eran: por un lado, la colonia no solo aportaba los recursos que luego, en su caso, retornaban como productos terminados; por otro, la mano de obra no cualificada, en su mayoría, era autóctona, lo que significaba, por un lado, un abaratamiento de costes para la metrópoli, y por otro, en el interior, una vía de escape para muchas capas sociales. Cuando el objeto de la actividad eran industrias de extracción de recursos, conllevaban la construcción de las infraestructuras necesarias para ello, tales como ferrocarriles, carreteras, minas, puertos, explotaciones agrícolas, etc. Luego, estaba el tráfico de animales y sobre todo la deforestación, que agravaba los problemas ambientales. Finalmente, quedaba el aspecto de la administración colonial, en la que cada país implantaba su modelo administrativo conforme a la idiosincrasia y razones propias de su cultura y sistema político. Trasplantada a imagen y semejanza desde la metrópoli, en este aspecto, la lengua —acorde con la presencia política de cada país—, jugó un papel nada desdeñable y en la que idiomas como el francés e inglés o viceversa, jugaron un papel significativo, siendo hoy, ambos, el segundo idioma en muchos países del continente y en otros, incluso, son los idiomas oficiales; en menor escala, sin duda, se sitúan otras lenguas como el portugués, el español, el neerlandés, por ejemplo, que tienen igualmente cierta presencia precisamente a raíz de su pasado colonial.

A medida que el tiempo transcurría, los sentimientos nacionalistas se fueron exacerbando y las tensiones crecieron, pero a pesar de todo, durante décadas, varias generaciones crecieron con el ánimo, la expectativa y la mirada puesta a uno u otro lado, según se mire, claro. Así, desde la metrópoli, con la idea política siempre presente de prosperar en la administración y afianzar la presencia, o hacer negocios en la colonia; y desde esta —entre algunas capas sociales—, con el deseo de emular la cultura, los hábitos y costumbres reinantes en la metrópoli a fin de prosperar igualmente. En esa especie de intercambio, las élites autóctonas de cada país eran enviadas a estudiar a sus respectivas metrópolis cara a su formación y desarrollo posterior; por ello, no es extraño que, cuando los países fueron alcanzando paulatinamente su independencia, tales élites —preparadas o no—, pero siempre dispuestas a gobernar, era tónica habitual cuando alcanzaban el poder, repetir los modelos heredados y practicados desde las metrópolis, así como llegar a cometer errores parecidos a aquellas ¡solo que entonces ya con la vitola y la perspectiva de ser países independientes! Las tensiones frente al modelo establecido dieron lugar a levantamientos, actos de rebelión y cómo no, guerras al final del siglo XIX y hasta bien entrado el XX que se irradiaron por buena parte del continente, desde Sudáfrica hasta el Mediterráneo, o desde Sudán o el cuerno de África hasta Nigeria. Junto al Protectorado de Francia y España en el Norte de África, el "estatus quo colonial" se mantuvo en el continente a pesar de ambas Guerras Mundiales; al finalizar la primera, la Sociedad de Naciones, dictaminó e instrumentó varios mandatos con afección a distintos países. Lo más significativo —por lo que a

África se refiere—, fue el reparto de diversos territorios en favor de Francia y Gran Bretaña como potencias administradoras; asimismo, asignó también el reparto, entre ambas naciones, de los territorios del Camerún alemán, hasta entonces administrados por la potencia que resultó vencida en la Primera Guerra Mundial, es decir, Alemania.

A partir de 1945, el nuevo orden mundial propició que la ONU jugase un papel fundamental que, por otro lado, se antoja decisivo en el proceso de descolonización. Aunque los primeros países en alcanzar la independencia en el continente fueron Ghana y Guinea, debieron transcurrir quince años todavía hasta que:

En 1960, la Asamblea General aprobó la Declaración sobre la Concesión de la Independencia a los Países y Pueblos Coloniales (resolución 1514 (XV), de la Asamblea General), conocida también como la Declaración sobre la Descolonización. En esa resolución, la Asamblea General, considerando el importante papel que correspondía a las Naciones Unidas como medio de favorecer el movimiento en pro de la independencia en los Territorios en Fideicomiso y en los Territorios No Autónomos, proclamó solemnemente la necesidad de poner fin rápida e incondicionalmente al colonialismo en todas sus formas y manifestaciones, y en este contexto, declaró, entre otras cosas, que todos los pueblos tenían el derecho de libre determinación[44].

Dicha resolución fue aprobada en diciembre de ese año de forma mayoritaria y sin votos en contra, si bien con nueve abstenciones. Analizando el voto de estas últimas, se tiene que cinco países europeos, tales como Reino Unido, Francia, Bélgica, Portugal y España, junto a EE. UU., emitieron un voto de abstención. Se daba a entender, que se correspondía igualmente con la posición política preponderante que aquellos representaban, basada en una mayor presencia histórica, colonial y de intereses propios de la geopolítica en el continente africano; los países restantes que se abstuvieron, tales como Sudáfrica, Australia y República Dominicana, tendrían sus razones propias al emitir su voto en ese sentido, pero no haré conjeturas vagas sobre ello, dada su no presencia colonial.

En esa andadura hacia la independencia de los países, en lo que al continente africano concierne, el año siguiente a la aprobación de la resolución, o sea 1961, fue especialmente fructífero para la puesta en práctica de la misma, ya que casi dos decenas de países alcanzaron la independencia. En unos pocos años más, de esa década, lo hicieron casi la totalidad. Durante el proceso, desarrollado de forma diversa, como se ha mencionado en el capítulo anterior, la independencia fue el preludio o estuvo seguida de golpes de Estado, de gobiernos en forma de partido único que desembocaron en luchas internas de poder, de actos

---

44 <https://www.un.org/dppa/decolonization/es/about>
Última consulta resultada para el día 20 de diciembre de 2021

de autoritarismo, de corrupción generalizada y, cómo no, en última instancia, de guerras civiles. En general, fue un proceso desordenado, casi siempre lleno de revueltas y levantamientos que, junto a las diferencias étnicas y sociales, favoreció el desarrollo de otro fenómeno significativo como es el de los movimientos migratorios. El correlato, entre otros, era el consiguiente desplazamiento de grandes masas de población de unas zonas y de países a otros dentro del continente. Sería inexacto, en todos los sentidos, achacar estos últimos exclusivamente a la descolonización, y no tener en cuenta otras razones —además de las apuntadas—, tales como sequías, malas cosechas, hambrunas, corrupción, deseo de mejoras en el nivel de vida de la población... Pero lo anterior, no puede obviar tampoco la correlación entre ambos fenómenos. Así podríamos llegar hasta 1975, donde el proceso tendría que haber finalizado en África con la celebración del referéndum sobre el Sahara Occidental, antiguo Sahara español, que no llegó a realizarse. En definitiva, puede argumentarse que, a pesar del esfuerzo realizado por la ONU, el proceso hoy por hoy es inconcluso. Para la problemática surgida en esta antigua provincia española, declarada en su día por Naciones Unidas, como territorio no autónomo, me remito nuevamente a mi trabajo "Vivencias, reflexiones y opiniones (Atalaya de un testigo anónimo)"[45].

El éxito para la ONU del proceso de descolonización no debiera hacer pensar, de forma ilusa, que las potencias

_____

45 ESTRELLA LINARES, J. Op. cit., pp. 232-246.

administradoras, de "iure", una vez conseguida la independencia por los países africanos, abandonaron los territorios de forma completa. No fuese así; a partir de entonces, dada la diferencia de desarrollo, de tecnología u otros vínculos en favor de aquellas, se estableció una nueva relación basada en lazos sutiles, fundamentalmente de tipo socioeconómico, a base de asesoramiento técnico, construcción de grandes obras e infraestructuras, e incluso otras de tipo administrativo o cultural; en cualquier caso, a partir de entonces, estaba despojada de las ataduras, sentimientos opuestos y sobre todo, del corsé opresor que la anterior relación política impuso, desde las metrópolis, sobre los territorios colonizados. Era, por tanto, un nuevo enfoque, de lo que se ha dado en llamar el nuevo colonialismo, basado en una relación de tipo económico, social y cultural frente al carácter marcadamente político que dominó la escena y las relaciones anteriores a la independencia; sin embargo, el nuevo colonialismo tampoco estuvo exento de tal influencia política.

La situación descrita como neo colonial, propició que no solo países europeos —en sus respectivas zonas de influencia— fuesen los que tuviesen presencia en el continente; además, fruto del contexto imperante de Guerra Fría, tanto EE. UU., como la URSS y andando el tiempo otros países más, descubrieron, cada uno por su lado, las posibilidades estratégicas que el continente africano les brindaba, si se consideraban otros escenarios como los que se describen en el apartado siguiente.

COLONIZACIÓN DE NUEVO CUÑO. ÁFRICA, TABLERO DEL MUNDO POR EL CONTROL DE MATERIAS PRIMAS ASOCIADAS A NUEVAS FORMAS DE PRODUCCIÓN Y DE TECNOLOGÍAS

La situación descrita como neo colonial, propició que no fuesen solo países europeos, en sus zonas de influencia, los que tuviesen presencia en el continente, hubo otros también que pusieron su mirada en el mismo. A medida que transcurría el último cuarto el siglo XX, se abrieron cauces, hablando desde el punto de vista tecnológico, desde una era marcada por el sesgo de tipo analógico, hacia otra nueva era de tipo digital que, a su vez, estaba proponiendo cambios profundos y que cada vez, gozaban de mayor aceptación entre la sociedad. Estos cambios se fueron haciendo más evidentes en el siglo actual y gran parte de sus aplicaciones fueron demandándose de una forma rápida e inusual. El nuevo colonialismo no fue ajeno a ello; desde el principio, fue consciente de su necesidad de adaptación a otras formas productivas que se iban abriendo camino impulsadas por el avance científico y tecnológico. En su determinación, siempre estuvo presente la idea de dar una respuesta a las demandas requeridas.

En el enfoque de esta parte del trabajo, el protagonismo para los países interesados en el continente comenzaba por su propia base, es decir, venía de la mano de la importancia que los recursos naturales cobraban a tenor de los cambios que las nuevas formas de producción demandaban. Así, África, como escenario geográfico, en sí mismo, cobraba una nueva significación. Una primera pincelada bastará para decir que por la riqueza de sus recursos, el continente africano sobrepasa, en buena proporción, a la superficie que ocupa; asimismo, representando únicamente algo más del 19% de la superficie de las tierras emergidas del planeta, dispone de casi el 25% de las tierras cultivables del mismo; por contra, su producción agrícola solo representa el 9%, y algunos países no pueden ni cultivar todas sus tierras. Más adelante, se analizará el aspecto social derivado de estas diferencias. En cuanto a su población, representa el 17% del total mundial, pero solo consume el 4% de la energía producida. Generalizando, con el razonamiento de estas cifras, puede decirse, sin temor a equivocarnos, que es el continente con una mayor cantidad de recursos naturales.

Acerca del aserto anterior, decir que en **el subsuelo más rico del mundo** —el de África—, se concentran más de sesenta tipos de minerales que representan 1/3 de las reservas minerales del total planetario; es **la mina del mundo** por excelencia. Aunque siempre es recurrente hablar de sus significativas reservas de oro, platinoides, diamantes..., tampoco hay que desdeñar a otras energías más tradicionales como las de petróleo, gas, carbón, o para la producción de energía eléctrica, etc. Concretando un poco más, se ubican las reservas de petróleo, básicamente en países como Libia, Guinea Ecuatorial, Nigeria, Sudán del Sur...; el gas en Argelia; el carbón en

Sudáfrica, así como la producción de energía eléctrica en las grandes cuencas fluviales del continente.

No obstante lo anterior, este apartado no persigue centrarse en los recursos anteriores, no, sino en esa otra gama de minerales, de los cuales se extraen los metales críticos para la industria de alta tecnología, los cuales, tienen un protagonismo significativo en el mundo digital actual. En este sentido, hay que referirse básicamente a algunos como el coltán, cobalto, tántalo, niobio, escandio, itrio, berilio, cobre, así como a otros minerales similares..., que contribuyen al desarrollo de esa revolución digital —citada—, y para la producción de la tecnología inherente, ya sea en forma de condensadores electrolíticos, microprocesadores, baterías, etc. todos ellos indispensables en el campo de las telecomunicaciones y de las aplicaciones para los desarrollos digitales de nuestro tiempo, —por otro lado—, en evolución continua; los cuales en última instancia no se fabrican en África.

Siendo esta —de manera superficial— una exposición de la situación de tales recursos, el fenómeno que se cita como colonialismo de nuevo cuño tiene un enfoque que puede ser analizado, al menos, desde dos vertientes: una exterior y otra con una cara más amarga que, como casi siempre, es la interior que se genera en el propio continente; este genera sus propias diferencias, pues claro es, que entre los propios países hay singularidades que dan lugar a diferencias significativas a tenor de sus propias realidades.

Por otro lado, y volviendo la vista nuevamente hacia los recursos tradicionales, si a tenor de los cambios producidos en la geopolítica global, en otras partes del mundo, se produjera un cambio significativo de la ponderación que representara el flujo y la cadena de suministro de combustibles fósiles producidos con destino hacia el hemisferio norte, haría cobrar más protagonismo y daría un mayor impulso político al continente, aunque como ahora veremos, también sería generador de problemas a nivel interno entre los países y con notables diferencias entre ellos.

Visión a nivel externo desde el continente

La primera aproximación al problema surge al constatar que los recursos minerales son objeto de todo tipo de deseos a cargo de muchos países. Adquieren una valoración estratégica global como objeto de dominación. Frente a la situación histórica típica colonial de expoliación de recursos, imperante hasta buena parte del siglo XX, ahora son otro tipo de materias primas las que juegan el rol dominante, **pero donde las reglas de juego han variado, incluso, para todos**, tanto para los actores externos como para los internos. Sobre los primeros, ya no son solamente los países europeos —aunque sigan teniendo una presencia importante— y de EE. UU., los que aboguen por el control de esos recursos; ahora, tales países, ven reducida su influencia en beneficio de otros aspirantes —muy activos, dicho sea de paso—, algunos considerados como emergentes, y entre los que podemos incluir a países como China, Rusia, India, Corea del Sur, Turquía e incluso otros no emergentes, propiamente dichos. En general, las relaciones suelen establecerse mediante alianzas, con una clara visión encaminada hacia la geopolítica mundial y practicando inversiones significativas en infraestructuras y, sobre todo, en la adquisición de tierras, lo que nos avanza ya el sentido de hacia donde dirigen su interés.

De todos ellos, posiblemente sea la República Popular de China, sin duda, la más incisiva por el volumen de sus inversiones, tanto por sectores diversificados como por países. Aquí no se analizan los motivos, los riesgos o la viabilidad que persigan para estar a favor o en contra de las inversiones, sino más bien la estrategia seguida que sirve solo a razones de tipo geopolítico global. Así, el estado de las cosas es tal, que la influencia de los países, tanto de los tradicionales como de otros y de nuevas incorporaciones, es más compleja que en épocas pasadas. En la nueva situación, las decisiones últimas de lo que se trata en este tema se toman fuera del continente africano, si bien en relación estrecha con los propios gobiernos implicados, en detrimento de los colectivos directamente afectados, normalmente los campesinos, los pastores, las tribus, etc. Asimismo, intervienen agentes diversos, digamos multilaterales, de corte o carácter liberal, si bien basados en el modelo occidental, aunque en el proceso de las negociaciones se trate de países, o con países de una economía planificada. Por último, con respecto, a los metales críticos, baste decir que los mercados son determinantes; **tales recursos se negocian en mercados financieros, como si de cualquier otra materia prima se tratase** —dejando de lado la importancia estratégica adquirida por los mismos—, con la consiguiente volatilidad de precios que escapan al control de los países productores propiamente dichos; así se penaliza a los países productores que, de esta manera, ven deteriorarse su relación real de intercambio, en contraposición a la situación que sería más acorde si tuvieran una mejor ponderación, o estuvieran en mejor disposición para la negociación, a tenor de la importancia que aquí venimos analizando. Así, a grandes rasgos, es como se configura la estrategia seguida por los países desde el exterior.

Visión desde el interior del continente

Una vez analizada la situación desde el exterior, centraré ahora el análisis en la visión interior y en sus consecuencias. El enfoque —salvo la cita de algún caso en concreto—, no pretende ser un análisis país por país, lógicamente, sino solo de forma global. Se parte de que hay que ser consciente de que el continente es lo suficientemente extenso, a la vez que diverso, complejo y generador, a su vez, de grandes diferencias de todo tipo; por otro lado, la generalización, conlleva el riesgo de no ser ajustada, válida o de aplicación a todas las realidades políticas y sociales. Por ello, una primera aproximación de referencia, objetiva y que no admite discusión, podría ser la constatación sabida respecto a que África es el continente con el subsuelo más rico del mundo; el mismo, coexiste con la pobreza y la miseria más arraigada, e incluso con la escasez de otros recursos también necesarios.

En una segunda aproximación, cuando anteriormente se ha aludido que, a nivel exterior, los recursos son objeto de deseo con objeto último de la dominación, a nivel interno, el objeto perseguido por quien ejerce el poder es que sirva de instrumento para el control, de todo tipo. Otra aproximación sucesiva nos induce a pensar acerca de la existencia de una prolija información publicada, que vincula cierta correspondencia entre la dualidad <recursos disponibles con conflictos> de forma genérica. Aunque no pueda decirse que exista una correlación entre uno y otro, o que uno sea consecuencia directa del otro, o viceversa, lo cierto, es que la crisis surge más tarde o más temprano como resultado de querer controlar la explotación de los recursos, normalmente por los gobiernos o poderes dominantes. Este es el preludio del conflicto y, a continuación, surge la violencia y de alguna manera se debilita el tejido social.

Por otro lado, no hay que pasar por alto el sentimiento generalizado existente en buena parte del continente, que puede resumirse de la manera siguiente: *"cada vez que se descubre petróleo o cualquier otro recurso en África, sea del tipo que sea, la población local se teme el peor escenario posible"*. El resultado de todo ello, bien sea fruto directo de las inversiones exteriores, bien de las alianzas desiguales establecidas con otros países, o en última instancia del ejercicio de control interno por parte de los gobiernos, lo cierto es que a las comunidades locales, a los pequeños agricultores, o aquellos otros que viven del pastoreo, se les arrebatan sus tierras y les despojan de cualquier recurso natural que represente su modo de subsistencia tradicional, aunque este sea milenario. Y cuánto mayor es el grado de corrupción interna, mayor es el atropello a cometer, como bien pudiera ser el caso que sucede en Kenya, o de cualquier otro país que tomemos como ejemplo.

Se tiene además, se ha citado, que los países africanos pueden ser ricos en recursos, pero en todos los casos se corresponden con pueblos pobres. Tales recursos aportan grandes cantidades a los gobiernos, pero más del 40% de la población vive por debajo del nivel de pobreza. Centrándonos ya en el aspecto de la minería, se tiene que muchos países son dependientes de este recurso, casi exclusivamente; a modo de ejemplo, está el caso de Botsuana y de Zambia, donde esta actividad representa por sí sola entre el 80% y el 90% de sus exportaciones. Algo semejante podría decirse, aunque en menor proporción, de los minerales —denominados como metales críticos— destinados a la alta tecnología. Provienen en su mayoría de la República Democrática del Congo y de otros países limítrofes como Ruanda, Burundi, Uganda, así como de

Nigeria o incluso de Etiopía… En general, la economía de estos países suele ser muy dependiente de los mismos, y por ello, suelen ser de las menos diversificadas, ya que al recaer todo el peso sobre tales recursos, las hace muy vulnerables. Es como si fuese una especie de maldición para la población, que contempla la situación como si viviera de espaldas, pero que, a la vez, no puede evadirse de la realidad que ellas representan. El resultado final es que las poblaciones mineras de esos países, apenas se benefician de los recursos que extraen, estimándose que solamente un 10% de los beneficios obtenidos de la extracción tienen como destino el propio continente.

Una reflexión sobre este particular, nos haría decir que la situación descrita no es muy distinta a la de otras épocas coloniales de corte típicamente imperialista.

Si desviáramos ahora la mirada hacia el caso de los diamantes, lo único que podría decirse con cierta seguridad, es que este recurso ha servido de manera recurrente —sin poder precisar, en la actualidad, en qué grado fuese o no así—, para que grupos armados puedan perpetuar el caos y la inestabilidad en sus respectivas zonas de influencia.

Para los gobiernos en sí, la mayoría de los ingresos de los recursos van destinados a inversiones en usos que no contribuyen a mejorar el nivel de la educación, la sanidad u otros usos más cercanos o que sirvan mejor a sus poblaciones;

en general, ponen el énfasis en obras de infraestructuras, equipamientos, etc., —lo que bien mirado no está nada mal en sí mismos—, siendo opinable la prioridad de unas sobre otras, pero hay que buscar un equilibrio más racional que tenga en cuenta la mejoría del nivel de vida general de la población. Por otro lado, sería de todo punto reprobable que, el destino de tales inversiones, sirvieran a otro tipo de intereses para desestabilizar el tejido social o que vinieran de alguna manera sugeridas por exigencias de las alianzas exteriores.

En ese balance que representa, por un lado, la acción exterior con sus inversiones, aportación de conocimiento y la extracción de recursos y, por otro, las acciones de los gobiernos, estableciendo prioridades, destinos y usos a los fondos obtenidos por los recursos, y finalmente las poblaciones afectadas, quizás es oportuno referir la visión a modo de ejemplo —naturalmente desde los ojos del exterior—, de la auditora Deloitte, donde a través de los analistas de la firma, se sostiene: *"El asunto es como [sic] asegurar que las recompensas sean equitativas entre inversores, el gobierno del país y las comunidades representativas en cada caso"*. Y continúan: *"Hay muchas fugas en la acción de los gobiernos; por otro lado [sic] no cabe duda que las compañías inversoras pagan sus impuestos, pero no benefician a los ciudadanos y población en general"*. Se tiende a pensar, que cuando dicha firma afirma que "pagan sus impuestos", que sí que lo hacen, efectivamente, pero solo teniendo en cuenta el esfuerzo fiscal interno, pero no más;

podría ser exigible quizá algo más para aquellas, en aras de equilibrar la brecha interna. Puede concluirse, a mi juicio, en este sentido, que los gobiernos deben afinar sus políticas y que estas sean lo más equilibradas posible, para mejorar el nivel de vida general de la población. En cualquier caso, este es el debate que siempre está presente en las inversiones internacionales de por medio, cuando existe una brecha de desarrollo entre el país inversor y el receptor, y se cuestiona el destino dado a la captación de los fondos.

Para enjuiciar bien cualquier tiempo pasado, es difícil hacerlo mirando solo con los ojos del presente. Se puede hacer así de forma legítima, si bien, es posible que no fuese del todo acertado porque, exigiría también un conocimiento de los valores, de los modos de vida y la voluntad de analizar las situaciones conforme a las mismas, en aras de comprender bien el tiempo que se pretende enjuiciar, de cómo han variado en el tiempo, así como el comportamiento de los grupos sociales intervinientes, en general. Así debiera ser si —por parte de quien hace tal valoración-, se pretendiera extraer conclusiones que tuvieran por objeto su aplicación práctica a las realidades de hoy y, de cada estado, en beneficio de sus comunidades respectivas.

A modo de conclusión, decir que en la época imperialista y colonial se llevaron a cabo acciones que, vistas con los ojos de hoy, se nos antojan como verdaderos despropósitos en relación con asuntos políticos, sociales, culturales, materias primas, medio ambiente, animales, plantas...; su finalidad era allegar recursos hacia la metrópoli. Siendo coherentes con todo lo anterior, en aquel tiempo, alguno de los aspectos citados no tenían, desde la visión externa de la que hemos hablado, o no se les daba, el enfoque, ni la importancia sobre la valoración política, cultural o social que tiene en el tiempo actual. Hoy, superada esa visión externa de entonces, tal como se ha analizado, se persiguen otros fines, los cuales no están exentos de la sutileza nociva y peligrosa del tiempo en que vivimos, a la vez que se antoja la práctica de una mayor ambición y voracidad. En definitiva, desde mi visión personal, se tiene como resumen que:

El fenómeno caracterizado como de neo colonialismo, heredero otrora de ese pasado típicamente colonial, ha mutado por la fuerza de la evolución científica, tecnológica, así como de la realidad política y social de los hechos, hacia otra situación en la que nos encontramos actualmente. Hoy por hoy, con una postura objetiva, desde esa visión exterior, se llame como se llame o, bien, como convengamos en denominar, se trata de una situación caracterizada porque lo que ha cambiado son los actores mismos y sus propios roles; mejor dicho, ha aumentado el número de actores y la presencia de los mismos, si bien los países utilizan ahora el escenario africano como tablero de juego, con el objetivo último de la dominación dentro de una perspectiva de estrategia global. A nivel interno del continente, el panorama de facto, sirve a los gobiernos, en sus propios escenarios, para utilizar la situación con objeto de controlar los recursos en detrimento del bienestar de la población en general, y del mantenimiento en el poder. Los más perjudicados son los pequeños agricultores y ganaderos despojados de sus medios habituales de vida. Por último, ya que hablamos de recursos, ahí está el de su población, nada desdeñable; el continente tiene una previsión de crecimiento demográfico importante; Nigeria, por ejemplo, puede llegar a los doscientos millones de personas en muy pocos años. Es de todo punto procedente, que las políticas gubernamentales, en cada uno de los países del continente, sean cada vez más atinadas en general, y encaminadas a atender los requerimientos de la población que sirvan para mejorar el nivel de vida de la misma.

En el desarrollo de este apartado, dentro del capítulo cinco, además de la formación propia, me ha sido de utilidad la información de ciertos pasajes contenidos en los artículos que se cita en la siguiente referencia[46].

---

[46] <https://www.lavanguardia.com/vanguardia-dossier/20191127/471857314619/recursos-naturales-africa-minerales-industria-agricultura.html>
<http://mundonegro.es/cuando-los-recursos-son-una-pesadilla/>
<https://www.efe.com/efe/espana/economia/africa-la-gran-reserva-mineral-del-mundo/10003-40-42960>
Última consulta resultada para el día 29 y 30 de diciembre de 2021.

6. Árabes, israelíes y vv. Visión del judaísmo antes y después de la Segunda Guerra Mundial. Referencia al muro de hierro

<u>Inciso preliminar al capítulo</u>

Este libro, hasta su capítulo diez inclusive, ha sido escrito con anterioridad a los sucesos acaecidos el siete de octubre de 2023, conforme a la realidad y criterios disponibles por el autor, hasta aquel momento, de forma objetiva. Este capítulo, por su propia naturaleza, está particularmente afectado por los hechos ocurridos, en la fecha citada, cuando un grupo de milicianos palestinos, de Hamás, llevó a cabo una acción terrorista a gran escala sobre la población judía, en el sur de Israel, asistente al festival de música electrónica "Tribe of nova de Israel", cerca del kibutz de Reim —a solo seis kilómetros de la frontera de la franja de Gaza—, acción que hizo extensiva a otras poblaciones y kibutz, causando centenares de muertos, quizá más de un millar entre civiles y militares, y tomando a varios centenares de rehenes, de entre la población judía.

Escribo este inciso a los pocos días de producirse los hechos iniciales descritos. La respuesta de guerra de Israel, se prevé, que será larga en el tiempo y este nos dirá sus consecuencias últimas. Además, como casi siempre, será —ya lo está siendo— muy desproporcionada; si en los primeros días se hablaba de varios miles de muertos palestinos en la franja de Gaza, las cifras de víctimas, irán escalando hasta alcanzar varias decenas de miles. Asimismo, la palabra genocidio va tomando cuerpo de naturaleza en el discurso y en el relato, fundamentalmente en la esfera política internacional, con todas las consecuencias e involucrando a la Corte Penal Internacional. También en el interior de Israel.

En este clima de barbarie —tanto de la acción inicial como de la reacción posterior—, honestamente, lo narrado hasta aquí no sé cómo se verá afectada en el futuro; los razonamientos aquí manejados en el capítulo, al fin y al cabo, forman parte de la historia reciente —la de los últimos setenta y seis años—, de Oriente Medio. Por ello, conforme a la evolución de los hechos, en este inciso y su notación 3 —escrito con posterioridad a los hechos citados—, pero llevada al final del capítulo seis, por afectar a todos sus apartados, se intentará de forma coherente revisar —todo aquello que fuese necesario—, el texto del mismo conforme, aquí se ha sostenido, bien añadiendo nuevos juicios, bien matizándolo, bien modificándolo o, en su caso, suprimiendo aquello que proceda, (fin del inciso). **(* 3 de 5)**

ÁRABES, ISRAELÍES Y VV

El título genérico de este capítulo ha considerado pertinente no incluir en el mismo la preposición "versus" entre árabes e israelíes o viceversa y a continuación se expresa por qué. Conforme al significado que habitualmente damos a la misma de <frente a>, <contra> o <en contra de>, hacerlo así implicaría entrar de antemano ya en la confrontación y dándonos de bruces con ella; al no hacerlo así se pretende soslayar cualquier intento de fijar una posición predeterminada previamente en la dualidad árabe-israelí y viceversa sin la introducción de algunos matices, que casi siempre están presentes.

Como se desarrolla en adelante, no se puede ignorar todo el antagonismo prolongado judeo - árabe general y el conflicto palestino-israelí en particular; hacerlo supondría cerrar los ojos a una evidencia casi perenne y desgarradora. Sin embargo, la relación general de la comunidad árabe hacia Israel hace que la realidad de la misma sea, frente a la posición estrictamente palestina —que es abarcada por aquella—, en esencia, más diversa, a la par que más compleja.

Por otro lado, los rasgos antagónicos existentes hacia Israel no provienen exclusivamente de los países árabes, ya que desde otros del entorno cercano —limítrofes o no—, tales como Irán, Turquía, Afganistán, Pakistán..., también participan de ese sentimiento de animadversión hacia aquello que envuelve al mundo semítico, y aquellos precisamente, no son árabes propiamente dichos. Así, una mirada por la realidad sociológica de esos países, árabes o no, hace que en los mismos, de forma muy mayoritaria, aunque con matices, se sustente la opinión contraria al reconocimiento del Estado de Israel. Siendo así el estado de la cuestión, la pregunta que se impone es: ¿por qué o a qué se deben entonces los distintos acuerdos de paz existentes que se van suscribiendo a lo largo del tiempo?; y ¿a qué finalidad y criterios responden la firma de los mismos? La respuesta es y forma parte del empeño puesto en el desarrollo de este capítulo.

Haciendo un poco de historia, desde 1947, con la Resolución 181 de la Asamblea General de las Naciones Unidas, recomendando el Plan de Partición de Palestina, y la declaración en 1948 del Estado de Israel hasta hoy, ha habido diversos hitos conducentes a acuerdos de paz y de reconocimiento de dicho Estado, tanto a cargo de Egipto en 1979 como de Jordania en 1994; más modernamente en el tiempo, concretamente en 2020, lo han hecho igualmente los Emiratos Árabes Unidos (en adelante EAU) y otros países como Baréin y Sudán que también han reconocido a Israel. Si históricamente la base mantenida para los acuerdos, desde el punto de vista árabe, ha sido siempre el intercambio de "paz por territorios", ahora tales acuerdos lo son solo bajo la promesa de no anexar los territorios ganados por Israel en la contienda de 1967 y todo ello, en un único deseo de tener "relaciones normales" con dicho estado.

Para engrosar aún más la lista de reconocimientos, aunque por motivos complemente distintos a los citados, en el año 2021, Marruecos ha reconocido igualmente a Israel a cambio de la promesa de EE. UU. de que el Sahara Occidental forme parte del territorio marroquí, desoyendo ambos Estados la legalidad internacional basada en la Resolución 690 del Consejo de Seguridad de la ONU con la promesa de celebrar un referéndum en dicho territorio. En el caso de Marruecos, se ha utilizado un motivo indirecto que inicialmente no afectaba a Israel. (*** 4 de 5**), (al final de este apartado).

Asimismo, frente al enemigo común de Irán, tanto por parte de Israel como de Arabia Saudita, si además, este último siguiera los pasos de otros estados anteriores —atendiendo a ciertos síntomas recientes— y reconociese igualmente a Israel, podría ser el golpe de gracia que arrastrase al resto de países hacia una dinámica de reconocimiento generalizado. El profesor Kenneth Stein, a raíz del acuerdo suscrito por parte de los EAU, escribió:

> La primera reacción palestina al entendimiento EAU - Israel fue de intensa ira y total consternación. Defensores, diplomáticos, organizaciones, y países que buscan la solución de dos estados al conflicto palestino-israelí, están profundamente decepcionados porque los EAU han promovido el estatus de Israel en la región sin forzar a Israel a pagar el precio a los palestinos. Aquellos que abogan por el movimiento "Boicot, Desinversiones y Sanciones (BDS)" en

contra de Israel, ahora tienen otro estado árabe que acepta la legitimidad de Israel[47].

En la mayoría de países árabes —con datos de 2021—, se registran cifras de opinión[48] oscilando entre el 79% y el 99% —incluidos aquellos que han suscrito acuerdos de paz—, que sustentan una posición contraria a establecer acuerdos con Israel; por contra, en Arabia Saudita hay solo un 6% de la población que apoya explícitamente el reconocimiento de Israel y un 30%, ¡nada menos!, que no sabe/no contesta; el resto se opone. Esas cifras no significan un apoyo explícito abierto, ciertamente, pero tampoco es un rechazo frontal; Puede tratarse de un grupo social que no quiere significarse, a sabiendas de que dicho país quiere desempeñar el rol de potencia del mundo árabe en la zona nada más, ni nada menos; siendo además el guardián de la fe.

El efecto global contrasta la opinión pública mantenida por la población en esos países, mayoritariamente en contra del reconocimiento, frente a las posturas de sus propios gobiernos respectivos, donde algunos de ellos, **sí que han suscrito acuerdos de paz y de reconocimiento**. A mi juicio, la aparente contradicción está basada, en algunos casos, en la falta

---

47 <https://israeled.org/el-reconocimiento-de-israel-por-emiratos-arabes-unidos/>

Última consulta resultada para el día 10 de enero de 2022.

48 <https://elordenmundial.com/mapas-y-graficos/opinion-arabe-reconocimiento-israel/>

Última consulta resultada para el día 10 de enero de 2022.

de representación social y democrática de esas poblaciones y, en la mayoría, por razones últimas de seguridad, de estrategia geopolítica, de reconocimiento en el mundo ejercida por los gobiernos… Tampoco hay que olvidar que Israel es una potencia regional de primer orden en Oriente Medio, no solo militar y económica, sino también en materia de seguridad, en investigación científica y tecnológica, además de otros campos. Quiere decirse que, sin disponer de reservas estratégicas en materia de hidrocarburos, ni ser un centro financiero de productos sofisticados, sí que tiene otras ventajas comparativas, de carácter significativo en sectores como la tecnología de la información, la agricultura de precisión, la seguridad cibernética, la salud digital, el sector farmacéutico y dispositivos médicos, el de biotecnología, el sector aéreo y sin olvidar la inteligencia militar. Así, Israel se configura como una potencia tecnológica global y de gran creatividad en la zona. Como referencia, decir que se encuentra entre los veinticinco países más ricos del mundo, con un PIB per cápita cercano a 42.000 $ por delante de países como, por ejemplo, Francia, Reino Unido, Japón o Nueva Zelanda, cercano al de Bélgica o Alemania, pero muy por delante de España con 27.000 $ o al de Rusia con solo 11.000 $ aproximadamente. En términos económicos, los países pequeños con poca población, pero con sectores económicos muy diversificados, pujantes y heterogéneos, son altamente productivos —como es el caso—, y suelen originar tales diferencias.

En otro orden de cosas, ante la dualidad legalidad-legitimidad, se ha citado en capítulos anteriores cómo destacadas personalidades —entre ellas Einstein— observaron en su momento la falta de legitimidad del Estado judío. A modo de conjetura política, podría decirse que él mismo seguramente estuvo influenciado, al igual que otros, por las ideas del filósofo judío Martin Buber quien sostenía que *"evidentemente sólo [sic] habrá legitimidad para el Estado hebreo en la medida en que éste [sic] se haga aceptar por sus vecinos"*. Hoy por hoy, cumplido el septuagésimo sexto aniversario de la fundación del Estado de Israel, los países que han suscrito un acuerdo de paz y de reconocimiento del mismo son por orden cronológico de antigüedad en el tiempo: Egipto, Jordania, Emiratos Árabes Unidos, Baréin, Sudán y Marruecos. Naturalmente, surge la pregunta ¿será en un futuro no muy lejano Arabia Saudí el próximo país en hacerlo? Algunos de ellos no son siquiera vecinos cercanos de Israel; sea como sea, estos mimbres no son los únicos del armazón político, social, económico... que sustente la vitola de legitimidad del Estado hebreo, siendo además, como son, **conseguidos de espaldas al pueblo palestino y, en algún caso, con motivos casi ajenos al mismo**. Ante reconocimientos sucesivos potenciales, correlativamente surge la cuestión de si a la legitimidad del Estado israelí pudiera corresponderle algún paralelismo, tal como aquellos, hasta alcanzar la plenitud, entendiendo como tal la posibilidad futura de un Estado Palestino y de reconocimientos mutuos. Esta es la coartada semántica servida para no haber utilizado la expresión de <frente a> o <en contra de>, puesto que como se ha analizado, no todos los países árabes —al menos desde instancias oficiales— participan de ese sentimiento de animadversión. Alguno de ellos, incluso, consideran que Israel se habría ganado ese derecho de legitimación por la fuerza de la sangre.

Desde el punto de vista religioso, mayoritariamente, entre el 80% y el 90% de la población musulmana en el mundo se adscribe dentro de la rama sunita, y el resto a la rama chiita; correlativamente, se tiene una proporción similar de población en países árabes abrazando la rama sunita. La enemistad declarada entre los seguidores de ambas corrientes, solo es comparable a la existente entre árabes e israelíes y viceversa. Como ejemplo tenemos a Arabia Saudita, de confesión sunita, e Irán, mayoritariamente chiita, siendo enemigos mutuos declarados. Ambos países aspiran a ostentar el título de guardián político en la zona. Si finalmente, Arabia Saudita reconociese a Israel, se cumpliría el viejo aforismo de que "el enemigo —por Arabia Saudita—, de mi enemigo —por Irán—, es mi amigo".

En párrafos anteriores se ha aludido a las cifras de la opinión pública en los países árabes como si de una fotografía estática se tratase; en realidad, el estado de opinión no puede desligarse de ningún modo de la realidad política y religiosa imperante en tales países. Hablando con poca precisión, en el islam no se establece una separación entre religión y política;

Una mirada por el mundo
(Invitación al desasosiego)
Pág. 203 de 524

antes al contrario, en la práctica, esta dualidad actúa como un concepto unitario. La religión actúa como un aglutinante, es decir, el conjunto de preceptos que muestran el camino de la salvación hacia el otro mundo o de preparación para él, mientras que en el plano terrenal, se tiende hacia la consecución de un equilibrio social que sea justo y, sin el cual, aquella —la salvación— no sería posible. Así, quien ostente la autoridad —de ambas—, debe aglutinar los atributos necesarios conferidos por la religión y la política, no solo para conseguir el hito terrenal citado, sino además y en última instancia para guiar a los creyentes hacia la salvación eterna y la entrada en el paraíso.

Sin que sirva de impertinencia acerca de la idea de la faceta de la autoridad expresada, la experiencia personal sugiere la anécdota siguiente: con motivo del proyecto Haramain, de la línea de alta velocidad del ferrocarril de La Meca a Medina, a cargo de un consorcio español de empresas, al menos a dos de ellas se les asignó la consultoría para organizar la mejor logística para el transporte, en tales trenes, de los peregrinos desde Medina a La Meca. Pude apreciar, por relatos oculares directos, que a diferencia de cómo viajan los clientes de alta velocidad en los trenes de cualquier país, tal como conocemos, los peregrinos con motivo de tal evento, lo hacían acompañados de sus equipajes, enseres, muebles, camas, frigoríficos, viandas..., y todo ello organizado cómo no, ¡desde las mezquitas! Por ello, con independencia de como fuese el diseño final de la cadena logística, es evidente que el ejercicio de la autoridad, en su conjunto, pasaba en su vertiente política por disponer cuando menos de la capacidad legal, la información y los recursos necesarios para llevarlo a cabo, en este caso unificados desde la vertiente religiosa, a través de la capacidad organizativa de las mezquitas y de la disposición de sus servicios asociados respectivos.

Asimismo, desde una visión confesional propiamente dicha, el mundo islámico no es homogéneo en su línea de pensamiento religioso, manifestando su división —conforme se ha citado— a través de sus dos ramas principales de sunitas y chiitas, entre otras menores y por ello menos relevantes. Aquí no se plantea examinar las diferencias de tipo conceptual y religiosa, y mucho menos las filosóficas entre ambas ramas, sino solo establecer, finalmente, que el credo seguido por los países —árabes o no, pero sí musulmanes—, adscritos a una u otra rama concreta, condiciona finalmente la política oficial seguida por los mismos con respecto a Israel, así como su reconocimiento posterior, si llegado fuese el caso. Y también se ha analizado, como la política oficial no se corresponde con el sentir de la opinión pública expresada. Este es el sentido dado justamente para valorar las cifras de opinión anteriormente citadas en los países de referencia.

(* 4 de 5) La contrapartida al movimiento diplomático y político, por parte de Marruecos, ha venido de la mano de Israel cuando, en julio de 2023, los medios de comunicación del mundo, publican que el Rey de Marruecos, ha filtrado una carta del primer ministro israelí, Benjamín Netanyahu, reconociendo la soberanía de Marruecos sobre el territorio de Sahara Occidental, e Israel, al parecer, así lo confirmó. Constituye, posiblemente, la constatación de la mediación ejercida, en su día, por parte de la diplomacia de EE. UU. sobre ambos países, con el resultado final perseguido por todas las partes para lograr el cierre del proceso de reconocimiento mutuo; con ello, ambos estados salen fortalecidos políticamente; así, un país árabe — otro más—, reconoció al Estado hebreo y este, reconoce que el Sahara Occidental es un territorio adscrito a la soberanía de Marruecos. En la partida, políticamente, pierden la República Árabe Saharaui Democrática, así como todos aquellos que siguen defendiendo la posición de la ONU de celebrar el referéndum, cada vez ya más lejos; pierden, también, los que al parecer están al lado de la razón y de la fuerza moral, frente a los que están al lado de la geopolítica de la realpolitik y de los hechos consumados.

Por otro lado, sorprende que el cauce utilizado para dar la noticia al mundo sea muy similar al seguido en el caso de España, cuando esta hizo el mismo reconocimiento en favor de Marruecos.

Finalmente, durante el transcurso del año 2023, se anunció el establecimiento de conversaciones, entre Libia e Israel, encaminadas al reconocimiento de este último. Llegado el caso, cuando se produzca tal reconocimiento, Libia será el nuevo miembro de la comunidad árabe en haber firmado la paz.

VISIÓN DEL JUDAÍSMO ANTES Y DESPUÉS DE LA SEGUNDA GUERRA MUNDIAL. REFERENCIA AL MURO DE HIERRO

Este apartado acerca del judaísmo, cronológicamente, bien pudiera haberse estructurado al comienzo de este capítulo 6, sin embargo, se ha considerado dar un rodeo partiendo desde la visión más actual en el tiempo, entre árabes e israelíes, y volver ahora sobre ello desde los orígenes a partir de aquí.

Abordar el tema sobre el judaísmo no es una tarea fácil, y no creo que lo sea para nadie ni tampoco lo es a título individual; en esta última faceta hace que me invada una cierta sensación de incomodidad cuando menos; no digo que sea de impostura, pues no se trata de aparentar o esconder carencias de algún tipo personal, no se trata de eso, no, pero soy consciente de que al hacerlo —o sea, hablar de ello—, se acomete un tema proceloso donde existe una mezcolanza de aspectos que afectan a colectivos poblacionales diversos así como de valores esenciales para la vida, que hacen que aquellos puedan sentirse afectados moralmente.

Inicialmente, se tienen las impresiones propias que tienden a percibir la cuestión, que visto desde fuera, lleva unívocamente a que de entrada ya se tenga que tomar partido por una u otra posición; estás a favor o estás en contra y esta simplificación es tan burda que no resulta aceptable, al menos en el plano personal ni conceptual. Asimismo, se tiene la impresión de no entender bien la cuestión misma acerca de lo que se trata, y ello se traduce en el riesgo de que no se explique bien lo que se siente, es decir, lo que bien se quiere decir. Las más de las veces sin pretenderlo lo que se consigue es ser mal leído o hecho con desgana, malinterpretado o casi nunca se es bien comprendido en toda la extensión; es por eso que el mejor argumento para acometerlo es ser honesto con las ideas de cada cual a sabiendas de las limitaciones, y siendo sincero y diáfano en la exposición.

Por otro lado, yo no soy ateo, mucho menos religioso, no soy judío, menos aún hago proselitismo de su causa, ni tampoco a favor del islam; asimismo, no participo del enfoque utilizado desde ciertos sectores de la izquierda europea en los términos que lo hace a favor de la causa árabe, tampoco de cualquier loby que haga causa del pueblo judío; finalmente, como he dicho, no soy conocedor de la historia del movimiento sionista en sí como para escribir sobre la cuestión. No me gusta la equidistancia que sea mal explicada y acabe por ser peor entendida, luego entonces ¿qué es lo que me induce a escribir sobre ello? Simplemente, soy un agnóstico, algo atraído por el paso y el peso histórico de judíos y árabes por el solar hispánico, y también por la suerte posterior corrida por cada uno de esos pueblos, así como por la proyección del judaísmo durante el siglo XX hasta llegar a la fundación del Estado de Israel y sus consecuencias posteriores hasta el día de hoy.

Un apunte inicial, en clave peninsular, si bien retrotraído en el tiempo cronológico fuera del objeto de este libro, podría decirse que aunque ambos pueblos acabaron saliendo de nuestra historia y de nuestra geografía por vicisitudes distintas y separados durante siglos, la huella árabe en España es sentida, como muy rica, profunda, a la vez que está a flor de piel y siendo vista, sin duda, como más integradora que la judía. En términos comparativos, la primera resulta aparentemente más familiar, más cercana, podemos decir sin temor a equivocarnos que básicamente es más perceptible y sentida su impronta a través del tiempo y en cualquier espacio. Su influencia en el solar patrio la vemos y casi tocamos día a día; está presente a través del lenguaje, de la arquitectura, de nuestras costumbres, en la ciencia, en nuestra cocina, en el arte, en la literatura, en sus manifestaciones culturales fuera del ámbito religioso o, incluso, ya más cercanos en el tiempo, mediante intercambios territoriales, políticos, etc. Lo cierto es que así es como la percibimos, y ello nos lleva a decir —aunque sea como estereotipo—, que tenemos más en común, fruto de esa huella histórica, con el entorno de los países árabes que con otros países, incluso europeos, aunque luego constatemos las profundas divergencias en el mundo de hoy con aquellos, naturalmente en el plano religioso, social, político, derechos humanos, de las mujeres...

Frente a la impronta árabe, la influencia judía tuvo su época dorada en Andalucía a través de la escuela de Lucena y se proyectó más tarde, entre los siglos XII y XV, en distintos enclaves de la península como en Toledo, Castilla, Aragón, costa levantina, así como en otros lugares… Este acervo fue más selectivo desde el punto de vista cuantitativo, por tanto, no es tan perceptible en sus manifestaciones, pero no por ello dejaron de ejercer igualmente su impronta en el pensamiento, la filosofía, en el campo de las ideas, la medicina, la orfebrería, la industria incipiente y otras manifestaciones, siendo así percibida de esta manera igualmente. También en el arte, pues hay estudiosos de la antropología y del folklore, en concreto del andaluz, donde algunos partidarios quieren ver cierto atisbo de la huella judía en algunas manifestaciones y palos del cante flamenco en España, ya que algunos colectivos judíos no llegaron a marcharse del todo. Otros, incluso, pudieron volver del destierro, y tanto unos como otros, haciéndose pasar por otros colectivos, quizá, ¡como si de gitanos se tratase!

Naturalmente, siempre surgirá, ¡cómo no!, la alusión al carácter comercial y el espíritu mercantilista de este pueblo. Aquí diremos y recordaremos, hasta donde haga falta, que Luis de Santángel, el judío influyente, fue el principal valedor de la Corona de Castilla en la financiación de la primera expedición de Colón al nuevo mundo. En sentido general, tampoco son pocos los historiadores que han querido ver, a través de la expulsión de los judíos en 1492, una de las razones del déficit de los recursos de todo tipo, que expliquen el atraso secular de España para acometer las innovaciones que, andando el tiempo, la era moderna y la revolución industrial exigieron. Para ello, la financiación tuvo que provenir casi siempre de los bancos y, en mucha menor medida, de la pequeña burguesía ante la falta de grandes fortunas —muchas de ellas judías—, a diferencia de cómo aconteció en la mayoría de los países europeos en su desarrollo y evolución posterior hacia el capitalismo.

Así a la pregunta formulada anteriormente ¿qué es lo que me induce a escribir sobre la visión del judaísmo?, que da título a esta parte del capítulo, respondo diciendo que, inicialmente, siendo un veinteañero, en el último cuarto del siglo XX, cayó en mis manos, quizá no por casualidad, el libro *Guía de Perplejos*[49], del judío Rabbí Moshè ben Maimón, más conocido como Maimónides, el gran maestro, filósofo, rabino, polígrafo y médico cordobés que vivió en el siglo XII y murió en los albores del siglo XIII. La Guía, es una obra monumental escrita en 1190, traducida al castellano en el siglo XV por Pedro de Toledo y publicada en España, en su última etapa, por la extinta Editora Nacional. Como Tratado, representa un trabajo teológico de interpretación dedicado a la solución de dilemas que surgen de una comparación de la tradición judía y la filosofía de Aristóteles, pero vista desde el mundo islámico. Su propio autor la conceptuó como una obra de *"ciencia bíblica"*; era, pues, una síntesis para los "descarriados o perplejos" ante las contradicciones existentes entre las distintas tradiciones. Tal como recoge David Gonzalo Maeso, en el proemio del libro, se trata de una obra que:

---

49 RABBÍ MOSÉ BEN MAIMON (MAIMÓNIDES). Guía de Perplejos. Edición preparada por David Gonzalo Maeso. Editora Nacional, 1983, Torregalindo, 10 – Madrid.

Podría considerarse como un Tratado de Filosofía bíblica de temática eminentemente hebrea escrita en lengua árabe, si bien su autor se arrepintiera de no haber utilizado la lengua hebrea... Todos convienen en afirmar que ha sido la más divulgada y leída entre todas las de Maimónides, llegando a constituir la base del pensamiento judaico en los siglos posteriores, con influencia asimismo en los pensadores musulmanes y hasta en la Escolástica cristiana[50].

Posteriormente, siguieron otras lecturas por mi parte sobre este personaje. Y sobre su figura, decir que la invasión de los almohades en 1148 originó persecuciones contra judíos y cristianos. El furor almohade se proyectó sobre eruditos, literatos, hombres de ciencia, artistas, etc. que, en su diáspora, dieron lugar a un proceso de intercambio cultural entre su lugar de origen y los nuevos destinos. Su vida, así como el devenir de su familia, adquirió por ello tintes viajeros, errantes, para ser más exactos; primero desde Córdoba hacia Almería, después hacia Marruecos, posteriormente a Palestina y finalmente, establecimiento definitivo en Egipto. Allí ejerció como médico sin olvidar su labor para la terminación de sus obras importantes sobre la Mishné Torá o de naturaleza talmúdica.

En otro orden de cosas, Maimónides fue casi diez años más joven que Averroes, pero podría decirse que ambos personajes fueron casi coetáneos; ante la ola de intolerancia de la citada

---

50 Ibíd., pp. 14-15

invasión almohade, al despedirse el primero de su ciudad, cuenta la tradición que aquel advirtió a Averroes con la frase lapidaria siguiente: *"Guarda a Córdoba y guárdate de Córdoba"*. Una apreciación sobre la misma sugiere, a mi juicio, varias connotaciones. Por un lado, una especie de reconocimiento sobre la autoridad moral e intelectual que el filósofo musulmán y cordobés —Averroes—, representaba para guiar a la comunidad cuando él ya no estuviese en la ciudad; por otro, representa la transmisión del conocimiento, entre comunidades, desde una atalaya judía a otra musulmana; finalmente, una advertencia clara a la persona sobre como el poder político suele pasar por encima de cualquier autoridad intelectual. Establecido definitivamente en Fustat (el Viejo Cairo), siempre consideró que la sociedad cordobesa —tanto judía como islámica, al menos—, era tan influyente y preparada en disciplinas filosóficas y científicas como la que encontró en las comunidades de su nuevo destino. Finalmente, hasta su muerte acaecida en 1204, la nostalgia de su pasado andalusí le hacía caer en la melancolía llevándolo atrás en el tiempo y no le traicionaba el recuerdo, o sí, cuando una y otra vez decía: *"Allá en mi Córdoba natal, allá en mi patria andaluza..."* Con todo lo anterior, hoy se cuestiona si Maimónides buscaba en su filosofía una visión completamente sistemática y global. En cualquier caso, y sea como fuere, está considerado como la mayor figura pos bíblica del judaísmo, y por ello, su imagen está esculpida en el relieve de piedra como uno de los veintitrés legisladores que adornan la parte superior de la Cámara de Representantes del Congreso de EE. UU.; en la misma, está representada también la figura de Alfonso X El Sabio, siendo así las dos únicas figuras del pensamiento hispano —judío y cristiano— de aquel tiempo, que merecen tal consideración, para su reconocimiento a cargo de las generaciones actuales y venideras. El recuerdo de Maimónides está presente en la ciudad que le vio nacer, a través de una estatua en la plaza homónima, que lo es también, de la ciudad donde hoy reposan sus restos, es decir, en Tiberíades, a orillas del mar de Galilea, en Israel.

A resultas de la mención de la Editora Nacional que publicó "Guía de Perplejos", quiero romper una lanza en favor de la misma. Estuvo dedicada al género de la narrativa y el ensayo de obras clásicas y contemporáneas en áreas del pensamiento; permitió a casi dos generaciones de españoles, entre los que me encuentro, —en época de no libertades políticas—, el acceso a obras como la citada, así como a otras cuya temática versaba sobre ciencia, filosofía, socialismo, islam, legislación, narrativa... Transcurrieron más de cuarenta años desde su creación, hasta que dejó de editar y publicar, hecho que acaeció durante el primer gobierno socialista entre 1983-1984.

En otro orden de cosas, solo a modo de anécdota, frívola quizá —no por la temática, no, que es de mucha enjundia, sino por la similitud del título—, hoy, se tiene la existencia de una obra homónima a la Guía de Perplejos, se trata del libro titulado "Cuántica - Guía de Perplejos", de Jim Al-Kalili, publicado por Alianza Editorial en 2016, en Barcelona. Este profesor de física teórica, británico, aborda en esta obra de divulgación científica un tema tan actual y de nuestro tiempo como es la física cuántica y su desarrollo, en contraposición a la teoría de la relatividad. Conforme al adjetivo común empleado, parece claro que siempre ha habido y habrá *"perplejos"* en cualquier orden de la vida y del pensamiento, precisamente cuando el ánimo se orienta hacia la pesquisa intelectual, o bien se ve sacudido por la zozobra de la confusión o la contradicción —no maniquea—, existente entre disciplinas diversas, sean las que sean, en este caso, entre la teoría cuántica y la teoría de la relatividad, siendo coetáneas o no sea necesariamente así. En cualquier caso, la cita de esta obra y su comparación, no es aparente al caso, se mire como mire; pues si Maimónides en el siglo XII vino a arrojar luz sobre los "descarriados" que se vieron afectados por las discrepancias existentes entre la tradición judía y la filosofía aristotélica, aportando soluciones para ello, hoy no existe, a mi juicio, una figura equivalente en el campo de la física capaz de aportar soluciones integradoras de ambas teorías, si ello fuese posible dentro del orden natural, y todo ello, por mucha bibliografía homónima que, en su caso, invitara a la perplejidad para someterla a la comparación.

Con anterioridad a la lectura de Guía de Perplejos, mis paseos por la cuesta de Claudio Moyano, en Madrid, me permitieron hacer una labor de ratón de biblioteca, topándome y adquiriendo otros dos libros clásicos, donde los haya, tales como la "Vida de Jesús"[51] e "Historia del pueblo de Israel"[52], ambos de Ernest Renan, autor y erudito francés además de gran conocedor de la lengua hebrea que vivió en el siglo XIX. El autor, un católico que transitó hacia el agnosticismo y el racionalismo, tampoco fue ajeno al movimiento del positivismo o del idealismo alemán. El primero de estos libros se centra en la figura de Jesús. Levantó ampollas al pretender dar a la religión cristiana un tratamiento imparcial, científico y objetivo, resaltando la figura única y excepcional de Jesús por encima de cualquier otra consideración sobre los Evangelios. No tiene nada de extraño que, en su época, desde ámbitos diversos, el autor fuese considerado como uno de los iniciadores de una especie de antisemitismo, pero de corte intelectual, si bien no extrapolado al plano político, entonces, como después, se adoptó durante el siglo XX. El segundo de ellos, una obra extensa, emotiva y de gran riqueza narrativa sobre la historia del pueblo judío desde tiempos de los Beni-Israel, y bíblicos, hasta el umbral del imperio romano. El ejemplar que cayó en mis manos lo considero una pequeña joya por la antigüedad del mismo.

Aparte de los autores citados, a lo largo del tiempo, se produjeron, en mi acervo, otros inputs de interés diverso provenientes tanto del mundo hebreo como del arábigo y

---

51 RENAN, E. Vida de Jesús. Traducción de Agustín García Tirado. Edaf, Ediciones-Distribuciones. Jorge Juan 30, 1978. Madrid.

52 RENAN, E. Historia del pueblo de Israel. Ediciones Argonauta. Impreso en talleres gráficos de Dordoni Hermanos Maza 461. Buenos Aires 1945.

musulmán naturalmente; sin embargo, son los citados, básicamente, quienes me aportaron el bagaje necesario, desde el punto de vista psicológico y emocional sobre todo, que sirviera de acicate para acometer el tema en cuestión. Para mí, esto no es una forma de evaluar el acervo cultural disponible que fuera necesario, en su caso, para justificar llevarlo a cabo, no es eso ni mucho menos, sino que el hecho mismo de acometerlo fuese solo el resultado del interés despertado en su día por el paso y la lectura de los mismos; todo ello con independencia de la competencia mínima que se intuye pudiera ser exigible para hacerlo. Esta es, para mí, la reserva y la incomodidad de la que hablaba al comienzo del capítulo y que ahora se aborda.

Hecha la salvedad —en el caso de España, y con matices personales y referencias históricas llevadas atrás en el tiempo—, sobre lo que es el objeto del libro, retomo nuevamente la visión general del capítulo diciendo que cualquier valoración que se haga sobre el movimiento del judaísmo, partirá desde posiciones propias; para mí, dicho hito, siendo un lugar común, no estaría muy alejado de lo que sigue; por ello me gusta iniciar la cuestión apoyándome en algunos pasajes extractados del prefacio de la obra de Renan, sobre la historia del pueblo de Israel:

[... No hay más que tres historias interesantes en el pasado de la humanidad: la griega, la de Israel y la romana...], [... El cuadro de la cultura humana creado por Grecia puede ampliarse indefinidamente, pero está completo en todas sus partes].

... No hubo más que un claro, pero de importancia, en el círculo de su actividad intelectual y moral. **Despreció a los humildes y no experimentó la necesidad de un Dios justo.** Sus filósofos, al soñar con la inmortalidad del alma, fueron tolerantes con las iniquidades del mundo. Sus religiones no pasaron de encantadoras niñerías municipales: nunca se les ocurrió la idea de una religión universal.

El genio ardiente de una tribu pequeña establecida en un rincón perdido de Siria parecía creado para suplir este defecto del espíritu helénico. Israel no se conformó nunca con ver el mundo tan mal gobernado, bajo los mandatos de un Dios al cual suponían todos justo. Sus labios experimentaban ataques de ira al ver los abusos que abundan en el mundo. Un hombre malo, si moría viejo, rico y tranquilo, los enfurecía. Los profetas, desde el siglo IX antes de J. C., dan a esta idea las proporciones de un dogma. Los profetas son publicistas fogosos a quienes llamaríamos hoy socialistas y anarquistas. Son fanáticos por la justicia social y proclaman en alta voz que si el mundo no es justo ni puede llegar a serlo, mejor sería destruirlo. Este concepto es falso, pero fecundo, porque como todas las doctrinas desesperadas —el conocido nihilismo ruso, por ejemplo—, produce el heroísmo y despierta las fuerzas humanas. Los fundadores del cristianismo, continuadores directos de los profetas, se extenúan con llamamientos incesantes *[sic]* pidiendo el fin del mundo y ¡cosa extraña!, transforman el mundo efectivamente. Con Jesús, los apóstoles y la segunda generación cristiana, se establece una religión, procedente del judaísmo, que a los tres siglos se impone a las razas más importantes...], [... Con las iglesias, que no son más que sinagogas abiertas a los incircuncisos, nace una idea de la asociación popular que se diferencia mucho de la democracia de las ciudades griegas...].

[... Las grandes creaciones de Grecia y Judea no habrían conquistado el mundo por sí solas...], [... Roma llevó a cabo una labor extraordinaria. Roma, con prodigios de virtud cívica, creó la fuerza en el mundo y esta fuerza, en realidad, sirvió para propagar la obra griega y la obra judía; es decir, la civilización...].

[... Pero por tener envidia al futuro historiador del genio griego *[sic]* ¿lamentaré por ello el voto nazareno que desde muy temprano me consagró al problema judío y cristiano? Ciertamente que no].

... Aunque me haya equivocado en alguna conjetura, estoy seguro de haber comprendido en su conjunto la obra única que "el soplo de Dios", es decir, el alma del mundo, realizó por medio de Israel[53].

En primer lugar, Renan, sugiere que los filósofos griegos, con su idea de la inmortalidad, *"fueron tolerantes con las iniquidades del mundo";* además, por mi parte, me incita a la idea de que el estado del pensamiento en la Grecia antigua hacía, por extensión, que los hombres de ciencia —a excepción, quizá, de Arquímedes—, concibieran las matemáticas y otras disciplinas científicas como entidades abstractas, por encima de las realidades del mundo, tendentes todas ellas a estudiar el orden natural que rige el universo, pero, en general, sin aplicaciones prácticas para la vida. En definitiva, como cita Asimov, participaban de la idea de *"que el movimiento de los planetas influía en el destino humano y pensaban que entendiendo a fondo los cielos podrían comprender el pasado y el futuro".* Por tanto, el destino terrenal de los humanos tenía poca cabida como objeto de estudio y, ¡mucho menos aún, el de los más débiles!

En segundo lugar, pareciera deducirse de la cita de Renan, que aparte de las tres citadas, ninguna otra sociedad de cualquier civilización de otro tiempo, de las consideradas por Toynbee, le cautivara ni tanto ni lo suficiente como para ser merecedora de una motivación, al menos intelectualmente hablando, semejante a la de Grecia, la de Roma y la de Israel.

En tercer lugar, en los dos últimos párrafos de la referencia

---

53 Ibíd., pp. 7-9 y 20

anterior, el autor desnuda su sentimiento. En general, este fue el germen de una religión universal, basada en una concepción de un Dios monoteísta, que elevó el espíritu y el ánimo de un pueblo para sentirse, por ello, el pueblo de Dios, el pueblo elegido. El mismo que invocándolo se revolvía ante los abusos del mundo y que Renan, tomando la comparación acorde a la mentalidad de finales del siglo XIX, denominaba a los profetas como si de unos socialistas y anarquistas de hoy se tratasen. La necesidad de una religión universal, concebida en la forma anterior, chocó de frente con las ideologías que se sustentan sobre el ateísmo y en la forma de entender la dicotomía entre religión y no religión, así como de la necesidad, o no, de la misma.

El ateísmo, al luchar contra la idea de Dios, no precisa, por tanto, de él, y ello le llevaría a expresarse en términos que me atrevo a describir, de forma parecida a lo que sigue: "dejando de lado la idea de la religión, la moral natural, lleva a discernir que los hombres buenos —como tal género humano—, tienden hacia la bondad en sí misma y por ello, hacen cosas buenas; por contra, los hombres malos, hacen cosas malas"; pero tanto los unos como los otros podrían tener otro comportamiento fuera de esa moral natural. Argumentarían, además, que el hombre bueno, aparte de que pudiera hacer el bien, para hacer el mal, lo único que precisa sería el concurso de la religión, nada más. Ahí acabaría en parte el razonamiento, aunque, subrepticiamente, se podría estar sugiriendo otro añadido, ¿entonces, qué es lo que precisa el hombre malo para hacer el bien? Y pareciera deducirse, que se trata únicamente de la ideología, que es lo que da sentido a esa forma de pensar, ya sea aquella de carácter totalitario y de pensamiento único, o de otro tipo, aunque no se reconozca así abiertamente. En definitiva, la respuesta sería que no es necesario el concurso de la religión para hacer el bien.

Visto por un agnóstico, como yo, diré que la idea monoteísta y necesidad de un Dios justo siempre llenó —y continuará haciéndolo, creo— de ilusión y de esperanza a los corazones de mucha gente —sencilla o no— a lo largo del tiempo y de cualquier lugar; también que, en su nombre, se cometieron atrocidades a lo largo de la historia; por contra, los que lucharon —también hoy—, contra la idea y concepción de la deidad, no se quedaron a la zaga, y naturalmente, también con sus ilusiones y motivaciones justas. Respecto a la necesidad, o no, de ese Dios monoteísta que, teniendo presente a los "humildes", haya conseguido una mayor justicia social, frente a los que invocan su lucha contra él, para conseguir también esa justicia social, soy de los que piensan que ante el ardor guerrero expresado en defensa de sus postulados —a veces, incluso, rayando en el fanatismo o bien en el sectarismo—, tanto por seguidores de unos y de otros, a ambos, les otorgo la condición de **verdaderos creyentes**, crean en lo que crean, y tengan o no tengan fe; porque la fe tiene matices; algunos consideran que no necesita testimonios, pero la percepción de su tenencia o no, es personal. Sin embargo, la condición de "humilde" siendo generalizada en el número de personas a lo largo del tiempo, siempre estuvo presente entre quienes abrazaban la religión y también entre quienes abominaban y luchaban contra ella. Desde ambos lados, hay razones para arrogarse el mérito y la parte alícuota exitosa en la consecución de la justicia social que les corresponda, pero ¿cómo y a través de qué parte, o de parte de quién, se ha conseguido mayor justicia social? Veamos,

De parte de la religión, se tiene como bandera la justicia social y la caridad, y sobre estos atributos viene desarrollando su labor a lo largo de los siglos.

De otra, para quienes luchan contra la religión, el concepto de la caridad no existe, no tiene cabida o no se practica, pero por contra, se blande la bandera del igualitarismo que viene practicando —al menos— desde el siglo XIX hasta ahora.

Utilizando valores de nuestro tiempo, para buena parte de la sociedad, la justicia social solo podría entenderse a partir del citado siglo, mientras que todo lo anterior no podría tener tal consideración. Entiendo que tal concepto ha utilizado los valores y criterios propios existentes a lo largo del tiempo, sin que por ello signifique invalidar el espacio donde la semilla pudiera germinar entre los humildes y desfavorecidos.

¿Son ambos conceptos intrínsecamente contrarios? La historia contemporánea nos los han presentado así. Pero, sea como fuere, de una manera u otra, en definitiva, es la impronta surgida desde

Israel, con la herencia en la idea de una deidad única, con su voz altanera a favor y con los desfavorecidos —sin duda con logros y sombras—, así como de otros activos, la que inspira y motiva el tratamiento dado al pueblo de Israel en este capítulo.

A modo de salto en el tiempo, no me adentraré en los orígenes de lo que es el movimiento del judaísmo moderno a través del sionismo, así que no abordaré directamente a la figura de Theodor Herzl, como fundador del mismo, y su contribución dentro de la Organización Sionista Mundial como organizador sistemático de los Congresos Sionistas, así como tampoco a la búsqueda de un hogar para el pueblo judío. Sobre Zeev Jabotinsky, como figura activista, quizá más significado políticamente que el anterior, lo haré de forma procedente.

A comienzos del siglo XX quedaron atrás los intentos de algunas naciones de buscar una patria para el pueblo judío, tal como fue el caso de Gran Bretaña, tomando como referencia a algún territorio de sus colonias en África, como fue el caso de Uganda. El plan dio al traste por razones diversas, pero entre ellas la más significativa fue, quizá, la oposición interna de algunos sionistas significados como fue el propio Jabotinsky. En una situación y de contexto diferente, también se barajó para la patria judía una parte de la nación Argentina, aunque como se sabe, tampoco cuajó.

Por otro lado, un punto de partida de cara al objeto de este trabajo, dentro del siglo XX, podría estar en lo que en su día se denominó la "Declaración Balfour", ocurrida en 1917, en honor del ministro inglés que le dio nombre. En ella, se hace por vez primera una declaración pública con el aliento —a cargo de Gran Bretaña— al establecimiento de un "hogar nacional" para el pueblo judío en el territorio de Palestina. Fue un paso significativo para los hechos que acaecieron en las décadas siguientes.

En aquel tiempo, las comunidades judías en los países europeos tuvieron una primera prueba de fidelidad a la causa sionista por salvar el escollo de la Primera Guerra Mundial, que suponía una toma de postura y una significación política hacia qué bando apoyar, ya fuesen germanófilos o filo aliados. Hay que tener en cuenta que, en el primer tercio del siglo XX, la mayoría de los judíos en Europa, que mostraran simpatía por el sionismo o no, estaba mediatizado por un sentimiento nacionalista básicamente, porque también se sentían patriotas de sus propios países de origen, es decir, fuesen ingleses, franceses, alemanes, belgas, holandeses, austriacos..., en ambas guerras mundiales, e incluso españoles; así, que tuvieron que tomar partido y decidir a qué nación defender y, en su caso, a combatir. En el caso de Gran Bretaña, por ejemplo, apoyaron a esta en la citada contienda, teniéndose la situación que solo la cuarta parte de la comunidad judía de ese país fuese abiertamente sionista. En el caso de España, también hubo judíos que lucharon defendiendo el bando republicano durante la guerra civil.

El sentimiento sionista siempre suspiró por el establecimiento de una patria en Palestina, de manera que la referencia utilizada en el tiempo, durante el exilio y en la diáspora, a modo de voto, al celebrar la Pascua *"el año que viene en Jerusalén",* expresaba no solo el anhelo vital ansiado por la comunidad, generación tras generación, en la esperanza de su cumplimiento algún día, ya fuese en este mundo o quizá…, ¿en otro?, sino también, la necesidad de agrupamiento de esa comunidad en un solar patrio. Asimismo, se barajó la compra de una parte de algún territorio que sirviera con tal objetivo. Cierta o no, famosa y controvertida es la referencia atribuida a la primera delegación sionista enviada, a finales del siglo XIX, desde Europa a Palestina para evaluar dicha posibilidad. El mensaje y su significado comparativo, que a modo de respuesta transmitió la misma, no pudo ser más explícito a la par que elocuente: *"La novia es hermosa, pero está casada con otro hombre".* La novia era Palestina y, como comparación en sí, no ha podido probarse la veracidad o no de esta referencia, pero fue en aquel contexto cuando, en 1917, toma cuerpo de naturaleza la carta dirigida por Balfour, ministro del Foreign Office, al barón Rothschild, representante de la comunidad judía en Gran Bretaña, en los términos siguientes:

El Gobierno de Su Majestad contempla con beneplácito el establecimiento en Palestina de un hogar nacional para el pueblo judío y hará uso de sus mejores esfuerzos para facilitar la realización de este objetivo, entendiéndose claramente que no se hará nada que pueda perjudicar los derechos civiles y religiosos de las comunidades no judías existentes en Palestina, o los derechos y el estatus político de los judíos en cualquier otro país[54].

Era digamos un salto cualitativo, por ser la primera vez que se hablaba —mejor dicho se planteaba abiertamente— la cuestión de un hogar nacional para los judíos en Palestina. No se concretaba en qué parte de ella, ni cuándo o qué territorio albergaría ese hogar nacional. Sin embargo, observando el párrafo de la misiva, se aprecia que encerraba la semilla de la discordia posterior: *"... no se hará nada que pueda perjudicar los derechos civiles y religiosos de las comunidades no judías existentes en Palestina..."*; es decir, nada que ponga en peligro los derechos civiles y religiosos, fundamentalmente de los palestinos, **pero nada se dice de preservar los derechos políticos de los mismos**; de ahí nace, creo, buena parte de la herencia envenenada recibida en términos políticos, territoriales y de todo lo sucedido con posterioridad.

La Declaración Balfour no levantó grandes adhesiones a la causa sionista entre los integrantes de la comunidad judía de alta alcurnia, es decir, los adscritos a los apellidos de las grandes fortunas, pero sí causó el efecto de ilusionar al pueblo llano en general, que vislumbró la idea posible de cumplir el sueño eterno,

---

54 <https://es.wikipedia.org/wiki/Declaración_Balfour>
Última consulta resultada para el día 2 de marzo de 2022.

o sea,"*el año que viene en Jerusalén*". Aunque desde principios del siglo XX hubo un goteo incesante de judíos hacia Palestina, desde cualquier parte del mundo, su número, entonces allí, podría cifrarse en varias decenas de miles y ellos se autodenominaban, a sí mismos, como "judíos palestinos". Al finalizar la Primera Guerra Mundial, Gran Bretaña ejerció el Mandato sobre el territorio de Palestina, que la Sociedad de Naciones otorgó y ratificó posteriormente. La postura expresada por el gobierno británico era coherente —con su propia visión—, mientras ejerciera el Mandato sobre el territorio palestino; así se comprendería después la posición adoptada en la futura y famosa Resolución 181 de 1947. Theodor Herzl, al final del siglo XIX, auguró que el Estado de Israel sería una realidad en menos de cincuenta años, y Zeev Jabotinsky lo hizo igualmente en 1938, solo que el plazo aventurado entonces, casi cuarenta años después, era solo de diez años. De una u otra manera, ambos acertaron, pero las palabras de Jabotinsky, dichas hace casi noventa años, respecto a una potencial relación futura de judíos y la población palestina en la tierra de Erezt Israel, con el tiempo resultaron ser proféticas. A propósito, sigue la cita de un extracto amplio de las mismas:

> … No hay malentendidos. Los Judíos quieren sólo *[sic]* una cosa: la libre inmigración Judía, y eso justamente los Árabes no quieren. Este tema es tan simple y claro, que conviene aprenderlo para el futuro sobre la cuestión Árabe. La colonización tiene su propia explicación, la única,

inalienable, y por supuesto todos los Judíos la entienden. Dado lo antedicho, mucha gente piensa que *[sic]* el Sionismo debe recibir permiso no de los Árabes de Eretz Israel, ya que esto es imposible, pero sí del resto del mundo árabe, Siria, Mesopotamia (Irak), Hijaz (Arabia Saudita), e incluso Egipto. Incluso si tal cosa fuese posible, tampoco así eso no cambiará fundamentalmente la situación: En la Tierra de Israel misma, la relación de los Árabes hacia nosotros seguiría siendo la misma.

Es imposible soñar con un acuerdo entre nosotros y los árabes... Cada nación autóctona combatirá a los colonos mientras tenga la esperanza de eliminarlos. Así se comportan y así se comportarán los árabes mientras haya en sus corazones la chispa de una esperanza en el sentido de que puedan impedir la transformación de Palestina en Eretz Israel.

Incluso si fuera posible (y lo dudo) convencer a los árabes de Bagdad y La Meca, que la Tierra de Israel no es para ellos más que un pequeño y no importante lugar, para los árabes de E. Israel seguirá siendo su patria, el centro y la raíz de su existencia nacional. Y *[sic]* por lo tanto *[sic]* hubiera sido necesario entonces colonizar contra los deseos de los Árabes de E. Israel, es decir, las mismas condiciones que en la actualidad. Pero incluso un acuerdo con los Árabes fuera de E. Israel es una fantasía que no se puede cumplir.

Para que los nacionalistas de Bagdad, La Meca y Damasco acepten hacer una renuncia manifiesta al carácter árabe del país, es decir, de una tierra situada en el centro del Mundo Árabe y que lo corta en dos mitades, debemos ofrecerles una compensación extremadamente grande. Obviamente, sólo *[sic]* hay dos posibles formas de dar tal cosa o bien dinero o asistencia política a ambos. Pero no podemos ofrecer ninguna de ellas. Cuando se trata de dinero es ridículo pensar en ello. ¿Cómo pagaremos por Mesopotamia o el Hijaz, cuando el dinero que tenemos no es suficiente incluso para un solo país, Israel? Incluso un niño entiende que estos países, con mano de obra barata, encontrarán una forma sencilla de atraer capitales con mayor facilidad que nosotros a la Tierra de Israel. Toda charla sobre el tema del apoyo material, es básicamente una credulidad o un auto convencimiento infantil.

De hecho, sería falta de moral *[sic]* por nuestra parte, si habláramos seriamente de prestar apoyo político al nacionalismo árabe... Nosotros nos basamos en el Mandamiento Británico, la Declaración Balfour, también firmada por Francia en San Remo. No podemos participar de una conspiración política, que tiene como objetivo expulsar a Inglaterra del Canal *[sic]* de Suez y el Golfo Pérsico y eliminar a Francia enteramente como potencia colonial. Doble juego que no se puede jugar, dado que nosotros nos apoyamos en la Declaración Balfour y en el apoyo de esos dos Países.

Conclusión: No a los Árabes de Eretz Israel y no a cualquier otro Árabe. Nosotros no podemos ofrecer ninguna compensación por la Tierra de Israel. Un acuerdo voluntario es inconcebible. Por lo tanto, aquellos entre nosotros que piensan que este Acuerdo es una "conditio sine quanon" *[sic]* para el Sionismo, pueden ya irse del Sionismo. Nuestra colonización, o debe ser detenida, o debe ser hecha en contra de los deseos de la población nativa. Por lo tanto, puede continuar y desarrollarse sólo *[sic]* detrás de la fuerza de defensa independiente de la población Judía —un Muro de Hierro— que no será posible atacarlo por intermedio de la población local.

Esta es nuestra política respecto a los Árabes: ¿Para qué necesitamos la Declaración Balfour? *[sic]* Qué significa el Mandato Británico para nosotros? La importancia para nosotros es que una fuerza externa se ha comprometido a la creación de condiciones en el país, tales como la Administración de Seguridad, que hará que la población local, a pesar *[sic]* que querrá hacerlo, carecerá de la posibilidad de perturbar nuestra Colonización por vía administrativa o física. Y, en ese tema, en ese sentido, no hay ninguna diferencia entre nuestros <militaristas y nuestros pacifistas>. **Unos prefieren un muro de hierro de bayonetas judías, otros, de bayonetas**

irlandesas. Pero todos nosotros trabajamos día y noche construyendo el Muro de Hierro. Con todo, ciertos de nosotros estropean *[sic]* en parte, porque hablan de la posibilidad de un Acuerdo y llevan a las superpotencias a pensar que el asunto no radica en el Muro de Hierro, sino en comenzar un nuevo diálogo.

Esta recitación molesta a nuestro planteamiento. Por lo tanto, nuestra tarea es desacreditarla, no como un placer *[sic]* sino como una necesidad. En primer lugar, el argumento, como si el punto de vista nuestro es inmoral, no es cierto. O el Sionismo es moral o es inmoral. Si el Sionismo es moral, entonces es justo, y tiene que cumplir con la Justicia *[sic]* con o sin el consentimiento de quien sea. Si A, B o C quieren molestar a la realización de la Justicia por la fuerza, porque la Justicia no es conveniente para ellos, lo que debe hacerse es molestar a su propósito, y de nuevo por la fuerza. Es la Ética, y no hay otra ética.

En segundo lugar, dada la imposibilidad de pensar en cualquier acuerdo voluntario con los Árabes de la Tierra de Israel, mientras esos Árabes tienen aún un rayo de esperanza de deshacerse de nosotros *[sic]* no venderán su esperanza, no a cambio de palabras dulces ni por cualquier rebanada de pan y manteca. Y por ello, no hay que considerarlos como un <populacho>, sino como un Pueblo retrasado, pero vivo.

Un Pueblo así acepta hacer concesiones en preguntas cruciales, sólo *[sic]* cuando no tiene esperanza. Cuando el Muro de Hierro no demuestre ninguna grieta. Sólo *[sic]* entonces dejarán los grupos extremistas su lema <<de ninguna manera>>, con el cual influyen sobre los grupos moderados. Sólo *[sic]* así llegarán estos moderados y ofrecerán concesiones recíprocas: sólo *[sic]* entonces comenzarán a tener solución cuestiones prácticas, como una garantía contra la expulsión de los Árabes del país, o la igualdad de Derechos, y los dos pueblos podrán vivir lado a lado en Paz y en una relativa equidad. (*V. Jabotinsky*) <*El Muro de Hierro*>.

Así, a grandes rasgos, era el estado de pensamicnto sobre la cuestión judía y el movimiento sionista antes de la Segunda Guerra Mundial, según la visión de Jabotinsky. Una cosa era la esencia contenida en la Declaración Balfour, con predisposición al establecimiento de una patria como "hogar nacional", sin definición establecida, y otra, los principios inspiradores del sionismo conforme a Jabotinsky. Igualdad de derechos en tierra palestina, o garantía contra la expulsión de los árabes del país, para poder vivir en paz. Y solo un muro de hierro formado por bayonetas judías podía obligar a los árabes a aceptarlo.

La Segunda Guerra Mundial no es el objeto de este capítulo, si bien algún aspecto se ha abordado en otro contexto. Solo que a resultas de la misma, pueblos, colectivos, etnias, etc. en distintas partes del mundo fueron masacrados como víctimas de la barbarie de otros pueblos, a su vez, en su ardor por defender la pureza de otras razas ¿?; y lo fueron, simplemente, por ser lo que eran y cómo eran. Las leyes raciales promulgadas en la Alemania nazi en 1935 fueron el presagio de lo que estaba por venir. Japón, por su parte, sojuzgó igualmente a la población de la provincia china de Manchuria con motivo de la invasión de aquella región; posteriormente, vinieron a hacerlo en otras zonas del continente asiático, así como durante el desarrollo de la guerra mundial.

En el transcurso de la misma, en Europa, se pusieron de manifiesto comportamientos y actitudes hacia la vida de colectivos nunca jamás vistos. Tal fue el caso del pueblo judío. Muchos de ellos se consideraban a sí mismos "buenos ciudadanos"; de nuevo surgió el sentimiento nacionalista por considerarse buenos alemanes e igualmente, buenos... franceses, austriacos, checos, polacos, belgas... No era el trato dado contra un enemigo —en el caso de que los judíos lo fueran— ya en tiempos de guerra, no, sino el trato inhumano hacia la vida de ciudadanos, unos compatriotas, otros no, en razón de una pretendida y malentendida superioridad de una raza. La muerte de judíos no era derivada de los actos de guerra en sí misma, aunque también hubo lucha partisana. Fue un plan de exterminio frío, calculado hasta más no poder, planeado y ejecutado de manera sistematizada, concebida ni más ni menos que como una ¡solución final!, para toda una raza, un verdadero genocidio en el sentido literal y amplio de la palabra.

Durante el desarrollo de la guerra había datos de la matanza contra el pueblo judío por el régimen de Hitler, si bien la verdadera dimensión y alcance, ¿en qué medida se conocía, y si se conocía quién la creería al divulgarla? Fue con el fin de la guerra cuando el mundo pudo descubrir la magnitud de ese exterminio contra todo un pueblo. La humanidad ha visto muchas atrocidades a lo largo de la historia; pareciera cómo que no debiera mostrar signos de aspavientos por casi nada de lo que ha conocido, y no hubiese más capacidad de asombro, pero ante semejante catástrofe humana, ¡cómo no sentirse sobrecogido por ella!, incluso hoy, después del tiempo transcurrido, y descubrir con horror el resultado de tales prácticas y las escenas de sufrimiento y muerte que sobrepasan los límites de cualquier valoración humana por más juiciosa que pretenda ser.

El Holocausto o Shoah tampoco es objeto del capítulo; el primer término citado como tal no fue adoptado inmediatamente al final de la guerra, pero sí el conocimiento del mismo, aunque solo fuese tachado inicialmente como víctimas de la guerra. Su dimensión y sobre todo su repercusión hacia gobiernos, estamentos y opinión pública en general, como tales víctimas del nazismo, cobró mucha fuerza e hizo que empezara a hablarse de holocausto. A partir de entonces, puede decirse que, el estado de la cuestión judía "fue una cosa antes de la Segunda Guerra Mundial, y otra muy distinta después de ella". Por qué, porque la fuerza moral de los hechos objetivos y su influencia en el mundo hablaron por sí mismos; y más aún, a medida que la investigación fue aportando nuevos datos. La opinión pública mundial fue consciente de que, más allá de la consideración de víctimas de la guerra, hubo un ejercicio sistemático y deliberado para acabar con un pueblo.

En noviembre de 1947, la Asamblea General de la ONU aprobó la famosa Resolución 181, también llamada Plan de Partición, que recomendaba para el territorio del Mandato Británico en Palestina, lo siguiente:
Primero, la creación de dos Estados, uno judío y otro árabe-palestino.

Segundo, establecimiento de un área formada por Jerusalén y Belén bajo control internacional a cargo del Consejo de Administración Fiduciaria de Naciones Unidas, y

Tercero, el fin del Mandato Británico.

La Resolución, de carácter no vinculante, no contemplaba ninguna disposición para ejecutar el Plan, lo que condicionaba el mismo al acuerdo potencial de árabes y judíos, algo que se antojaba harto difícil conforme ya vaticinó Jabotinsky años antes. EE. UU. y la URSS, convinieron apoyar la resolución, a la que se unió Francia como miembros del Consejo de Seguridad; China y Reino Unido se abstuvieron. Cada una de estas naciones votó según sus motivos, si bien, para esta última, la propuesta de partición superaba la declaración Balfour, hasta el punto que puso en duda su colaboración durante el período transitorio que mediaba desde la aprobación de la resolución hasta su salida definitiva del Mandato. A nivel interno se ha especulado mucho acerca de que el Plan de Partición no gustaba tampoco a los propios judíos que, en un número de 600.000 y representando al 33% de la población total aproximadamente de Palestina, lo habrían hecho con desgana y solo por pura táctica política con vistas a un futuro próximo poder ampliar el territorio. Jamás lo sabremos, y no hubo oportunidad de poder aplicarlo. La Liga Árabe, en diciembre de 1947, advirtió que emplearía todos los medios, incluido la intervención armada, amenaza que luego cumplió. Baste pensar que es coherente, visto desde quien nada tiene que perder —Israel—, que tiene mucha lógica aceptar o tomar aquello que la comunidad internacional legalmente le propone, aunque no haya garantías de cómo ejecutarlo. Y para el pueblo judío, aquello significaba lisa y llanamente volver a una parte de Israel. Ya he analizado la diferencia entre legalidad y legitimidad.

Al año siguiente, Israel declaró su independencia el 14 de mayo de 1948. David Ben-Gurión, —como primer ministro— leyó la declaración, bajo un cuadro de Theodor Herzl, y el nuevo Estado debió sortear serias dificultades internas, así como en el exterior y en la diplomacia. La respuesta de la Liga Árabe **—que no estrictamente de los palestinos—,** fue la negativa al establecimiento del Estado de Israel, al mismo Plan de Partición y finalmente, que echarían a los judíos al mar. El nacimiento de

Israel encontró, en general, el apoyo favorable en Occidente y en los países del bloque del Este, aunque no deja de ser sorprendente, pues Stalin, por su parte, masacró a muchos judíos. El día siguiente, 15 de mayo, terminado el Mandato británico, los ejércitos de Egipto, Transjordania, Siria y Líbano, cruzaron las fronteras y comenzó la invasión del nuevo Estado de Israel, dando comienzo a la primera guerra árabe israelí. A la vista de como se desarrollaron los acontecimientos, el vaticinio de Jabotinsky ya fue una realidad.

En aquel tiempo, la posición de España estuvo condicionada porque nuestro país no formaba parte de la ONU; además, estaba inmersa en la Resolución 39 (I) de la Asamblea General de las Naciones Unidas, sobre las Relaciones de los Miembros de las Naciones Unidas con España, también denominada como "Cuestión Española", es decir, estaba aislada en el plano internacional y poco o nada podía expresar, y menos, hacer; su influencia era testimonial como no fuese a través de la Santa Sede. Sobre lo que hipotéticamente hubiera podido votar no hay que especular, pero ¿puede intuirse cómo se hubiesen desarrollado los acontecimientos? Ambos Estados —España e Israel— pusieron su granito de arena para que las relaciones mutuas nacieran envenenadas de forma perversa. Así, a raíz de un incidente diplomático y de un religioso con el resultado en ambos casos de muerte, ocurrido en 1947, la opinión pública en España estuvo dirigida y mediatizada por la dictadura contra el nuevo Estado judío.

Una vez que se proclamó el Estado de Israel, por parte de este se envió una misiva a casi todos los países del mundo con el deseo de mantener relaciones diplomáticas. Resultó significativo que **a los dos únicos países con los cuales no se tuvo tal gesto, fue con Alemania y España.** Es decir, a efectos prácticos, Israel situó en el mismo plano político tanto a los herederos causantes y verdugos del holocausto, como a los integrantes de la dictadura española que colaboró con el régimen nazi; ¡insólito y triste, pero cierto! Desconozco el comportamiento de Israel con respecto a otras naciones, que integraron el Eje, como bien pudieron ser Italia y Japón. Así, y para no incomodar las relaciones hispano árabe, España olvidó su pasado histórico y afectivo con el pueblo judío, descrito en este capítulo a través del legado sefardí. Aunque el desencuentro durara ya siglos, ¡no deja de causar tristeza que pueblos con ese pasado en común comenzaran la nueva andadura de Israel de la peor manera posible!; a mí, así me lo parece. Tuvieron que pasar casi cuarenta años más hasta que una administración socialista entablara relaciones con Israel, que, por otro lado, incluso así, nunca fueron fáciles, fluidas ni por supuesto amistosas. En época ya de libertades en España, así es como ha ocurrido, tanto durante en periodos de gobiernos socialistas como desde el lado conservador.

Hablando en términos generales, el nacimiento de Israel encontró una acogida favorable en Occidente y en el bloque de los países del Este. La salida del sol del día siguiente, plantea muchos problemas a una revolución que triunfa. Allí, la revolución estuvo envuelta en forma de declaración de independencia, de un nuevo estado, del Estado de Israel. Al parecer, el primer ministro, Ben-Gurión, nunca quiso tener una relación de enemistad con sus vecinos, si bien desde el albor del nuevo estado, desde el primer día, Israel se encontró con la guerra declarada por los países árabes limítrofes, conforme habían anunciado.

El pueblo judío desde el principio estuvo convencido de su labor mesiánica al considerar que la tierra donde ahora moraban vivía anclada en el pasado, casi en la época medieval; ahora podrían dotarla de los principios y posibilidades que una verdadera democracia les brindara. Por otro lado, quizá, habían forjado una idea errónea al minusvalorar el sentimiento nacionalista de la población árabe en Palestina y la necesidad, o no para ella, de una patria. Hablando con más precisión, es posible que así fuese hasta que el nuevo Estado hebreo fue una realidad, y que ese sentimiento, a partir de entonces, fuera creciendo a lo largo del tiempo, como bien ha podido comprobarse.

Los países fundadores de la Liga Árabe, fundamentalmente los limítrofes con Israel, junto con Arabia Saudita, consideraban que la tierra de Palestina se circunscribía a unas cuantas ciudades sin entidad para constituir un estado. Tal era ese pensamiento porque así les interesaba. Declararon la guerra a Israel desde el primer día. Sus prioridades pasaron por ganar la primera guerra árabe israelí y "tutelar" el territorio de Palestina, pero ni siquiera se propusieron hacerlo mediante el paraguas de un estado palestino tutelado, no al menos en aquel tiempo. Partían del hecho de que en mandatos anteriores nunca hubo revueltas palestinas; mantuvieron el criterio de que dicho pueblo, —el palestino— al verse atrapado entre judíos y árabes de países limítrofes, se comportaron como verdaderos agitadores y alborotadores, que hicieron florecer el sentimiento nacionalista y que fue escalando en el tiempo. ¿Significa todo esto, además, que pudo haber un frente anti palestino entre Israel y Jordania en los primeros momentos?; a este respecto, para algunos historiadores hebreos, las pruebas no son concluyentes del todo como para decir que no fuese así.

Se han cumplido setenta y seis años de la fundación del Estado de Israel; a partir de entonces, no voy a relatar cuestiones que, de forma erudita, han hecho historiadores, como por ejemplo Avi Shlaim, en su magnífico libro sobre el muro de hierro[55], homónimo al artículo de Jabotinsky. El contenido del mismo está plagado de información valiosa, en muchos casos procedente de documentos desclasificados por la inteligencia israelí, cuando ya el paso del tiempo lo ha permitido. Tampoco está exento de críticas, puesto que, a su condición de judío, que prestó servicio en las FDI[56], —también tiene la nacionalidad británica— se le imputa la responsabilidad moral de que, de la lectura del libro,

---

55 SHLAIM, A. EL MURO DE HIERRO. Israel y el mundo árabe. Traducción de Regina Reyes Gallur. EDICIONES ALMED; N.º 2ª edición 2011. Granada. Hay también versiones en pdf.

56 NOTA DE AUTOR. FDI: Acrónimo de Fuerzas de Defensa de Israel.

puede extraerse la percepción de que "Israel ha perdido oportunidades de paz, mientras que los árabes la han buscado siempre genuinamente". No se abordará, por tanto, cada una de las guerras, fases y hechos militares relevantes desde el nacimiento del Estado hebreo, pero sí precisar algunas observaciones personales que sugieren la lectura del mismo.

La primera que se puede citar es que la constante de la guerra durante décadas, es un tema recurrente en este trabajo, si bien su persistencia en el tiempo le confiere un interés concreto. Radica en el hecho de que las relaciones entre ambas sociedades, judía y árabe, no han conocido otra cosa que las consecuencias de la guerra, donde los palestinos siempre llevaron la peor parte. Desde el punto de vista geopolítico, una primera referencia a fijar —por mi parte—, es la percepción de una opinión generalizada que mantiene que Israel "es lo que es" y que cifra buena parte de su poderío por el apoyo, de todo tipo, que le brinda el paraguas de EE. UU. En el otro lado de la ecuación, fruto de la política de bloques, el apoyo a los países árabes provenía básicamente de la extinta URSS y hoy de Rusia, como la parte mayoritaria integrante de aquella. Siendo así, a grandes rasgos, ¡quién lo podría negar!, sin embargo, no es del todo exacto, al menos en la cronología; en los primeros años del nuevo Estado hebreo, el apoyo militar convencional para sostener las confrontaciones militares provino de países como Francia y Gran Bretaña, y lo fue en mayor medida que la de EE. UU.; cosa diferente fue en la esfera diplomática. Dicho apoyo por parte de Francia, desde el primer momento, hacia el nuevo Estado se elevó a lo más alto, es decir, hasta el de carácter estratégico, involucrando con ello a la energía y ¿arma?, nuclear. El proyecto se materializó en el Centro de Investigación Nuclear de Dimona, ubicado en el desierto de Néguev.

Siempre está presente la especulación acerca de si Israel fue o no el primer estado de Oriente Medio en disponer de armas nucleares, aunque nunca lo haya reconocido oficialmente. Nuevamente, sale a colación las palabras de Einstein, de su propio alegato, y cito nuevamente: *"Pusimos este arma [sic] en manos de los norteamericanos y de los ingleses como representantes de toda la humanidad, como defensores de la paz y de la libertad..."* Se podría añadir: más tarde, también los franceses, siguiendo una iniciativa independiente, y a través de estos alcanzaría a los judíos de Israel. Y de otra parte, de la URSS y China, posiblemente de sus manos también a otros países, de sus órbitas respectivas, como puedan ser Pakistán, Corea del Norte, India...

Por otro lado, suele ser un lugar común citar ciertos hechos característicos de la historiografía asociados al pueblo hebreo, al menos como los tres siguientes: En la primera guerra judeo-romana del siglo I, los judíos defensores de la fortaleza de Masada, decidieron y prefirieron el suicidio colectivo, al constatar su derrota frente a los romanos, antes de rendirse o entregarse a ellos. Asociado a aquel hecho histórico, hoy, cuando los soldados israelíes de las FDI juran fidelidad a la bandera hebrea, lo hacen solo con tres palabras: **"No más Masada"**. El juramento encierra un mensaje cargado de una profunda simbología asociada al sentimiento de la nación judía en su objetivo principal, "la supervivencia"; se podría añadir —a tenor de la experiencia de los hechos vividos por ese pueblo— que esto último lo es por encima de todo, de cualquier otra consideración y de cualquier precio, sea del tipo que se quiera establecer. Finalmente, que el pueblo hebreo utiliza, a modo de brindis, el término "lejaim", cuya traducción es ¡por la vida! Es este estado de cosas asociadas a los sentimientos y experiencias vitales de los pueblos, el que me inspira el criterio, y sostengo, a nivel personal, **que la cuestión judía era una cosa antes de la Segunda Guerra Mundial, y otra muy distinta, a después de ella**, por sus implicaciones morales; todos hacemos nuestra cábala del significado de lo que digo, si bien siempre sobrevuela ¡cómo no!, la sombra del holocausto. Me gusta valorar cualquier punto de vista, pero esta cuestión llevada al párrafo anterior, pareciera contradecir a Einstein acerca de si Israel se comportaría como un estado defensor de la paz y la libertad y que, simultáneamente, Occidente le facilitara, en su día, también el acceso a la posibilidad de armas nucleares; y relacionado con lo anterior, estaría el aspecto concomitante del uso potencial de las mismas que, posteriormente, y en defensa de la supervivencia legítima que todo pueblo tiene, incluido el de Israel, pudiera hacer de ellas, con los efectos conocidos y presumibles por todos.

De todos los conflictos bélicos sostenidos por Israel desde su nacimiento como Estado, quizá ninguno haya tenido la trascendencia que tuvo la guerra de los Seis Días en 1967. Dando por sentada la tragedia que cada guerra supone y la importancia de cada víctima en cualquiera de ellas, la repercusión del conflicto tuvo consecuencias que se prolongan hasta hoy. Este año, 2024, se ha cumplido el quincuagésimo séptimo aniversario de tal acontecimiento. Los antecedentes "casus belli" hay que buscarlos en la concentración de fuerzas egipcias en la frontera con Israel, la expulsión de los contingentes militares de Naciones Unidas, por parte de los países árabes, la militarización de Gaza y el bloqueo del estrecho de Tirán, por parte de Egipto, que une el mar Rojo hacia el golfo de Áqaba, con la idea de ahogar los suministros hacia Israel. Este país consideró que ello comprometía su seguridad como nación frente a otras, ya fuesen vecinas o no, tales como Egipto, Siria, Jordania e Irak y en menor medida, Arabia Saudita y Líbano. Sospechando un inminente ataque de los ejércitos árabes, inició una acción preventiva en forma guerra relámpago atacando simultáneamente las posiciones de estos países y ocupando el Sinaí, la franja de Gaza, Cisjordania con Jerusalén Este y el territorio denominado Altos de Golán, en el noreste del país, en la frontera con Siria y Líbano. Era entonces Jefe del Estado Mayor de la Defensa de Israel, Isaac Rabin, con el tiempo sería primer ministro, y Moshé Dayán, como ministro de Defensa. La inteligencia militar de Occidente, viéndola desde el punto de vista puramente militar, consideró la acción de guerra como brillante, ya que en unas pocas horas la aviación israelí había desarbolado por completo las posiciones de los países árabes. Aparte del número de víctimas, supuso un golpe muy duro para los países árabes en términos militares; cientos y cientos de aviones y miles de carros de combate árabes destruidos en el curso de muy pocas horas y jornadas.

De este conflicto, se extraían algunas reflexiones. La primera de ellas, en relación con aquello que hemos aludido al concepto de "supervivencia" del pueblo judío y que, en mi opinión, ante las acciones pre bélicas de los países árabes — aunque evidenciado también en otras—, Israel puso de manifiesto y aplicó su concepción propia de la "supervivencia"; es decir, aquella que le empuja a una lucha abierta contra una coalición de países árabes para asegurarla; además, sabe que en la misma estará casi completamente solo. Este concepto no puede ser más vital, y parece que, inicialmente, no fue entendido en Occidente porque no forma parte de los parámetros habituales, de la política, barajados por cualquier otro estado, ya que representaba, en última instancia, el alegato barajado aquí por el pueblo hebreo de "No más Masada". Pero ¿qué significa eso?; significa que ya fue suficiente con el holocausto, y que para ello se lleva a cabo una política que promueva el acopio de los medios y la determinación, junto a la acción, necesaria para poder ejecutarla, a cualquier precio y cueste lo que cueste el sacrificio.

La segunda reflexión, es que la guerra de los Seis Días, en principio sorprendió al mundo, y después hizo que los propios judíos, como pueblo, se desprendieran del estigma de cobardía histórica asignada o que ellos mismos se habían auto asignado y construido o, incluso, que al ser visto así desde fuera, de esa misma manera se transmitiese desde el mundo exterior y, en última instancia, así fuese percibido y asumido internamente por el judaísmo. Y por último, decir que la repercusión de la guerra fue significativa, toda vez que buena parte de las negociaciones, que en el futuro siguieron, y en algunas de las Resoluciones emitidas desde la ONU, siempre giraron en torno a una vuelta a las fronteras habidas con anterioridad a la guerra de 1967.

La etapa de Nasser, como presidente de Egipto, hasta su muerte en 1970, estuvo marcada fundamentalmente por la promoción del concepto de panarabismo, es decir, la idea de la extensión pro árabe como concepto cultural, pero sobre todo, como concepto geopolítico. Durante su mandato tuvo lugar la guerra de los Seis Días. Asimismo, su relación con la URSS, de la que recibía, al menos, toda la ayuda militar, fue la vía escogida hacia el denominado socialismo árabe. Su muerte supuso un cambio radical; su sucesor, Anwar el Sadat, alteró la política exterior de Egipto, rompiendo sus relaciones con la URSS y buscando otros lazos hacia EE. UU., sobre todo.

Los países árabes —Egipto, en particular— tardaron seis años en recuperarse militarmente de la guerra de 1967, hasta el nuevo enfrentamiento de 1973 en la denominada guerra del Yom Kipur o del Ramadán. Ese año, tuvo lugar también la primera crisis del petróleo. El enfrentamiento y el alto el fuego posterior, tampoco alteró significativamente las delimitaciones territoriales a resultas del conflicto anterior; fue una guerra de desgaste cuyo resultado final, en el mundo árabe, se interpretó como una especie de desquite o casi una victoria moral, principalmente para Egipto, con respecto a la guerra de 1967, aunque no fue así en el terreno militar, en sentido estricto, ya que las pérdidas fueron muy superiores a las sufridas por Israel; mientras que para este, que también pudiera sentirse vencedor, supuso asumir y comprender que, en el futuro, la victoria militar ya no estaba tan asegurada o, al menos, no a través de ese medio. En definitiva, mi opinión es que se estaba gestando un nuevo clima político que, en el futuro, llevaría a los acuerdos de reconocimiento de Israel en 1979, por parte de Egipto, pero siempre sobre la base de "paz por territorios". Esto equivalía al viejo dicho de "a mí que me den lo mío". Y naturalmente, "lo de Egipto" era la devolución del Sinaí. Así que en el futuro habría paz con Egipto siempre y cuando se volviese a las fronteras anteriores a 1967.

En el último cuarto del siglo XX pudiera parecer que la figura de Jabotinsky quedara ya muy atrás en el tiempo, pero sus ideas estaban presentes en personajes como Menájem Begín y Ariel Sharón, entre otros, o el mismo Benjamín Netanyahu, más joven y más cercano en el tiempo. Al menos, ellos, dieron sobradas muestras de asimilación de las ideas de aquel y aplicación del muro de hierro en su tiempo. El comportamiento de Israel hacia los palestinos, salvando las distancias, nos hizo pensar a algunos que guardaba similitudes a las que habían padecido los judíos en el tiempo atrás. En esos años, a medida que las acciones militares israelíes desmantelaban los asentamientos palestinos con sus deportaciones, aumentaba el sentimiento nacionalista, cada vez más exacerbado, primero a través de la Organización para la Liberación de Palestina (OLP) y más tarde con Hamás, como movimiento de liberación islámico, siendo la relación entre ambas facciones casi siempre muy conflictivas.

En 1994, se firmó el tratado de paz entre Israel y Jordania y era el segundo acuerdo de paz con un país árabe. Sorprende, por tanto, que dos países, incluidos entre los primeros que declararon la guerra, en el mismo momento de nacer el Estado de Israel, tales como Egipto y Jordania, fueran precisamente los primeros en establecer los acuerdos de paz y reconocer a Israel. Una posible explicación es que tenga sentido por tratarse de vecinos limítrofes con los cuales se comparte una frontera; cabe también otra explicación, relacionada con la geopolítica de la zona, pues no debemos perder de vista que Egipto cambió de socio estratégico a la muerte de Nasser; así, en 1970, rompió relaciones con la URSS y basculó hacia EE. UU.

La búsqueda de la paz no precisa de etiquetas ni de limitaciones genéricas, sin embargo, hay que reconocer que puede esconder situaciones perversas y contradictorias, ya que entra en juego el concepto de la acción y la reacción, en un ejercicio continuado donde ambos bandos encuentran razones para justificar la acción propia. Como ejemplo, cito a la figura de Menájem Begín, tildado como "un halcón" desde ciertos sectores, sin embargo, recibió —siendo primer Ministro— en 1978, junto a Anwar el Sadat, el premio Nobel de la Paz; y en 1982, se le atribuyó la responsabilidad indirecta sobre las matanzas de Sabra y Chatila, en el Sur del Líbano. La Asamblea General de la ONU atribuyó a este hecho la consideración de acto genocida. Tal acción fue la respuesta a la matanza de Damour, a cargo de la OLP, donde esta organización asesinó a casi seiscientas personas. Desde el lado palestino, Yasir Arafat, tildado por otros sectores como "un terrorista", lo recibió igualmente en 1994, junto Shimon Peres e Isaac Rabin.

En otro orden de cosas, volviendo nuevamente la mirada hacia la Resolución de la ONU, de 1947, recomendando el Plan de Partición y posterior nacimiento de Israel en 1948, la izquierda en Europa se mostró entre observadora y distante; el principio de legalidad, que permitió el nacimiento del nuevo Estado, le importó poco si no venía avalado por el de la legitimidad, de igual manera que a otras muchas personas influyentes e independientes; dicha legalidad, ya hemos dicho que solo podía venir de la mano de la aquiescencia de palestinos y de los estados árabes limítrofes. Con independencia de esto, partía de la idea de que los israelíes eran los nuevos colonos llegados de la mano de algunas potencias occidentales, así como de la antigua URSS. Este movimiento fue el principal valedor en Europa de Yasir Arafat, como cabeza visible, para un estado palestino.

Para la izquierda, pareciera dar a entender, como si no importara o no se admitiera, la comparación posible entre los campos de concentración del siglo pasado. Y campos…, lo que se asocia al concepto de tales campos, sin duda los hubo tanto en el régimen nazi como en el comunista. De este aserto participa también algún que otro autor, en su doble adscripción de militante de izquierda y en su condición de judío también, que, con espíritu crítico, afirma: *"Aprendí que hay pocas diferencias entre un campo bolchevique y un campo nazi, y que se puede salir de uno para ser internado en el otro"*[57]. De esta idea participaba también nuestro compatriota Jorge Semprún, autor de arraigada formación francesa; si bien matizaba en forma de apostilla: *"sin que ello suponga la equivalencia de ambos regímenes"*. A pesar del trasfondo subyacente sobre una posible equivalencia en términos prácticos entre los regímenes de los que habla Daniel, la postura oficial de la izquierda, a mi parecer, es que no debiera hablarse en tales términos, porque eso llevaría a muchas personas —de buena condición y formación— a la percepción del nazismo como una simple banalización del mal; y seguiría así el razonamiento, hasta llegar a la generalización, de que no procedería tal comparación con el estalinismo, porque con este, en todo caso, esa banalización del mal se encontraría

---

57 DANIEL BENSAID, J. La prisión judía. Meditaciones intempestivas de un testigo, p. 54. Traducción de Nuria Viver Berri. Tusquets Editores S. A., 2007, Barcelona.

amparada o justificada —¡uf, qué peligro!—, dentro de la persecución hacia una sociedad que tiende hacia la igualdad, no teniendo como resultado final, dicha equivalencia. En definitiva, junto a la postura de Daniel, es este razonamiento de la izquierda el que yo no comparto.

Me adentro ahora en la idea de los campos de concentración, y me atrevo a matizar las palabras anteriores de Daniel en el sentido de que *se puede salir de uno para ser internado en el otro*. Así, durante una visita que hice a Berlín como turista en 2009, tuve la oportunidad de visitar el campo de concentración de Sachsenhausen, que está situado a 35 km. al norte de la ciudad, cerca de Oranienburg. El letrero del pórtico de entrada al recinto reza: "ARBEIT MACHT FREI", que traducido comprobé que significa, "El trabajo os hará libres", al igual que los hubo en otros muchos campos. De aquel lugar, me impresionó, entre otras cosas, el olor ¿?, y la atmósfera densa y penetrante que envolvía aún el interior de los barracones, o, al menos, esa fue mi percepción; desconozco si es una atmósfera creada artificialmente o se mantiene así desde el principio..., no sabría decir. Debo reconocer que yo no había leído nada sobre ese lugar, no tenía, por tanto, opinión formada al respecto. El campo comenzó a funcionar en 1936, siendo utilizado por el régimen nazi como campo de concentración para presos políticos; igualmente, era un centro de administración y de elaboración de las instrucciones generales que sirvieran de referencia para otros o, incluso, para todos los campos. En los extractos de los textos expuestos en el centro de interpretación de visitantes, pude leer cómo a partir de 1945 —ya finalizada la guerra—, ¡siguió funcionando igualmente como campo de concentración!, entonces como el número 7, si bien, ya bajo la administración de las fuerzas de ocupación de la URSS, pero nada más y nada menos que ¡hasta 1950!, es decir, pasaron todavía cinco años después de haber finalizado la guerra, cumpliendo entonces ¿qué función? La matización de la que hablo al comienzo del párrafo, sobre la referencia de Daniel, es que puede hacerse una generalización amplia de la expresión, y viene a considerar el hecho de cómo un mismo campo de concentración, sirvió con una finalidad —determinada en cada caso— a dos regímenes completamente distintos: uno nazi y el otro comunista, y todo ello sin necesidad de salir del mismo campo físico, solo que ahora servía para internos con otra finalidad distinta. La diferencia estribaría en el juicio que, a cada régimen, le mereciera la propia condición para ser preso, ya fuese por cuestión de raza, de política, de religión o de cualquier otra naturaleza. Desconozco si —fuera de Alemania—, una vez terminada la guerra, hubo otros ejemplos de campos como este en los países del Este, que cumplieran ambas funciones, una vez que fueron liberados tras el avance de las tropas soviéticas; a modo de conjetura, tiendo a pensar, que la idea tampoco sería descartable y que ello pudiera dar pie a Daniel para sostener su razonamiento de forma general.

Tras el inciso sobre los campos de concentración, retomando nuevamente la esencia del capítulo, aunque fuera del contexto permanente árabe israelí, el concepto de la prisión judía utilizado por Daniel, sirve como reflexión acerca de la percepción que desde sectores del nazismo se tuvo hacia la población judía en general, en el sentido de cómo tal colectivo aceptara sin oposición, sin revuelta alguna, sin ofrecer resistencia, sin dar protección a sus hijos, su destino hacia la solución final u holocausto, aunque muchos hubieran podido caer en el camino. Ocurrió, sin embargo, que, esa percepción no fue exclusiva de los verdugos, también impregnó a otras muchas capas de la sociedad en general. Unos y otros, quizá, todos aceptaban que tal comportamiento respondía a la sola idea de que los judíos, en general, —aunque opositores también los hubo—, como colectivo, aceptaban estar en una prisión, en su propia cárcel; ello les impedía cualquier tipo de rebelión. A título de ejemplo, se argumentaba, que únicamente así podría explicarse que, solo un número muy exiguo de soldados y guardianes, fuese estrictamente suficiente para mandar y conducir a miles y miles de personas, a modo de rebaño, en trenes hacia su destino y triste final, sin signos aparentes de resistencia que originaran revueltas de algún tipo.

El contrapunto a este enfoque, del párrafo anterior, hoy, sí que está inmerso en el conflicto árabe israelí; tiene todos los aditamentos del carácter kamikaze y religioso que inspiran a unos y a otros, respectivamente, o de manera indistinta, da igual. Al parecer, vendría con la guerra de los Seis Días, a la que me he referido anteriormente en este capítulo. Sin embargo, cuesta pensar que fuese mediante una guerra, la que hiciese ver a los propios judíos, su propia esencia, su significado para desprenderse del estigma de cobardía histórica, de falta de resistencia, que ellos mismos se habían auto asignado —o bien, les fue atribuido de forma foránea— y transmitido para que así fuese percibido desde el exterior, y como tal asumido por el judaísmo.

Al comienzo del capítulo 6 me he referido al proceso de reconocimiento de Israel, por parte de algunos países árabes, así como a las críticas cosechadas por estos al respecto. La primera objeción que se ha formulado, viene en términos de que hay una profunda desafección, por parte de los países árabes, en relación con la comunidad palestina. Así parece confirmarse con cada acuerdo; cada proceso de reconocimiento de Israel, por los países árabes, se ha hecho siempre de espaldas al propio pueblo palestino, el cual reacciona de varias maneras. Una con ira ante cada uno de esos movimientos y, porque en definitiva, no siempre decide ni se cuenta con él; la otra, le empuja a actuar por la vía de la fuerza del terrorismo.

Después de todos los intentos, que el paso del tiempo ha propiciado, para llegar a una solución de dos Estados o de uno solo[58], se tiene que lo que podría ser el propio Estado Palestino

---

58 NOTA DE AUTOR. DOS ESTADOS O UNO SOLO: La idea de un solo estado
    con dos administraciones diferentes —una judía y otra palestina, o vv—, se
    barajó durante algún tiempo, si bien caló poco y se diluyó ante la dificultad

tiene cierto reconocimiento en el mundo, si bien hay que reconocer que hay otros países, tales como EE. UU., Canadá o incluso dentro mismo de la Unión Europea, no lo reconocen porque de momento parece inviable. El hecho de que el brazo armado de Hamás, sea la principal organización yihadista, y tenga la ayuda de socios preferentes de los países chiítas, enemigos confesos declarados de Israel, sirve así para la intransigencia política de este, y para recelar eternamente con el concepto irrenunciable de la supervivencia como pueblo, como nación y como estado, dentro del juego político; creo que esto, en Israel, no admite ningún tipo negociación para llegar a un acuerdo, gobierne quien gobierne.

A modo de reflexión, sobrevuelan algunas consideraciones:

- Lo que sigue no solo son puntos de vista asociados al relato de unos hechos que se perciben como objetivos; puede decirse que es historia misma, forman parte de ella, sin embargo, las decisiones adoptadas por todos los intervinientes, en su momento y con el paso del tiempo, se proyectan hasta hoy, haciendo que hasta ahora el problema sea irresoluble.

- Derivado de la cuestión de que el judaísmo era una cosa antes de la Segunda Guerra Mundial y otra muy distinta después de ella, por mor del holocausto, ya que la fuerza

_____
teórica y práctica de su implantación.

moral que ello infundió a Israel, para todos sus objetivos, incluido el territorial, hace pensar a muchos que, quizá, —también por la fuerza de los hechos en estas décadas— la respuesta o el comportamiento de aquel estado para su defensa legítima parece proyectarse, básicamente, contra viento y marea, sobre el pueblo palestino que, realmente, no fue el principal causante de los hechos que infundieron tal fuerza, pero sí el que soporta el sufrimiento continuo; si así fuese, sería, además, un planteamiento simplista.

• Frente a la idea de que los palestinos vivían en su tierra y que los judíos eran meros colonos, hay que decir que también era la tierra de estos últimos, la tierra bíblica antes de la diáspora. La búsqueda de un hogar nacional fue una cuestión, con unos rasgos propios, antes de la Segunda Guerra Mundial y otra muy distinta después de ella, como se ha citado en el párrafo anterior. Para llegar a este aserto cuenta la fuerza moral que atribuye los millones de muertos gaseados, los cuales remueven muchas conciencias.

• Sin embargo, por otro lado, Israel ha tenido suficientes oportunidades para hacer viable la posibilidad de dos Estados independientes; siempre lo frustró, aunque alguna concesión hiciera después de las acciones de guerra. Aquí no vale la equidistancia, pero cada parte debe asumir su grado de compromiso y de responsabilidad; por otro lado, sería una entelequia pensar que los palestinos buscaron siempre la paz, no siempre al menos en los términos que tratan de presentarla desde algún sector; podría añadirse que ni todos los palestinos participaron de ese sentimiento, ni siempre fue así.

• Visto el comportamiento que tiene Israel en todo el tiempo hacia los palestinos, las muestras de dolor causadas a estos, su grado de padecimiento, de muerte, en unas acciones de guerra interminables que sobrepasan los límites de una valoración objetiva y juiciosa, alguien debería pensar que, si tanto es lo que anhela el pueblo palestino, como es conseguir su propio estado —sin olvidar que este objetivo, en su día, fue cercenado por los propios países árabes—, tampoco es menor, la garantía vital de supervivencia que necesita Israel para mantener también el suyo propio. Mientras tal garantía no sea posible, aunque cada vez sea mayor el número de países que establecen acuerdos de paz suscritos por países árabes, el muro de hierro desgraciadamente seguirá existiendo. Así, con la existencia de tan solo un país —árabe o no— que no cumpla o que no ofrezca esa garantía, será la razón suficiente e inexcusable para mantener el muro. Por parte de la Autoridad Nacional Palestina, de Cisjordania y de Gaza, se deben construir con el tiempo, poco a poco, los pilares fiables para la seguridad del otro, es decir, de Israel, pero eso no se consigue así, como así, se necesita de una acción permeable, que cale en ambas comunidades y, sobre todo, que así sea percibida de esa manera por las mismas. Ambas comunidades debieran pensar que abogar por la seguridad conlleva, no solo trabajar por la propia, sino también por la del adversario, pues ambas se retroalimentan; sería la base para llegar a acuerdos de paz fiables y duraderos.

- De un tiempo a esta parte, aunque Yabotinsky estuviera acertado con su profecía y, que correligionarios suyos se hayan comportado acorde con sus ideas y, que el tiempo pareciera darle la razón, sin embargo, creo que no tenía por qué tener la razón del discurso en todo. Para mí, **siempre quedará la duda eterna de ¿por qué los países árabes en general, y el pueblo palestino en particular, no aceptaron el Plan de Partición de la ONU en 1947?** El territorio que dicho plan asignaba al estado árabe-palestino era superior al que potencialmente se barajó en las conversaciones de Oslo, y que hoy se toma como punto de partida para tal. Sin embargo, los palestinos de entonces no tuvieron voz ni poder decisorio. Alguien y otros países decidieron por ellos, con todas las repercusiones para el futuro que hoy vemos.

- Si conforme a lo anterior, entonces, una visión ¿digamos pragmática?, en lo político se hubiese impuesto, lógicamente estaríamos hablando de un relato ucrónico, es decir, algo que pudo ser, pero que hoy no existe. Por eso, el anhelo de un Estado Palestino en sus límites actuales, con sus diferencias a corregir, guarda cierta similitud, incluso inferior, al Plan de Partición de 1947. Luego insisto, ¿por qué entonces no lo aceptaron y hoy sí estarían dispuestos a hacerlo y, sobre todo, conformándose con un territorio que es objetivamente —en lo geográfico— algo menor que aquel?

• No cabría imputar solo a Israel que fuera una estratagema para después ocupar un territorio mayor. Aunque así hubiese sido, no hay posibilidad de comprobación, toda vez que Israel no tuvo la oportunidad. Si el Estado Palestino hubiese visto la luz en 1947 o en 1948, sería otro relato ucrónico, pero entonces sí que se podría imputar a Israel lo que hubiese hecho con posterioridad.

• Así, como el mismo día del nacimiento de Israel, este fue objeto de invasión por los países árabes, justo es reconocer también que a aquel le asistiera el derecho moral a su propia defensa, conforme a la legalidad internacional.

Israel, como pueblo y como estado, cuenta con detractores en todo el mundo, también con defensores y socios fiables, siendo como es un país democrático. Podría decirse que los rasgos que mueven a la animadversión, a ultranza de muchos colectivos hacia él, son casi idénticos a los que mueven a otros hacia su defensa y mismo alineamiento y, cuando no, también hacia la admiración. Por su parte, la Autoridad Nacional Palestina de Cisjordania y Gaza, por muy democrática que se presente, o que así pueda ser su respaldo, al aspirar a un reconocimiento pleno del territorio, no debería permitir —si ello fuese factible—, que prevaleciese el mensaje de aquellas otras facciones que la conforman en el territorio y que —junto a su praxis—, sean consideradas o percibidas, tanto en Israel y fuera del mismo, como simples organizaciones terroristas que, además, reciban el apoyo de otros países considerados enemigos declarados de Israel que abogan, incluso, por su aniquilación. En puridad, lo que percibimos es que no siempre se consigue el efecto para liberarse de tal estigma, dando argumentos sólidos para continuar el círculo vicioso de la violencia, haciéndolo persistente en el tiempo.

EL MURO DE HIERRO VISTO HOY

Israel, desde hace décadas y todavía hoy, cuando un país de su entorno geográfico, limítrofe con el suyo o no, árabe o no, pero rico en recursos petrolíferos, trataba de construir un reactor nuclear, lo primero que se planteaba era preguntarse, al menos, por qué y para qué lo necesitaba, pues tal país ya disponía de una fuente energética abundante, rica y fiable que le aseguraba todo el combustible del mundo a un precio irrisorio. La respuesta razonada a sus preguntas le llevaba a elucubrar acerca de la seguridad del país y barruntaba escenarios no deseados. Cómo la cuestión es recurrente, las alarmas para Israel aparecen dispuestas a todo lo que suponga una amenaza, ya sea potencial o real, así como su disposición a impedirlo. Ese contexto ya motivó que Israel bombardeara un reactor iraquí, acabando con el sueño nuclear de Sadam Huseín en 1981. En 2007, igualmente, llevó a cabo una acción similar en territorio de Siria, pero no fue reconocido por Israel hasta pasados unos años más tarde. Más modernamente, durante buena parte del presente siglo, Irán despertó recelos semejantes no solo en Israel, sino también en buena parte de la comunidad internacional, así como en algún que otro país árabe aspirante a ser el gendarme regional de la zona. Ocurre, sin embargo, que el programa nuclear iraní de enriquecimiento de uranio es muy ambicioso, persistente y que proyectaba toda clase de sombras a tenor de los informes presentados, en su día, por la Organización Internacional de la Energía Atómica (OIEA), como Agencia de la ONU, para la energía atómica, y las sanciones económicas posteriores de la ONU que, sin embargo, no interrumpieron dicho programa. El entendimiento de la citada agencia con Irán, abrió el camino para encauzar nuevamente el pacto nuclear de 2015, que limitaba el programa nuclear iraní a cambio del levantamiento de las sanciones. A mi parecer, solo Israel se opuso abiertamente al pacto nuclear suscrito por la comunidad internacional con Irán que, igualmente, puso como antecedente negativo a Corea del Norte. En 2018, Trump abandonó el pacto nuclear y volvieron las sanciones a Irán; el estado persa también lo incumplió, y reinició el programa de enriquecimiento de uranio.

En un ejercicio retrospectivo y comparativo en el tiempo, al descrito para el caso de Irak, no cabe duda que el contexto referido al caso de Irán es diferente. Si en su día, al comienzo de este siglo, alguien hubiese formulado la pregunta relativa a ¿cómo se comportaría Israel?, o hasta dónde podría llegar militarmente en su intento por destruir las bases nucleares iraníes —cosa diferente es que lo hiciera o pudiera hacerlo realmente—, no cabe duda que la respuesta habría estado condicionada por factores varios, pero al menos, serían los siguientes: la presencia e intervención de organismos como la ONU y la OIEA; la presión política de EE. UU., así como de otros para que no interviniera; y finalmente, las medidas de seguridad propias adoptadas por Irán. Que Israel no haya intervenido militarmente, no significa que no lo haya hecho por otros medios, concretamente ha sido muy activo en el terreno informático, en la rama de ciberseguridad y en la inteligencia militar; así, la labor de espionaje y en su caso el sabotaje informático, en que se haya podido incurrir, ha sido fundamental para el retraso del programa y desarrollo de enriquecimiento del uranio así como la ganancia de tiempo conseguida. Ocurre, sin embargo, que tras la administración de Trump, abandonando el pacto, nos encontramos en una nueva fase y surgen no pocos interrogantes.

En otro orden de cosas, la intervención del primer ministro israelí, Benjamin Netanyahu, en la Asamblea General de la ONU en 2018, comunicando la incursión en el archivo atómico secreto de Irán y la obtención de cien mil documentos, sirvió de argumento para mostrar al mundo que ¡Irán mintió! Por ello, con independencia del valor que la política mundial dio a sus palabras, no resisto citar un pequeño extracto de ellas referidas a Irán y a Europa:

… Israel sabe lo que están haciendo, e Israel sabe dónde lo están haciendo. Israel nunca permitirá que un régimen que pide nuestra destrucción desarrolle armas nucleares. Ni ahora, ni en diez años, ni nunca.

… Ahora sólo *[sic]* he utilizado una palabra, una palabra difícil, una palabra muy fuerte, apaciguamiento, y la uso de mala gana; pero, por desgracia, eso es exactamente lo que estamos viendo de nuevo en Europa.

... Soy el hijo de un historiador, tengo que preguntar. Pregunto no sólo *[sic]* como hijo de historiador, sino como judío, como ciudadano del mundo, como alguien que ha vivido en el siglo XX: ¿Acaso estos líderes europeos no han aprendido nada de la historia? ¿Acaso alguna vez despertarán?[59]

Además, en el mismo, incluyó un cruce dialéctico con aspectos de naturaleza moral entre judíos y palestinos, teniendo como interlocutor al presidente de la Autoridad Nacional Palestina, Mahmud Abás. Ante las palabras, de ambos pasajes, ¿podemos ver hoy por hoy cambios significativos respecto al planteamiento del muro de hierro, hecho aquí, tal y como se ha utilizado en este capítulo? Sinceramente, parece que no; que el aforismo de ¡no más Masada!, parece gozar de una vigencia y de un predicamento, continuamente renovado, entre la población hebrea nada desdeñable, que se transmite a la clase política; y esta, al fin y al cabo, con sus defectos y virtudes, es la que aflora y brota desde el pueblo.

Asimismo, desde 2009, Israel construye el famoso muro —el muro físico, no el metafórico—, aún no finalizado, de más de

---

[59]<https://www.enlacejudio.com/2018/09/27/discurso-completo-de-netanyahu-en-asamblea-general-de-la-onu/>
Última consulta resultada para el día 25 de marzo de 2022.

700 km. aproximadamente, que discurre por territorio de Cisjordania; al menos el 10% del mismo es de bloques de cemento y el resto es de alambrada; casi todos podemos convenir que, a modo de metáfora, no está nada mal la comparación y que guarda cierta simbología con el muro de hierro de Jabotinsky visto en el apartado anterior, de este capítulo.

Finalmente, el paso del tiempo nos dirá hasta dónde pueda mantener Israel actitudes semejantes a las contenidas en el "muro de hierro" y en la advertencia de "no más Masada", al menos en los términos actuales. Quiero pensar que el reconocimiento y acuerdos de paz entre los países árabes e Israel no va a detenerse, pero llevará tiempo; ambos mundos, el árabe y el judío, incluyendo a otros países musulmanes, deberán realizar el ejercicio de convencer a sus poblaciones respectivas, de los derechos del otro. Y sobre establecer acuerdos con Israel, es plausible pensar que tal relación sea más factible con países árabes de la vertiente sunita; no así cuando sea predominante la presencia de la rama chiita del islam; y dadas las diferencias y enemistad religiosa entre ellas mismas, incluso comparable a la mantenida con Israel, no cabe augurar progresos notables a corto o medio plazo, sino en bastantes años. Aun así, ello da pie para decir que, a pesar de Jabotinsky, a pesar de la vigencia del muro de hierro, del dicho de "no más Masada", y a pesar de todas las resistencias existentes, ¡jamás de los jamases debe perderse la esperanza hasta el punto de que sea imposible!, la consecución de que algún día se produzca el reconocimiento mutuo; aquel que contemple de un lado, desde Israel hacia el Estado Palestino y, de otro cómo no, desde este hacia Israel, y de forma conjunta con otros países del entorno, para que la seguridad global en la zona sea una realidad y la paz, como el reflejo final de todo el proceso.

REFERENCIA AL MOSAD

En los cuatro títulos anteriores de este capítulo 6, se ha venido utilizando para su desarrollo argumentos, opiniones y reflexiones, de tipología variada; puede decirse que la panoplia de los mismos abarca desde hechos históricos probados en el tiempo, hasta otros de tipo puramente políticos, militares, económicos, sociológicos, antropológicos o incluso, de carácter filosófico o de cualquier otra naturaleza que se convenga en establecer. La cuestión ahora se centra sobre todo en los servicios de inteligencia israelíes y, dentro de ellos, concretamente, en el Mosad, en razón del rol atribuido y desempeñado por el mismo.

En principio, todo lo que envuelve a estos servicios secretos está rodeado de un halo específico, cuando menos sugerente, entremezclado con cierta dosis de eficacia, de misterio, incluso, de admiración y de animadversión, y no sé de cuántos epítetos más. También de los fracasos que, sin duda, los ha tenido, como suele suceder en cualquier esfera de poder. No obstante lo anterior, lo que sigue, por tanto, son apreciaciones personales, opiniones compartidas, sobre hechos, más o menos pormenorizados llevados a cabo por este servicio, vistos o analizados naturalmente desde fuera y casi siempre a posteriori, o bien a resultas de hechos consumados, lo que nos lleva a una consideración subjetiva y fría de los mismos sin más. Por otro lado, puede haber concomitancias con otras actuaciones llevadas a cabo por Israel, incluso ya referidas anteriormente, siendo la idea perseguida aquí, no su iteración, sino la adaptación a otro enfoque como tal, pero desde una visión distinta, precisamente por el hecho de venir de dónde proceden, sobre todo en la creencia que sirven al interés general de Israel. Es la percepción personal, que con sus flaquezas y miserias, siguiendo al criterio de la protección, de la seguridad y en definitiva, en aras de la supervivencia que, para sí mismo, se ha auto asignado o impuesto el Estado hebreo.

La inteligencia en Israel está configurada en varias ramas o departamentos; así, por un lado, se tiene una estructura organizativa atendiendo al servicio de inteligencia de las fuerzas armadas (FDI), que según su acrónimo atienden al nombre de (AMAN); de otro lado, se dispone de una estructura funcional conforme a la competencia según el territorio, teniéndose la inteligencia y el contra espionaje dentro de Israel, incluyendo a los territorios de Cisjordania y de la franja de Gaza, que corren a cargo del servicio denominado SHABAK y, finalmente, la responsabilidad de recopilación de la información, la acción encubierta, el espionaje y contra terrorismo en todo el mundo, que queda a cargo del MOSAD[60] propiamente dicho, tal como es conocido en términos coloquiales. Dentro de las FDI, dispone de

---

60 <https://es.wikipedia.org/wiki/Mosad>
Última consulta resultada para el día 30 de marzo de 2022.

cuerpos de operaciones especiales como el de "Sayeret Matkal", con funciones incluso de inteligencia militar y con presencia en los cuerpos de las fuerzas terrestres, aéreas y navales israelíes.

La historia más reciente de Israel no se entendería sin la existencia y encaje de sus servicios secretos; en este sentido, el Mosad es considerado, sin discusión, como uno de los más eficaces del mundo; tiene licencia para espiar, actuar y matar. Influye, por tanto, en la política mundial, razón por la que es poderoso, temido y cómo no, controvertido. Podríamos decir que, al fin y al cabo, no es muy distinto a cualquier otro, salvo que su misión última, digámoslo sin rodeos desde el principio, es ¡prevenir y evitar otro holocausto! Expresado así de esa manera, tan tajante, podrá resultar un tanto exabrupto, pero nada más lejos de la realidad, ya que no es, sino otra forma, otro instrumento de presentar el concepto —analizado en este capítulo— de "no más Masada", siendo este contexto el que determina sus actuaciones.

Como introducción, el primer aspecto que más puede llamar la atención es la ingente labor llevada a cabo desde el momento inicial de su fundación, en 1949, sobre la búsqueda e identificación de los responsables nazis vivos con responsabilidades en el holocausto. Ya fuese en Europa o en cualquier otra parte del mundo, la capilaridad disponible en la red de información del Mosad e incluso con el apoyo de personas independientes, le hacía escudriñar y penetrar hasta los lugares más recónditos del planeta dónde se encontrase alguno de ellos vivo, con tal de ponerlo a disposición de la justicia israelí o incluso llegando hasta la muerte en muchos casos también.

Desde otra perspectiva, cuando la OLP fue expulsada de Jordania en 1970, esta se estableció en Líbano y allí asentó sus bases en el sur del país, desde donde dirigía las operaciones de hostigamiento contra Israel. Las actividades que desarrollaba esta organización, entiendo que existe cierto consenso general en considerarlas que eran de corte terrorista sin más, siendo las facciones más radicales que la componían precisamente aquellas que ignoraban la política oficial, más moderada, quizá, preconizada por la propia OLP. Los ataques israelíes, sobre esas bases, lejos de resolver el problema, lo que hacían era acentuarlo. En ese contexto, Líbano, desde la anterior guerra civil, había tenido un cierto período de estabilidad; sin embargo, durante el período que le siguió se había larvado el estallido de una nueva guerra civil en 1975. Por aquellos días, era un país complejo en su estructura social y religiosa; así, el 40% de su población era cristiana en su rama católica maronita[61]; el 27% eran musulmanes chiitas; otro 26% musulmanes sunitas, el 7 % restante eran drusos y al conjunto citado se sumaba, también, todo el contingente llegado de la OLP. Además, cada facción

---

61 NOTA DE AUTOR. MARONITA: Una de las veinticuatro (24) iglesias que componen la Iglesia Católica siguiendo el rito oriental.

contaba con el apoyo de otros países extranjeros, fueran limítrofes o no; así, por ejemplo, Irán apoyaba a la rama chiita, Siria y su ejército lo hacía con la OLP y finalmente, Israel, que se decantaría por apoyar a la mayoría de los cristianos maronitas; ¡toda una mezcla verdaderamente explosiva!

A partir de 1977, Menájem Begín —primer ministro— y Ariel Sharon —ministro de Defensa— querían atacar a las bases de la OLP, pero no podían invadir Líbano sin más, y buscaban una excusa para expulsar nuevamente a la OLP y tener más capacidad de maniobra en sus operaciones sobre Cisjordania. Por su parte, la OLP naturalmente quería volver a su patria palestina y, Yasir Arafat, como líder de la misma, en ese ínterin, trataba de dirigir la organización como si fuese un pequeño estado, pero dentro de otro estado, o sea de Líbano. Por su parte, los cristianos de Líbano consideraban a la OLP como enemigos intrusos; para Israel, la OLP también lo era, por lo tanto, se alía de forma interesada con los cristianos sin más.

El Mosad dudaba de la eficacia operativa de las milicias cristianas maronitas —las falanges cristianas—, acerca del objetivo que buscaba, pero prefería su apoyo basándose en el principio de que "quien tiene por enemigo a mi enemigo, es mi amigo" antes que volver la espalda y no contar con su ayuda. Asimismo, la idea inicial no era invadir Líbano, según el Mosad, sino destruir la bases de la OLP, en dicho país, e instaurar un régimen pro Israel. La OLP, finalmente, se retiró de Líbano estableciéndose en Túnez y la idea pareció funcionar, pero realmente no fue así. En agosto de 1982 es elegido presidente de Líbano, Amín Gemayel, el cual tenía buenos contactos con Israel y por ende con el Mosad, pero fue asesinado al mes siguiente. A modo de conjetura, se podría sospechar que tal acción fue perpetrada por los servicios secretos sirios. Las milicias cristianas maronitas clamaron venganza y sobre los campos de refugiados palestinos, perpetraron las matanzas de Sabra y Chatila sin que las tropas israelíes —que tutelaban los campos—, hicieran lo más mínimo por impedirlo. Ya se ha hecho mención de estos sucesos, siendo el ambiente y el contexto descrito, aquellos por los que Líbano se vio abocado a una nueva contienda civil, como así fue.

Israel, conforme a la orientación recibida de sus servicios de inteligencia, no supo captar y ver que los avances democráticos estaban alterando las relaciones de poder entre las distintas confesiones, y ello llevó a involucrar a los estamentos del país hasta límites insospechados. En aquellos tiempos, la presión y la crítica internacional sobre Israel fue muy fuerte; esta situación enfrentó a políticos, a los propios servicios de inteligencia e involucraron a toda la sociedad israelí. En este tipo de situaciones es sabido que cuando hay fracasos en el horizonte nadie quiere responsabilizarse de ellos, todos eluden la responsabilidad y surge la cuestión de quién dirige realmente a quién. En un escenario como este, tal como fue el caso, ¿puede un director del Mosad, conforme a su planteamiento, influir en la toma de decisiones estratégicas o de orden geopolíticas para que así las adopte un país? Según algunos, decididamente que no, porque un primer ministro, en la toma de decisiones, debe analizar cuestiones mucho más profundas y amplias, además de la seguridad.

Operaciones del Mosad en África. A modo de apunte de historia religiosa, en Etiopía, existe una comunidad judía desde tiempos bíblicos. En 1975, Israel reconoció a dicha comunidad etíope considerándola como de fe genuina judía y decidió llevarla a Israel. A partir de 1980 hubo riesgos para dicha comunidad; la inestabilidad interna hace que sean objeto de desplazamiento hasta los campos de refugiados en Sudán, así como hacia otros lugares. En una labor callada durante mucho tiempo, consiguen su objetivo. Quiero detenerme en este aspecto porque reviste cierta importancia. Los servicios de inteligencia de Israel se interesan por la seguridad de Israel naturalmente, pero, además, se interesan por la seguridad de los judíos, aunque no sean ciudadanos israelíes. Verdaderamente, esto es tan novedoso que no se tienen ejemplos de servicios secretos, en labores de inteligencia, de otros países, que se ocupen de la seguridad de ciudadanos de otro país, aunque solo sea por el mero hecho de compartir una confesión religiosa, ¡es algo único e inaudito! Por otro lado, el flujo de inmigrantes desde Europa a

Israel fue una constante desde 1939 hasta 1948. A partir de esa fecha, tras la proclamación del Estado de Israel, el Mosad se ocupó de llevar a su país a las comunidades judías no solo de Etiopía, tal como se ha citado, sino también de otros países, ya sean del Norte de África o de Oriente Medio, tales como desde Siria, Arabia Saudita, Irak... Actualmente, entre 135.000 y 150.000 habitantes judíos son de origen etíope y residen en Israel, y eso ha sido posible a la labor realizada por el Mosad de forma callada durante tres o cuatro décadas seguidas, sorteando todo tipo dificultades encontradas desde sus lugares de origen.

Desde otra visión totalmente distinta, por su espectacularidad, merece objeto de mención, la operación de rescate del pasaje de un avión secuestrado en el aeropuerto de Entebe, en Uganda, en 1976, a cargo de un comando terrorista palestino. Una parte del pasaje del avión, que no era hebreo, fue liberado por los terroristas, pero no así al resto, que eran judíos. Pasados unos días, conforme a la información facilitada por el Mosad, las FDI rescataron a más de un centenar de secuestrados judíos durante la noche. En la operación, resultó muerto el comandante de la misma, Yonatan Netanyahu, hermano mayor de Benjamín Netanyahu, que con el tiempo sería primer ministro de Israel. A mediados de la década de 1970, el terrorismo cobró un mayor protagonismo internacional, y la mayoría de los países occidentales no estaban preparados para dar una respuesta adecuada en materia de seguridad; en este sentido, a Israel se le pueden objetar muchas cosas, si bien siempre prestó una importancia capital a esta cuestión de la seguridad, porque convive con ella.

A finales de la década de 1980 la población palestina en los territorios ocupados presentaba una evolución creciente, cercana a los dos millones de personas, y cada vez más planteaba nuevos retos al Mosad. Este, estaba acostumbrado a la puesta en práctica de los métodos de corte políticos u operativos, que su enfrentamiento con la OLP demandaba, pero no lo estaba para los de otras fuerzas reaccionarias de corte yihadista e islamista como Hamás, que no seguían las directrices de la OLP, estuvieran dentro o al margen de esta. En este contexto se puso de manifiesto que no era la OLP quien tuviese la última palabra entre la población palestina y donde Hamás iba cobrando mayor protagonismo. Este fue el cultivo y el estado de ánimo para el estallido de la primera intifada en 1987; tomada esta, inicialmente, como una simple revuelta, fue una rebelión contra Israel en toda regla, y le demos el sentido que le queramos dar, no vino, sino a armar de nuevas razones —de tipo interno— a Israel para justificar su comportamiento como tal respuesta ante ella. Y desde el lado palestino, bastaría decir que la intifada no podría ser considerada otra cosa que no fuese sino un instrumento de lucha más.

Después de la intifada, hasta las conversaciones de Oslo, se llega, por parte de Israel, con alguna idea preconcebida en materia de concesiones, pero sin ceder en lo fundamental, así ha sido siempre y hasta ahora. Por otro lado, el Mosad, se considera a sí mismo como un organismo al que entre sus atribuciones le corresponde desempeñar roles de funciones diplomáticas, y de alguna manera vino a sugerir a la diplomacia israelí algo así del siguiente tenor: "algo está ocurriendo en Europa que invita a que actuemos de una determinada manera..."; pero Isaac Rabin, como primer ministro, no quiso escuchar y no permitió la participación directa de los servicios de inteligencia en las conversaciones; así, que a modo de respuesta contestó categórico, "dejadlo estar", prescindiendo en esas conversaciones de sus servicios. Hay que decir que Rabin, era de la opinión de que, a fin de cuentas, ¿qué pudo hacer la inteligencia hebrea para prevenir sobre los hechos ocurridos en Múnich de 1972?, o más atrás, en el tiempo, ¿qué pudieron prevenir la inteligencia americana sobre los hechos ocurridos en Pearl Harbor, por más que se pudiese sospechar? Con ese bagaje a sus espaldas y por esas conversaciones de paz entre Rabin y Arafat, ambos recibieron el Premio Nobel de la Paz en 1994, también Shimon Peres.

Israel, por aquellos días, aún era de la opinión de que la OLP podría controlar a Hamás, pero poco a poco comprendió que no, que Hamás había irrumpido en la escena política de aquella parte del mundo para destruir a Israel; con lo cual se ve en la tesitura de atentar directamente contra sus líderes. En el año 2000 se produce la segunda intifada y coincide sin duda con el momento más bajo del Mosad. Sin embargo, por otro lado, se produce el hecho importante de que los países árabes, de confesión sunita, empezaron a excluir de sus relaciones a Irán; este, por su parte, apoyó a todo tipo organizaciones terroristas, sobre todo a Hamás y a todo aquel que se declarase enemigo de Israel, como fue el caso de Siria, la milicia chiita de Hezbolá, en Líbano, o incluso los islamitas suníes de Cisjordania. Era todo un síntoma como si Irán quisiese erigirse en el guardián de la zona. Con este panorama, los países árabes comprenden que Irán puede llegar a ser tan peligroso como el mismo Israel. Por otro lado, en 2002 se produce el relevo en la dirección del Mosad, donde la nueva administración fija dos objetivos básicos: uno, actuar sobre la red terrorista tejida por Irán y otro, sobre el programa nuclear de ese país. Sobre este último, Israel optó por el sabotaje informático, especulándose seguramente que en colaboración con la CIA y naturalmente con el Mosad; este eliminó a seis científicos iraníes que habían trabajado en Alemania. Por su parte, Irán, retrasó su propio proyecto nuclear con el objeto de revisar todo atisbo de intrusismo, de cualquier tipo, que fuese susceptible de provocar un sabotaje, pero ello solo significó un aplazamiento, no una interrupción. Con respecto al mismo, en la década pasada ya hemos aludido a las intervenciones de Netanyahu, en la ONU, denunciando los progresos en el programa nuclear iraní, siguió la moratoria, el

Una mirada por el mundo
(Invitación al desasosiego)
Pág. 279 de 524

acuerdo posterior, así como la vuelta al programa nuevamente de enriquecimiento de uranio, y por supuesto la pregunta de Netanyahu, ¿para cuándo ya no podremos impedirlo? Conforme a esto, Irán habría convertido a Israel en un objetivo preferente.

Desde la Segunda Guerra Mundial, Israel ha eliminado a más personas que cualquier otro país occidental; este un aspecto que no admite comparación posible. Para los analistas, esta cuestión plantea la duda de si tal actitud ha ayudado al país o no; algunos sostienen afirmativamente que sí, que ha ayudado a largo plazo, mientras que otros, consideran que no ha servido para tal cosa, si bien admiten —al menos, desde un punto de vista logístico— que eso posibilitó la toma de conciencia de los responsables terroristas para reconsiderar sus tácticas en el tiempo, alargando los plazos de actuación; y ello daba, a su vez, más tiempo a los servicios de inteligencia para mejorar la información, la capacidad de la gestión y, en general, en definitiva mejorar el grado de respuesta.

Por otro lado, durante todo el tiempo transcurrido hasta hoy, siempre han surgido voces afirmando que, efectivamente, que los servicios de inteligencia de Israel —con el Mosad a la cabeza—, pueden ser eficaces en la lucha contra el terrorismo, pero que no resolverán el problema de fondo; y el problema no es otro que de tipo político, pero a más ahondar, la cuestión contiene reminiscencias de tipo cultural, religioso, histórico, antropológico..., y habría que ir hasta las fuentes mismas del problema para poder resolverlo. Pero si el Mosad es la cabeza visible de los servicios de inteligencia, no es él, sin embargo, quien decide la forma de actuar contra los terroristas; posiblemente, quizá, ni los propios políticos lo sean, sino que cabría pensar que, en última instancia, son los propios votantes de Israel quienes lo deciden. Entonces surge la pregunta, ¿acaso la mayoría de estos estaría a favor de la represión? Mi opinión, ya manifestada, es que Israel parte siempre desde la posición que tienda a garantizar la seguridad, por encima de todo, y eso no ocurre así en la mayoría de otros países occidentales; en estos, se puede admitir —incluso estamos acostumbrados— a un ejercicio de equidistancia y estar de acuerdo con ambas partes, o al menos, esperar que ambas partes puedan tener cierta razón. Para Israel, tal planteamiento, no es válido ni es razón suficiente por una cuestión manida, porque su forma de pensar parte desde el pasado; y el pasado dice que hay un antes y un después del holocausto. Israel, desde 1948, en todo ese tiempo después, y hoy por hoy, mira hacia el único camino que puede vislumbrar, que no es otro que el de la supervivencia. Para ello está dispuesto a preservarla frente a quien sea, cómo sea, por cualquier medio y a demostrar que los demás se equivocan; en ese ejercicio, por supuesto, no hay posturas intermedias ni equidistancia posible.

Finalmente, a modo de conocimiento, sin que suponga

cercanía al colectivo que integra los servicios de inteligencia, que no es el estrictamente referido al personal de gabinete donde pueden estar los mayores expertos en cualquier rama, sino a los integrantes de información, a los comandos informativos u operativos por el mundo..., quienes integran el Mosad, se juegan la vida, seguramente de forma parecida a otros servicios de inteligencia. Al actuar en otros países no suelen llevar armas porque tienen que ocultar su identidad judía; si son expertos en cibernética, pues mejor que mejor; pero con independencia de su formación inicial según de dónde procedan, de entrada, no es necesaria una formación específica, pero sí deben poseer otras muchas cualidades de carácter personal. En este sentido, como personas, deben ser fiables, de moral fuerte y sobre todo deben aglutinar la capacidad de ser otras personas distintas, para ser otras personas en otras tantas situaciones distintas y cambiantes; y no solo basta con aparentarlo. Visto así, esta combinación es difícil de conseguir porque, en general, las personas distan de ser justas y honestas, o cuando menos no tienen vergüenza, por eso es tan difícil encontrar el perfil adecuado que se busca para ello; se dice que solo una persona ¡de cada millar!, encajaría en el mismo. Con estas pinceladas, de carácter psicológico, sobre el estrato social en cuestión, cada uno podrá extraer sus propias valoraciones acerca del mismo, así como las condiciones o presiones en que se desarrolla el mundo de tales servicios.

En esa relación de simbiosis entre los servicios de inteligencia y la sociedad israelí, de dónde son extraídos, podría decirse que el Mosad, desde su nacimiento —en su doble condición belicista y pacificadora—, se debe en su existencia únicamente por y para proteger a Israel. Como país democrático que es, —el primero en Oriente Medio con ese atributo—, por eso y por otras razones, después de más de setenta años, el Mosad, y el resto de los servicios de inteligencia israelíes, no han sido sacrificados por la opinión pública de ese país. Antes al contrario, esta considera que, al margen de sus errores, trabajan y mueren por mantener a salvo al resto de la población. A modo de crítica fácil, el problema del Mosad, es que al ayudar a los responsables políticos a tomar decisiones y resolver los problemas, pareciera que aquellos no entran al fondo de los problemas, con lo cual la solución es difícil. Hoy, cerca de la sede del Mosad[62], en Tel Aviv, se encuentra el monumento que conmemora y relaciona a todos los caídos en el cumplimiento del deber; son considerados y tratados como víctimas de guerra, de una guerra que Israel no comenzó; una guerra motivada por su propio nacimiento como estado, desde ese mismo día; en definitiva, una guerra hasta ahora irresoluble en sus más de setenta y seis años de existencia, desde la fundación de Israel. Es difícil vislumbrar cómo será el futuro; pero si así es la

_____

62 NOTA DE AUTOR. MOSAD: Acrónimo del Instituto de Inteligencia y Operaciones Especiales israelí. Para desarrollo de este organismo he tenido en mente opiniones expresadas en medios diversos a lo largo del tiempo, sin precisar autoría o procedencia.

percepción que se tiene desde la parte hebrea, ya hemos visto qué podrían hacer desde el lado palestino y el resto de los países, árabes o no, que tienen a Israel como el enemigo declarado a destruir.

Ahora bien, por parte de todos los caídos, de la otra parte, sean palestinos, egipcios, jordanos, sirios, libaneses, iraquíes, saudíes, iraníes ..., todos ellos son la otra cara de las víctimas de esta guerra; alguien dirá, incluso, que son los parientes pobres de la misma, de una guerra tal que sus países, junto con otros, iniciaron precisamente para no atender la legalidad internacional, porque tal legalidad no les parecía bien, aunque les asistiese la legitimidad de considerar que, tal legalidad aprobada, no gozaba de su consentimiento; que era un insulto que se les lanzaba al rostro, por buena parte de la comunidad internacional y de los países occidentales, pero que, a su vez, también se puede argumentar que, tales países, fueron incapaces de presentar una alternativa, no en forma de negación o de declaración de guerra, sino como de otra posibilidad que fuese más ¿integradora y aceptable por todos y para todos?

Siempre consideraré que una solución final de paz como posible nunca fue ni será fácil; partiré siempre como objetivo prioritario desde el reconocimiento de un Estado Palestino por Israel, EE. UU. así como de otros países, para que arrastrasen a otros estados más de la comunidad internacional. Asimismo, debe tenerse, de forma coetánea, la garantía y acuerdo de paz que ofrezca dicho estado, así como de otros países, sean árabes o no, al reconocimiento total de Israel. El futuro decididamente no se lo pondrá fácil a nadie, ni a unos ni a otros; tampoco a los que están a caballo o en la equidistancia, porque sabemos de la razón, los sentimientos, las debilidades y las flaquezas que asisten a todos ellos.

En definitiva, si en 1947, la sombra de la falta de legitimidad del Estado hebreo, en su día, fue una crítica de peso moral, al Plan de Partición de Palestina que planeó sobre la conciencia de muchos, habría que decir que hoy, a otros, entre los que me incluyo, incluso compartiendo el razonamiento anterior, se opta por considerar que no fue menor el error que se materializó en el portazo y el rechazo dado por los países árabes a un futuro y potencial Estado Palestino. Dicho sea de paso, tenía también para su constitución la legalidad de la ONU, lo mismo que Israel, y algo en lo que hoy no se suele reparar mucho, y es que dicho estado tendría hoy una extensión territorial superior a lo que se barajó, incluso, después desde los acuerdos de Oslo. Quizá, sea oportuno mantener la esperanza basada en la máxima del inventor Thomas Alva Edison, que reza: *"los que dicen que algo es imposible, no deberían molestar a los que lo estamos haciendo"*. La cuestión, como he dicho, no es fácil, ocurre que la comparación no es aparente del todo ante la dificultad de identificar a quienes son los que trabajan por el imposible de la paz, cuáles son sus responsabilidades, así como el grado de compromiso que la misma comporta. No es solo una cuestión de países; a ese proceso están llamadas también las sociedades de los países directamente afectados, los organismos internacionales y, en última instancia, siempre será deseable una opinión pública internacional favorable.

(* 3 de 5) A raíz del inciso descrito al comienzo de este capítulo, dos reflexiones iniciales se imponen; por un lado, expresar la dificultad que supone hacer conjeturas sobre el curso y la evolución futura de la situación generada; por otro, que el tiempo por venir irá generando una dinámica propia de los hechos, en todos los sentidos, y se encargará de moldear su evolución.

En este capítulo se ha hecho cierta semblanza de cómo han evolucionado los acontecimientos en Oriente Medio desde la creación del Estado de Israel, pasando por las relaciones y confrontaciones bélicas de este con otros países, limítrofes o no, ¡y por supuesto, con el pueblo palestino!; asimismo, de la ocurrencia de episodios que guardan cierta concomitancia con los sucesos recientes, así como de los malogrados acuerdos de paz de Oslo; y todos ellos, entremezclados con los distintos acuerdos de paz que se han sucedido en el tiempo con determinados países árabes, pero con la paradoja de que ¡nunca fueron suscritos con el pueblo palestino! Todo ello ha venido configurando un "statu quo" determinado, de hechos consumados, mantenido en el tiempo —aunque perverso— y que, se presume, quedará roto para dar paso a otra visión del problema, con otra escala y quién sabe de qué otra naturaleza.

En este primer párrafo, (de 3), se ha citado al tiempo por venir y la influencia que tendrá en los hechos ocurridos. Sobre ellos, confluyen distintas derivadas que dejarán su impronta en la forma de abordar el problema en el futuro; a mi parecer, y por este orden, serían las siguientes:

- El ataque inicial, de Hamás, de carácter terrorista, ha sido una acción sorpresiva, algo inusual para los servicios de inteligencia israelíes. También es posible que los conociera y no fuesen valorados en su justa medida, según probabilidades.

- La respuesta militar de Israel, tanto la inmediata como a largo plazo; el cómo será y bajo a qué criterios responda, puede ser un factor determinante para el devenir futuro. Es una guerra abierta. En cualquier caso, cuando la respuesta induce a la palabra genocidio — aunque sea interesada por parte de algunos—, adquiere ya una nueva dimensión.

- En los últimos cinco años ha habido en el país un número similar de elecciones legislativas, que podrían hacer pensar o al menos sugerir —entre otras más cosas—, la existencia de una falta de gobernabilidad que conduce a una relajación —o bien, a un enfoque distinto— de aquello que siempre ha sido consustancial para Israel, es decir, preservar la seguridad e integridad como pueblo, como territorio, como hogar nacional del judaísmo y como

Estado.

◆ De lo anterior, —contrariamente hasta lo que venía siendo norma habitual—, es posible que estemos frente a una falta de confianza por parte de la sociedad israelí ante sus servicios de seguridad y de las FDI, siendo esta la causa de una posible pérdida de eficacia de los mismos.

◆ Israel es un país democrático; la intromisión, por no tildar de ataque, del Gobierno de Netanyahu a la justicia, ha llevado a la sociedad del país a un grado de enfrentamiento sin precedentes que debilita la acción de gobierno y la confianza en el mismo.

◆ El proceso de reconocimiento de Israel por parte de otros países, en curso, tales como Arabia Saudita, Libia …, se verá, sin duda, afectado y quizá, la acción terrorista pretendiera con esta acción sabotearlo. Posiblemente, también sus relaciones con aquellos otros con los cuales ya tiene suscritos acuerdos de paz, podrían matizarlos en el futuro o incluso romperlos.

◆ De otra parte, puede tenerse, también, un mayor número de países que reconozcan al Estado Palestino a nivel internacional, así como un proceso contestatario a favor de la causa palestina en las universidades americanas y de algún que otro país.

- En este sentido, en mayo de 2024, los gobiernos de Irlanda, Noruega y España reconocieron a dicho Estado Palestino. Pareciera todo un despropósito, como si después de la desproporcionada y vergonzosa respuesta de Israel, aquellos países viniesen a premiar una acción terrorista inicial, como la de Hamás, de octubre de 2023, con el reconocimiento de un estado ¿?

  ¡Qué lejos quedaba atrás en el tiempo y en el espíritu la Conferencia de Paz de Madrid, de 1991! Así, sí se busca la paz, no con operaciones de cosmética de política internacional o por unas elecciones en ciernes.

  ¡Qué diferencia de rasero, se pide un estado para Palestina pero no para República Árabe Saharaui!

- Por lo que a España e Israel y vv mutuamente se refiere, las relaciones diplomáticas actuales entre ambos siguen la dinámica histórica que casi siempre han tenido en el tiempo; nunca fueron fáciles y las más de las veces abruptas y tormentosas; tanto en época de la dictadura como en tiempos de libertades.

- Frente a sus enemigos naturales, afectará también a las posiciones de los países que pretenden ser los guardianes en la zona de Oriente Medio, como es el caso de Irán o

Arabia Saudita; el primero, enemigo declarado de Israel; el segundo, un país con capacidad potencial de reconocerlo en el futuro.

◆ No se debe pasar por alto las razones de pura geopolítica internacional; en la situación actual, pareciera que estemos en un avivamiento declarado y sin máscara alguna de la política entre bloques de otro tiempo. Son los mismos de siempre los que están presentes; por un lado, EE. UU. y sus aliados; por otro, Rusia, China, Irán, Turquía, India..., con los suyos.

◆ Enlazado con lo anterior, estos hechos tendrán afección sobre la atención —de todo tipo— mostrada hacia el otro conflicto, actualmente en curso, como es la guerra en Ucrania; no me cabe duda de que, al menos, por parte de la UE será así; sobre otros actores, no estoy en condiciones de afirmar cómo podrá ser, pero sospecho que habrá posiciones diversas y con matices.

Siendo estas algunas de las variables que, a mi juicio, puedan entrar enliza, con distinto grado de influencia cada una de ellas, reitero que será el tiempo venidero el encargado de suministrar las claves por las cuales discurrirá el desarrollo global del problema en la zona. A mi parecer, es fundamental el juego de la diplomacia en la geopolítica internacional, aunque esta sea negada por unos y otros, dentro y fuera de Israel.

En este sentido, hay que ser realista, ¡cómo negar la evidencia fatal del problema!, pero siempre confiaré en que haya una senda hacia la paz. Es por ello que, he citado en este capítulo, que si en 1947, países como los EE. UU., la URSS y Francia, entre las grandes potencias —Reino Unido y China se abstuvieron—, junto a una mayoría cualificada de otros países, pudieron ponerse de acuerdo, en el seno de la ONU, para la partición de Palestina y crear así dos estados; me parece que el esfuerzo, hoy, debería seguir viniendo desde ese lado y con un punto de vista similar; así, cada bloque, debería hacer su papel permeabilizando a aquellos otros socios recalcitrantes y contrarios que a cada lado existen; de por medio, no hay que olvidar que, otros países árabes —que en 1947, no apoyaron entonces la partición—, al día de hoy, ya han suscrito respectivos acuerdos de paz y de reconocimiento de Israel. **El reto, por tanto, sigue siendo el mismo, mientras haya países en negar la existencia de Israel, este, jamás accederá a dos estados**, precisamente, cuando uno de ellos (el potencial Estado Palestino), bien sea por sí mismo o bien porque esté atrapado por fuerzas exógenas de otros países, contrarios al estado sionista, declare como objetivo prioritario la aniquilación de Israel. El empeño no es que sea difícil, no, es dificilísimo, porque es un problema moral que afecta a tantas facetas de los países intervinientes, y lo acercan a algo casi imposible; aun así, en mi opinión, siempre diré que:

¡Ese debiera ser el objetivo a empeñar desde cada bloque y por el que abogaran todas las cancillerías del mundo verdaderamente comprometidas!

Ante la dificultad de poner de acuerdo a ambos bloques, la evidencia nos dice, guste o no, que al lado de Israel se sitúan, en general, buena parte de las democracias occidentales y de la UE, si bien, la situación presente de guerra no contribuye a ello; mientras que al lado de la causa palestina los actores más determinantes son China, Rusia, Irán, Siria, Turquía, Corea del Norte…, y otros que, en su mayoría, no lo son.

Además, ciertas corrientes políticas, de la izquierda poscolonialista, formando parte, o no, de acciones de gobierno, son incapaces de equiparar —bien por ideología o bien por otra causa— la analogía que existe —sin duda desproporcionada— entre el atropello de los derechos humanos causados tanto desde el lado de Israel como de las organizaciones terroristas de Hamás, Yihad Islámica, Hezbolá…; y ello, además, entremezclado con el aditamento del complicado radicalismo confesional entre el mundo suní y el chií. Esa incapacidad hace que —incluso, sin pretenderlo— tales corrientes sean, al menos, en su relato o se comporten abiertamente como antisemitas. Sin embargo, en Israel, que es una democracia, existen minorías que reconocen los atropellos que comete su país, pero esa asunción ante el mundo y la izquierda en cuestión es una cosa y otra, muy distinta, que se infiera por esa postura que se apoya a aquella, cuando precisamente tales organizaciones terroristas no reconocen, sus desmanes a los derechos humanos. ¡Naturalmente, esto complica aún más la cuestión!

Después de setenta y seis años de conflicto, los actos que puedan tener la consideración, o que han sido catalogados como genocidas, al menos, por la ONU y cometidos por unos y por otros, ya ha habido unos cuantos, demasiados: Damour, Chabra, Chatila, ahora Gaza... Todos los pueblos se merecen la paz; esta es la condición "sine qua non" para conseguir el objetivo final; quien crea que primero es establecer dos estados y luego alcanzar la paz, a mi parecer, se equivoca de principio a fin. La existencia de dos estados será posible y legítimo sí —y solo si—, es el resultado final que surja tras la paz que se persigue alcanzar, junto con el reconocimiento mutuo de ambas comunidades y de ambas realidades. Previamente, debe haber paz, y ese es el trabajo mutuo de ambos bloques, no el pronunciamiento individualizado de los países, reconociendo un Estado Palestino, surgido desde facciones terroristas, cometiendo acciones terroristas.

Todo lo anterior, no debiera interpretarse como un lujo cultural asignado a quienes se sientan neutrales; aquí no valen las medias tintas ni la equidistancia. Constato mi pobreza descriptiva para relatar que estamos hartos, por un lado, de halcones sionistas y fanáticos religiosos, y de otro, de quienes desde posiciones políticas, las que sean, o que dejándose llevar por un islamismo radical, pretenden lanzar a los judíos al mar. Conforme al espíritu de la cita del prólogo de este libro, todos tienen parte de razón; cada uno tiene su razón y ninguno de ellos la tiene toda en sentido objetivo. Así que, aquellos que no somos pro de nada ni de nadie, sino de la paz, debemos estar concernidos a trabajar por y para ella; ciertamente, es preferible hacerlo desde una posición democrática, pero también desde el otro bloque —aunque no lo sea— habrá mentes convencidas que sí aboguen por ello; y entre todos, ¡cómo conseguirlo!, señalando, al menos, las responsabilidades de cada parte y de cada bloque; exigiendo una acción diplomática en esa dirección.

Lo demás, es retórica vana y áspera —perversa e hipócrita — y cuando no, un relato de buenas palabras rodeadas de un lenguaje sin proyección finalista alguna, alargando la cuestión "sine die", que discurre ya por su octava década, para vergüenza del mundo y del género humano, como una variante más de los conflictos armados en esa zona del mundo, siendo la razón por la cual este libro le ha dedicado un capítulo independiente.

7. Cambios en la geopolítica mundial y conflictos armados

Las confrontaciones bélicas suelen conllevar cambios asociados en las relaciones de los países intervinientes de forma directa y también en la diplomacia; sin embargo, cuanto mayor es el alcance de aquellas, mayores serán también las repercusiones a nivel internacional, pudiendo circunscribirse estrictamente a un territorio determinado, a un país, a una zona concreta, abarcando a varios países, a todo un continente o, finalmente, que su radio de acción sea de alcance mundial. En ocasiones, a resultas de las mismas, se ven alterados los límites físicos territoriales, lo que conlleva no solo desplazamientos de la población, atendiendo a las nuevas divisiones administrativas, o bien a las distintas etnias que la componen, sino que, además, se ven afectadas las relaciones de producción, sin olvidar todo aquello que afecta a otros campos como bien pudiera ser la seguridad, la cultura, la esfera del pensamiento, la literatura, el deporte así como otras tantas cosas…, que van superpuestas al sufrimiento de los pueblos afectados.

A resultas del orden establecido a comienzos del siglo XX, con el colonialismo jugando el rol descrito en el capítulo 5, con el papel preponderante a cargo de las potencias europeas del momento y fundamentalmente por el imperio británico, después de la Primera Guerra Mundial, surgió la Sociedad de Naciones, como organismo internacional garante del nuevo orden político, una vez vencida Alemania y consumado el desecho del imperio austro húngaro. Sobre las cenizas de este y de Prusia, emergieron los pensadores y científicos europeos, —incluidos los de Gran Bretaña y los de las distintas escuelas, como por ejemplo, la de Viena—, fuesen de la disciplina que fueran, y que como fruto del tiempo nuevo esparcieron su saber por el mundo occidental; surgieron nuevas entidades políticas y de manera indirecta, cómo no, la revolución rusa. Las potencias continentales, de entonces, principalmente Francia, en un intento de agrupar algunos territorios anteriormente adscritos al imperio austro húngaro, pergeñaron a través de su influencia política, allá por la década de los años veinte, la creación del denominado reino de los serbios, croatas y eslovenos; a partir de la Segunda Guerra Mundial, el mismo, tuvo continuación posterior, bajo la futura Yugoslavia, bajo el mandato de Tito. El territorio balcánico —en forma de reinado y después en forma de república federal—, se mantuvo unido favorecido por las circunstancias históricas de la primera mitad del siglo XX; después, por el período de Guerra Fría y por otras vicisitudes de su tiempo..., pero pasados casi setenta años, en la década final del siglo XX, se puso de manifiesto el carácter artificioso y poco natural de las fronteras de aquel territorio —en una u otra forma política—, ya que la sombra de las reivindicaciones históricas y de las cuentas pendientes entre Serbia y Croacia, básicamente, pero también con el resto de otras repúblicas, salieron a la luz nuevamente, hasta el punto de no poder impedir convertirse en el escenario de una de las páginas más atroces de la historia contemporánea, poniéndose de manifiesto en este territorio con la guerra de los Balcanes.

Otro de los efectos que tuvo la citada Gran Guerra fue aupar a la sociedad americana, en pleno auge, a un lugar más acorde, según le correspondía a su pujanza dentro de la escena internacional, frente al juego político desempeñado por el imperio británico. Aun así, derivado de aquella reminiscencia, Gran Bretaña y Francia, ostentaron sendos Mandatos establecidos por la Sociedad de Naciones, para desempeñar en otros tantos lugares del mundo, ya fuese en África o en Oriente Medio, conforme al nuevo orden salido de aquella guerra, y que les asignaban roles que representaban los papeles a jugar por estos países como nuevos gendarmes surgidos de la contienda. En estas circunstancias, resulta curiosa la valoración que estos países hacen de la situación y de sí mismos, y cómo se valoran a ellos mismos, en una especie de introspección, atribuyéndose una facultad psicológica genuina, como tales pueblos, especialmente dotados para el compromiso político, siendo este acorde con las circunstancias en cada caso y, todo, como el resultado de esa influencia jugada en la esfera internacional. Podría decirse que era el medio elegido para que ninguna de las decisiones importantes del mundo escapasen a su control o en el peor de los casos, a su influencia y capacidad de decisión; en otras palabras, tales países jugaban el rol de ser, como se dice en términos coloquiales, "el perejil que debe estar presente en todas las salsas".

En el tema que se trata, la Segunda Guerra Mundial significó el arquetipo de los cambios que pueden producirse a tenor de un conflicto armado; una especie de "lo que el viento se llevó", el mundo fue uno antes y otro muy distinto después de aquella, con unos valores totalmente diferentes. A nivel político, EE. UU. emergió a lo más alto a nivel planetario. La Europa devastada por la guerra perdió buena parte de su influencia y protagonismo; las fronteras de algunos países europeos, como Francia, Italia, Polonia..., también se vieron modificadas por la actuación anterior de la Alemania nazi; algo similar se produjo en la Europa del Este; finalmente, el imperio británico vino a menos y dejó paso a otras potencias como la URSS y China. La pujanza económica de EE. UU. permitió a Europa salir del estado de devastación de la guerra a través del Plan Marshall. La ONU y el resto de Agencias asociadas, como organismo supranacional, vinieron a fijar la representación del nuevo orden mundial a través del Consejo de Seguridad, compuesto por los cuatro países vencedores de la guerra, además de China. Pongo ahora el énfasis en un aspecto en el que no suele repararse a menudo, se trata del orden monetario internacional. El final de esta guerra significó que la Conferencia de Bretton Woods adoptara el dólar estadounidense como la divisa internacional de referencia sosteniendo el patrón oro (hasta que definitivamente fue abandonado en 1971). Las ingentes cantidades de dólares acumuladas por la Reserva Federal americana, parecían suficientes para otorgar al dólar el papel de moneda de reserva a nivel mundial, con el respaldo de la administración de EE. UU., con un valor legal propio. Me parece que no se aporta nada nuevo al decir todo lo que eso vino a significar, desde entonces, en la economía mundial. A modo de ejemplos, se tuvo —y se viene perpetuando—, por un lado, que las decisiones de subir o bajar los tipos de interés por parte de la Reserva Federal, arrastran a las economías de buena parte del mundo en sus decisiones de invertir, o no, en los títulos respaldados por aquella; de otro lado, buena parte de las transacciones mundiales de cualquier producto, sean estratégicos o no, están referenciados al dólar, ya sea en recursos como el petróleo, el gas, o en minerales metálicos como el oro u otros... Fruto de ese espíritu y el estado imperante de la situación en el mundo, tuvo lugar una recuperación espectacular del comercio mundial durante la década de 1960 y de la siguiente, hasta la primera crisis del petróleo acaecida en 1973.

En el capítulo 1 se ha apuntado cómo discurren las relaciones internacionales, siendo cada vez mayor el número de países disponiendo de armas nucleares; en ese contexto, se ha citado como la proliferación de tales armas ha llevado, ¿hasta ahora?, al concepto de la disuasión hasta donde sea posible, el cual coexistió durante buena parte de la segunda mitad del siglo XX, con el período de Guerra Fría. Asimismo, las guerras asiáticas de Indochina, Corea, Vietnam..., vistas figuradamente como prolongación de la Segunda Guerra Mundial, no vinieron, sino a delimitar, por un lado, y asentar en otros, algunos enclaves que se rigen por un sistema de economía de mercado en una parte del mundo, donde la falta de libertad era y sigue siendo un hecho, que se movía y estaba dentro de la esfera de influencia de regímenes de corte comunista o de economía planificada.

Las relaciones internacionales y diplomáticas, en Occidente, casi siempre giran o cuando menos pivotan sobre la posición que adopte EE. UU., sea en el tema que sea, es decir, para la mayoría de los países no suelen quedar al albur las decisiones de calado, ya sea por su interés estratégico o político que no tengan en cuenta la postura que finalmente adopte aquel; fuera de los países occidentales, para el resto, tampoco es una cuestión que resulte marginal; en definitiva, no es fácil para los países, en general, adoptar una postura determinada que sea contraria a la mantenida por EE. UU., a sabiendas de lo que hará o pueda hacer este. Dicho esto, hay que decir que en ocasiones no siempre ocurre así; es cierto que son las menos de las veces, pero significativas, pongo como ejemplo aquellas que se opusieron en la ONU a las decisiones de la intervención armada en Irak, como fue el caso de Francia. Por un lado, este país, adoptaba una posición independiente frente a la pretensión de EE. UU. y otros países aliados, pero por contra, ello no le impedía llevar a cabo sus propias intervenciones militares de forma directa en África, como fue el caso de apoyar a Camerún frente a Nigeria, o bien sobre otras operaciones siguiendo el mandato de la ONU, con relación a Costa de Marfil y posteriormente en Mali. Está claro que, la zona de influencia francesa en el continente africano, sigue siendo algo muy particular y sensible para los intereses de Francia. Los países emergentes suelen adoptar una postura más ambigua y en ocasiones, opuesta abiertamente a las posiciones occidentales.

Por otro lado, la posición dominante de EE. UU. se trasladó también al ámbito lingüístico, de manera que el protagonismo de la lengua de Shakespeare fue todo un hecho; nuevamente puede decirse que la lengua corre paralela al imperio, en este caso, a la posición privilegiada de EE. UU. Y se podría argumentar que, al fin y al cabo, tal idioma no era sino el mismo que en su día sirvió de vehículo de transmisión, utilizado por el imperio inglés, pero la comparación, en mi opinión, ni es aparente ni admite duda posible; el tiempo transcurrido hacía que el actor principal fuese otro e igualmente, el grado de influencia y su penetración no fuera el mismo. Otro tanto puede decirse en el plano científico y cultural.

Desde un punto de vista sociológico se percibe, —al menos

por mi parte—, que en los países europeos, quizá también en los sudamericanos, se tienen comportamientos de algunos segmentos de población, que interpreto como ambivalentes; por un lado, en los mismos, existe una postura de aversión, rechazo total a la concepción política norte americana e incluso, de otros aspectos sociales, en general, que están de manera inequívoca en clara confrontación con ellos. Por otro, está la disposición en tales sectores —y lo hace— de abrazar todas las pretendidas innovaciones, ¿vistas como ventajas?, derivadas de la pujanza científica, cultural, empresarial, social... y de la punta de lanza que representa la vanguardia de esa sociedad americana. Resulta algo difícil de entender, es una especie de falsa apariencia social, con rasgos de hipocresía, salvo que no se quiera reconocer que debe haber algún tipo de fortalezas que son inherentes al carácter de la gente y del sistema que rige en la sociedad que provoca tal aversión, si bien, no queriéndose reconocer así y que ello sea la causa objeto del repudio, aunque luego terminen por adoptarse igualmente.

Cuando desarrollo este apartado está en curso la invasión de Ucrania por parte de Rusia, ¡una guerra más! Los analistas consideran que es la continuación a la anexión de Crimea por Rusia en 2014, no reconocida por la comunidad internacional. Al hablar de la guerra en capítulos anteriores, se ha expresado como cada época utiliza los medios que dispone para oponerse a ella y cómo varía la penetración en las esferas de la vida; por eso, la condena a la misma hay que hacerla, pero nunca es suficiente. Aquí vuelvo nuevamente al concepto de sombra alargada que rige para la apropiación de los derechos históricos, de cada parte, de la que siempre hablo, pero esto no es óbice para atribuir la responsabilidad que corresponda a cada parte; y en el caso que nos ocupa, a Rusia como país invasor. Como antecedentes más inmediatos, no me extiendo más allá en el tiempo, que el que transcurre al poco de morir Stalin, cuando su sucesor, Nikita Jrushchov, o Kruschev, de origen ucraniano, fue el máximo dirigente de la URSS que hizo el gesto de regalar la península de Crimea a Ucrania en 1954. Su mensaje pasó desapercibido en la época, sobre todo, por el carácter de tal donación; en este sentido, de forma oficial, al parecer, la misma respondía a la conmemoración del 300 aniversario de la adhesión de Ucrania a Rusia. Sin poner esto en entredicho, este capítulo no versa sobre el régimen comunista, si bien me parece que, Jrushchov, quizá pretendió con ese gesto desagraviar a los más de seis millones de compatriotas ucranianos a quienes Stalin —su antecesor—, hizo morir —literalmente, no de forma figurada, no— de hambre, con tal de destinar la ingente producción agrícola ucraniana, no los excedentes, hacia las exportaciones que la URSS necesitaba para la compra de otros productos y de materias primas, porque así lo determinaba el Gosplán y conseguir los objetivos esperados.

Es posible que, algunos teóricos y seguidores del régimen

comunista, lo justificaran con el argumento de que era el precio a pagar en aras del modelo que la URSS se había impuesto, pero resulta terrible aceptar los enormes sacrificios que siempre tuvo que arrostrar el pueblo soviético; si el objetivo final era la igualdad, lo que se buscaba, en general, no era precisamente el bienestar de la población, sino que se daba prioridad a la consecución de otros objetivos políticos como el militarismo, la propagación del régimen, la carrera espacial..., aunque ello supusiera un freno en la pretendida igualdad y bienestar hacia la población; en mi opinión, no se buscó ese equilibrio.

En ese contexto, el sistema que caracterizaba a la economía de las 15 repúblicas, que conformaban la extinta URSS, es que eran **básicamente poco diversificadas económicamente;** el sistema se fundamentaba en la especialización, es decir, tomando como referencia la ventaja comparativa y los recursos existentes en cada una de ellas, ya fuese en sectores tales como: agricultura, productos industriales, maquinaria, petróleo, gas, cemento, servicios..., pero todas y cada una de ellas encaminadas hacia la producción general de la unión de las repúblicas soviéticas. Muchos de los recursos eran ingentes en sus repúblicas respectivas, y la posición de partida no era mala, si bien con grandes desequilibrios. A partir de ahí entraba en juego el rol importante asignado, dentro de un país de economía planificada, al organismo encargado de su diseño y ejecución. Además, se utilizaban las tablas sectoriales y territoriales. De esta manera, el Gosplán[63], determinaba la función finalista y los cupos asignados a cada república según determinados criterios..., ¿sus necesidades? Este modelo constituyó, por otro lado, uno de los mayores problemas cuando se extinguió la URSS, a saber, la falta de diversificación de las economías respectivas de cada república nacidas hacia la independencia. Lógicamente, Rusia, era la mayor república de las que conformaban la Unión Soviética; sus recursos y posibilidades de diversificación también eran mucho mayores, como hoy podemos comprobar, pero no todas corrieron la misma suerte. Volviendo al caso ucraniano, a modo de conjetura, la muerte por inanición de esas masas de población, en época de Stalin, debió atizar la memoria colectiva y no sería descabellado pensar, toda vez que ya en 1961, durante la etapa de desestalinización, el cuerpo de Stalin fue retirado del mausoleo de Lenin, a mi juicio, en una clara interpretación de los desmanes cometidos durante la etapa en la que Stalin fue Secretario General del Partido Comunista Soviético. Soy consciente que seré objetado por lo que sigue, pero en esa forma de pensar, así me lo corroboró una persona, de a pie, de la calle, de forma anónima, velada, a su manera, como fue un guía turístico ruso durante una visita en

---

63 NOTA DE AUTOR. GOSPLÁN: Abreviatura del Comité para la planificación económica en la extinta URSS. Organismo encargado de elaborar los planes quinquenales para la planificación y que había que cumplir a rajatabla. Sirvió de modelo como herencia en Occidente para la planificación a largo plazo tanto de organismos públicos como privados, empresas, instituciones, organizaciones...

Moscú al famoso monumento.

Ante el hecho de la guerra, las sociedades de hoy, no debieran —a mi juicio— sentirse impresionadas por la de Ucrania más que por otras del pasado, solo por el hecho simple de ser más cercana en el tiempo, y por ende más conocida. Salvando distancias de tiempo y lugar, hay un pegamento común a todas ellas, que es la muerte y el sufrimiento; cada ser humano, le pondrá los epítetos que le sugiera, en general desagradables, pero los efectos directos —en mayor o menor medida—, siempre son los mismos; por citar solo algunos: muerte, destrucción, desplazamientos sociales, mayor atraso... y nuevamente, volver a la reconstrucción con todo lo que ello significa.

Hará falta cierta perspectiva temporal para configurar el panorama internacional que se despeje de la misma; no será difícil intuir que las relaciones entre Occidente y Rusia, así como el resto del entorno, variarán sustancialmente. En el rol actualmente jugado por Rusia como abastecedor energético de la Unión Europea y de otros países, a medio y largo plazo, es posible que tal relación cambie hacia otros países o continentes y que los mismos cobren otro protagonismo. Desde un punto de vista estratégico, es posible que África sea el continente que irá asumiendo ese rol en su condición de disponibilidad de recursos de todo tipo, tal como hemos analizado en el capítulo 5, siendo un acicate para tener mayor capacidad e influencia política en la esfera internacional. Cuestión diferente es que, esa pretendida proyección, sirva para erradicar la pobreza y disminuir las desigualdades sociales. Pero las decisiones de un continente son divergentes, porque son fruto de países independientes que pueden distar de remar todos en la misma dirección. Cada uno dispone de sus recursos, de su sistema político, de sus preferencias, de su posición en el mundo; luego, están las demandas exteriores, sin que, por otro lado, existan organismos supranacionales, más allá de la OEA, Organización de Estados Africanos, capaz de canalizar las preferencias deseadas en un intento no solo de erradicar la pobreza, sino de dar una visión más amplia de carácter estratégico.

En el contexto que se viene analizando, otros países asiáticos podrán asumir nuevos compromisos de suministros que, de alguna manera, vengan a sustituir, en todo o en parte, a los actualmente existentes entre Rusia y la Unión Europea. Y estaría por ver, el rol que, en su caso, asumirían tales países como fenómeno de contención global entre China, el mundo árabe, Oriente Medio, Rusia y la UE. Tampoco hay que olvidar los flujos de recursos energéticos, sean nuevos o no, que puedan provenir o que vinculen a EE. UU. y la UE, aunque hay que pensar que por parte del primero, tal flujo no vaya a comprometer sus reservas estratégicas a largo plazo; en este sentido, me atrevo a decir que los intercambios, se me antoja, serán de tipo coyuntural, nada más; si bien todos sabemos que, incluso, la coyuntura puede servir a un horizonte de estrategia de mayor alcance en el tiempo.

Finalmente, movido solo por los indicios que apuntan a los yacimientos ricos de gas ubicados en América del Sur, se puede aventurar que podrían jugar igualmente un papel significativo en la balanza estratégica de la toma de decisiones, aunque fuese solo a nivel regional.

En ese desplazamiento geométrico de todos los puntos geográficos en el mapa del mundo, desde dónde se tomen las decisiones importantes de carácter estratégico entre continentes, irán pergeñándose los países que tengan un mayor peso y cobren a su vez un mayor protagonismo; unos tendrán más peso específico que otros y harán que la balanza sea más o menos occidental, o bien que los países asiáticos, incluida China, tengan más presencia y un peso específico mucho mayor.

8. Juegos Olímpicos de Múnich 1972. Septiembre Negro

Pocas naciones del mundo tienen en su haber, durante la segunda mitad del siglo pasado, un reconocimiento internacional tan explícito acerca del esfuerzo de reconstrucción de un país realizado en tan corto espacio de tiempo y que mejor haya aprovechado la ayuda exterior americana, a través del Plan Marshall, para convertirlo en un éxito como es el caso de Alemania. Finalizada la Segunda Guerra Mundial, en pocos años, poco a poco, recobró su pujanza económica, demandando mano de obra de buena parte de los países europeos. Tales logros, en tan corto espacio de tiempo, hicieron acuñar el tópico del "milagro alemán"; sirvió, al igual que suelen hacerlo casi todos los tópicos, en el sentido de que en muchas ocasiones encierran una parte significativa de verdad; así, un producto industrial alemán era sinónimo de un bien acabado y de garantía plena. La República Federal de Alemania, de la década de 1970, amputada como estaba sin la República Democrática Alemana (dentro de la órbita comunista), albergaba las cualidades de poderío económico y organizativo, que no político ni militar, para que con esa carta de presentación y por delegación del Comité Olímpico Internacional (COI), organizara los vigésimos Juegos Olímpicos de verano otorgados a la ciudad de Múnich.

Al igual que ocurre con otras ciudades, en otros países y en cada tiempo, todo estaba encaminado para dar a conocer al mundo la nueva imagen de Alemania, fruto del esfuerzo realizado tras la guerra en el menor tiempo posible.

Aunque nunca estemos suficientemente preparados para los actos de barbarie o que causen terror entre la población —y siempre los hubo—, hoy, vivimos en un mundo cada vez más habituado a conocer y sufrir escenas de terrorismo de cualquier tipo, ya sea interno, externo y en cualquier parte del mundo que podamos imaginar. Sin embargo, en aquellos años de la década de 1970, todavía, la profusión de los mismos aún no era percibía con la misma nitidez, ni por su número ni con la misma intensidad. Después sí, después la realidad hizo que nos diésemos de bruces con ellos y siguieron muchos más, de manera que el relato de lo sucedido, que sigue, resultó impactante para alguien, como yo, que aún no había alcanzado la mayoría de edad.

A través del mismo se puso de manifiesto uno de los derroteros por los que discurriría el mundo en esos años; en ese sentido, es el terror —la mayoría de las veces indiscriminado—, como método de acción invocando a las conciencias del mundo ante un problema determinado, fuese el que fuese. Por ello, a pesar del tiempo transcurrido, el hecho fue lo suficientemente significativo, por su naturaleza, que invita en mi criterio a figurar en estas páginas.

Sirva la introducción anterior para decir que Septiembre Negro fue una organización terrorista —así era catalogada—, surgida en 1970 dentro de, o con las conexiones necesarias con los distintos grupos que conformaban, la Organización para la Liberación de Palestina (OLP). Debió su nombre al movimiento por el que, los fedayines, quisieron derrocar al Rey Huséin de Jordania, en respuesta al hecho de que la citada organización fue expulsada de ese país; naturalmente, con la aquiescencia de Israel que, prefería que, cuanto más alejada estuviese, dicha organización, de sus fronteras era lo mejor que convenía a sus propios intereses de seguridad nacional. En ese contexto, se hizo famosa a raíz de su participación y autoría directa con motivo del secuestro, toma de rehenes[64] y posterior matanza, de parte de la delegación judía asistente a los Juegos Olímpicos (JJ. OO.), en Múnich de 1972, de los que se ha cumplido más de medio siglo.

Aquellos Juegos, a nivel deportivo, para cualquier seguidor de la época, acapararon pruebas para recordar, naturalmente,

---

64 NOTA DE AUTOR. SECUESTRO, TOMA DE REHENES JUDÍOS MÚNICH 1972: Para desarrollo de este capítulo he considerado opiniones expresadas en medios diversos a lo largo del tiempo, sin querer precisar autoría o procedencia, dada su transversalidad, y:
<https://es.wikipedia.org/wiki/Masacre_de_Múnich>
Última consulta resultada para el día 30 de abril de 2022.
<https://www.elconfidencial.com/mundo/2010-07-10/el-terrorista-que-escapo-de-la-muerte_244779/>
Última consulta resultada para el día 2 de mayo de 2022.

pero que para mí entronizaron ¡cómo no!, a Mark Spitz, nadador que obtuvo siete medallas de oro y a la ganadora del salto de altura, Ulrike Meyfarth, aunque por motivos diferentes, aparte de otros. Cuestiones deportivas aparte, el primero es estadounidense de ascendencia judía; resaltaba por tener una sonrisa amplia y un poblado mostacho negro; su hazaña deportiva dentro de la piscina, fue grande e incontestable; no le iba a la zaga la sorpresa que a muchos causó "su pose", fotografiado sosteniendo una zapatilla de la marca Nike. Su sonrisa abierta, característica, iba envuelta en el mayor de los sarcasmos comerciales y mercantiles posibles de la época; en definitiva, si quedaba algo, como reducto, del espíritu olímpico que entendíamos hasta entonces, allí quedó enterrado para siempre o, mejor dicho, sumergido en la piscina de Múnich.

La segunda, Ulrike, es el arquetipo de la atleta típicamente alemana; alta, esbelta, poderosa y llena de juventud, con solo dieciséis años. No es que consiguiera una gran marca deportiva, al fin y al cabo solo igualó un récord mundial; pero era la imagen que representaba la frescura de esa nueva Alemania, de la que cualquiera entonces podría sentirse atraído por ella, cuando menos.

Además, como quiera que también fue campeona olímpica doce años después, pues en su persona aunó ser la más joven campeona olímpica de la historia (en 1972) y también ser la más longeva, en 1984, en aquel momento

Todo esto y más fue coetáneo a los sucesos objeto de este capítulo, el cual no aborda los pormenores acerca de lo sucedido, sino que adopta un enfoque sobre otras cuestiones relativas a la concepción de la seguridad, tal como era entendida por entonces esta faceta, así como de otras sobre la propia naturaleza psicológica de los asaltantes, o bien, de las relaciones internacionales surgidas a resultas de otros sucesos concomitantes con la toma de rehenes en aquellos días.

En septiembre de 1972, Septiembre Negro, era, como se ha apuntado, una célula terrorista de la OLP, que había decidido actuar en Europa básicamente, y que surgió a raíz de una escisión de Al Fatah[65], Suponía, tal decisión, una muestra más de la independencia de Al Fatah, respecto de la OLP, y escenificar así su autonomía frente a ella. La competición afrontaba ya su última semana cuando en la madrugada del día 5 de septiembre, un comando formado por ocho pistoleros, de la citada organización, secuestraron a once atletas israelíes en el interior de la villa olímpica. Otros ocho integrantes de la delegación consiguieron huir. El organizador del comando, Abu Daoud, una vez dejó a los integrantes en el recinto, desapareció. También contó con el apoyo logístico de la banda Baader-

---

65 NOTA DE AUTOR. AL FATAH: Ala radicalizada de la Organización para la Liberación de Palestina (OLP).

Meinhof (Fracción del Ejército Rojo) que operaba entonces en Alemania. Con esta acción, la organización palestina pretendía dos objetivos; uno era inmediato, es decir, el intercambio de los rehenes secuestrados a cambio de la liberación de casi doscientos cuarenta palestinos prisioneros en cárceles de Israel; el segundo, participo de la opinión, que era de carácter psicológico y hasta me atrevo a decir que también publicitario. Se trataba de aprovechar el gran escaparate que unos JJ. OO. representaban para hacer llegar la causa palestina, cuando menos, a cientos y cientos millones de personas en el mundo. Aunque en la mente del comando estuviese la idea de no matar a nadie, el hecho de que se consiguiera o no la liberación de los presos, era en sí de carácter accesorio, ya que la mera difusión y contenido del mensaje suponía de antemano un logro significativo, respecto a la situación de partida acerca del estado de la causa palestina; parafraseando a Marshall McLuhan, era evidente que *"el medio es el mensaje"*.

Este objetivo último hay que entenderlo en los términos del tiempo en que se produjeron los hechos. Hace cincuenta años, o más, el terrorismo islámico internacional todavía no era un fenómeno tan extendido como lo es hoy, al que tan acostumbrados estamos. A fin de poner en contexto la situación, para el desarrollo del movimiento integrista chiita puesto en práctica por el imán Jomeini, en Irán, todavía faltaban algunos años —casi una década—para que hiciese su aparición, por lo tanto, era natural que la cuestión palestina buscase su propio cauce de significación para abrirse y darse a conocer en el mundo. En términos de percepción, por parte de la opinión pública, para los secuestradores, no es igual la idea de "un terrorista anónimo" sin más, visto como tal noticia en un titular periodístico o televisivo, que cuando se le añade un apellido relativo a la causa objeto de su lucha. Visto así, argumentaban: no es igual la noticia que dice "unos terroristas secuestran a...", frente a aquella otra que subraya el hecho de que "unos terroristas de Septiembre Negro secuestran a..."; ya que a partir de ahí todo el mundo se preguntaría que quién era Septiembre Negro, cómo surgió y qué les movía realmente para ejecutar las acciones que llevaban a cabo.

Consumado el secuestro y tomado a los rehenes, entre los integrantes del comando se encontraba Issa Mohamed, aunque su verdadero nombre fue Luttif Afif. Según ha declarado de forma orgullosa su padre, Mohammed Massahla, en alguna ocasión, su hijo estudió ingeniería de forma brillante en Alemania desde finales de la década de 1950; allí trató de ser un buen ciudadano, siendo uno más sin llamar la atención, estudiando y trabajando en la sombra de cara el futuro; con posterioridad, se ha dado en llamar a este tipo de comportamiento —entre los integrantes terroristas— como "célula durmiente", sin embargo, fue puesto en práctica por Issa Mohamed ya en la década de 1960 durante su estancia en

Alemania; posteriormente, trabajó también en Francia y alternó con algunos viajes a Oriente Medio. Junto al resto de los integrantes del comando, eran todos fedayines dispuestos a morir e ir al paraíso. Asimismo, antes de los JJ. OO., ya existía una nutrida presencia árabe en Múnich, a tenor de las declaraciones de algunos testigos presenciales.

Durante la concentración, la delegación israelí se había quejado de la escasa presencia de efectivos de seguridad en torno a la estancia de la misma, así como de su aislamiento dentro del complejo. Así, cuando en la mañana del día cinco de septiembre, se conocen las exigencias por parte del comando, Israel, a las pocas horas, por boca de su primera ministra, Golda Meir, responde que no se accede al chantaje de liberar a presos palestinos a cambio de los rehenes secuestrados. Ello suponía que la suerte estaba echada y lo que era peor, ¡Alemania estaba atada de pies y manos!; y se explica el porqué.

El concepto de la seguridad en aquella época, para eventos de este tipo, como pudiera ser un secuestro, aparte de las acciones preventivas, estaba basado inicialmente en el diálogo. Por ello, una vez formalizada la petición, a cargo del comando terrorista, se entraría en el ámbito de la negociación, pero resultó que la primera exigencia de intercambio de prisioneros por rehenes, tal como se intuía, se agotó a las primeras de cambio con la respuesta israelí. Por parte de Alemania, la capacidad de influir venía condicionada por varios motivos, pero todos ellos de un fuerte calado político y legislativo. La organización de los Juegos Olímpicos —desde el principio— no quiso y no permitió la presencia de un estado policial en la Alemania posterior a la Segunda Guerra Mundial. De otro lado, debido a las restricciones de posguerra, el ejército alemán no podía operar en tiempos de paz; en todo caso, podría disponerse de la policía de fronteras, por lo que, en última instancia, consumado el secuestro, las vidas de los atletas dependieron de la policía de Múnich. La organización consideró que la atmósfera que presidiera el evento deportivo, estuviese marcada por un ambiente donde se percibiera entre la gente un espíritu de concordia y de paz. Como el terrorismo no atiende a tales razones, la cuestión es si, habiéndose previsto de otra manera, hubiese podido evitarse. Al parecer, existió un protocolo en materia de seguridad, donde uno de los puntos finales, contemplaba la posibilidad de un secuestro; por motivos que se desconocen, fue desechado y llegado el momento, anticiparía el desenlace.

Entrando ya en la fase de gestión de la crisis en sí, por los condicionantes expuestos, para ese evento en Alemania no había unidades de fuerzas especiales, ni expertos en lucha contra el terrorismo, tampoco se disponía de un cuerpo de élite de francotiradores, aunque la policía tuviese algunos de estos últimos como se verá más adelante. Lo peor de todo es que nada de esto se quiso admitir por las autoridades del país. En una palabra, Alemania no estaba preparada para gestionar una crisis de estas características. Otros países occidentales tampoco lo habrían estado seguramente, pero no con las mismas o todas las carencias mostradas por la República Federal Alemana, en virtud de sus limitaciones de posguerra. También hay que contar con los errores y, desgraciadamente, se cometieron bastantes.

Por razones obvias, Israel, sí que estaba preparado para eventuales situaciones de este tipo, llevaba varias décadas conviviendo con ellas. Informaciones nunca bien contrastadas apuntaron a que Israel sí ofreció sus servicios a Alemania para actuar frente a los terroristas. Alemania no quiso que participaran aunque hubiesen podido hacerlo. La legislación alemana no permitía que fuerzas de otro estado soberano actuara o disparara en suelo alemán. A pesar del ofrecimiento de Israel, los alemanes aseguran que nadie les hizo una petición formal para hacerlo. Aunque Israel sí quería formar parte del equipo de gestión, inicialmente tampoco le dejaron hablar con los terroristas. Alemania quiso resolver la cuestión con sus propios medios, lo que resultaba legítimo, pero ya se ha comentado que no estaba preparada ni disponía de los medios adecuados.

La policía empezó a programar el asalto; no me extenderé en la exigencia de los terroristas de un avión para trasladar a los rehenes a Egipto, país que por cierto no los aceptó para no enfrentarse a Israel, teniendo en cuenta el ambiente pre bélico entre ambos, ya que la Guerra de Yom Kipur tendría lugar un año más tarde. Siguió el posterior traslado en autobús y su continuación en dos helicópteros hasta la base militar de Furstenfeldbruck. Durante el traslado, en autobús, la policía llegó a identificar el número exacto de miembros del comando, es decir, ocho; sin embargo, tal información nunca fue trasladada al cuerpo de los cinco francotiradores, ¡otro error de la policía! El avión, con destino a Egipto exigido por los terroristas, era en realidad un engaño, su tripulación la constituían precisamente los francotiradores destinados para abatir a los terroristas. Alguno de estos, aseguraron que ellos no estaban preparados o entrenados para disparar abiertamente a personas. Por su parte, la policía consideraba que ante una situación desesperada los terroristas se rendirían; craso error, otra equivocación más. En esos momentos desesperados, a pesar de lo mencionado al principio sobre la no permisividad de injerencia israelí, hay quien sostiene que un experto israelí habló con los terroristas sin resultado positivo; nada de nada. Para enturbiar más la cuestión, alguna información se atreve a citar y situar la presencia del Jefe del Mosad durante las negociaciones en el lugar de los hechos, otro interrogante más. Incluso aluden a la indiferencia y el desdén mostrado por las autoridades alemanas hacia él.

En un determinado momento, de la noche del día 5 o ya madrugada del 6 de septiembre, la agencia de noticias alemana Reuters anunció que todos los rehenes habían sido liberados; por su parte, el portavoz del Gobierno de Alemania anunció que la operación había sido un éxito rotundo. En Israel se brindó por la noticia; algunos familiares de los deportistas, comentaron que no brindarían hasta que no viesen a los deportistas a salvo y sanos; sin embargo, en ese momento ya había dos asesinados en la Villa Olímpica, pero aún no se sabía. A medida que pasaban los minutos aquella noticia se hizo más sombría. Aparte de los dos deportistas asesinados, los otros nueve israelíes repartidos entre los dos helicópteros no corrieron mejor suerte; dado que existen opiniones y matices distintos en la información, no haré especulaciones, ya que existe un consenso generalizado en que el intento de rescate se convirtió en un tiroteo generalizado. Los terroristas dispararon sobre los rehenes, además del efecto de las explosiones del avión y el helicóptero; por su parte, la policía y los francotiradores trataron de abatir a los pistoleros. Del resultado final se tuvieron diecisiete personas muertas: once israelíes (entre atletas y entrenadores), cinco terroristas abatidos, y un francotirador alemán. Finalmente, tres de los integrantes del comando terrorista fueron detenidos.

La opinión pública alemana, tan resolutiva en los aspectos organizativos en general, ante el desarrollo de los acontecimientos y el cariz que estos fueron tomando, seguramente siempre esperó que hubiese preparado "algo" para la resolución de un conflicto como este o, por lo menos, que no se saldase con ese resultado; como suele decirse, siempre confió en un Plan B que nunca existió. Descubrió con estupor que no hubo nada, de nada, solo la muestra fría de los acontecimientos con sus limitaciones, sus carencias y la incapacidad de un estado moderno, de aquel tiempo, frente a un acto como el que se describe. Fue la evidencia de que el terrorismo, en general, pero en este caso del islámico e internacional, en particular, comenzaba a mostrar su cara y rostro más descarnado.

Los políticos no hicieron, sino darse importancia, el ministro que habló durante veinte minutos no dijo absolutamente nada. A nivel deportivo, resultó cuando menos sorprendente que el COI no suspendiera los JJ. OO. definitivamente; solo lo hizo escasamente durante un día; al siguiente, la competición se reanudó y siguió su curso normal. Aun así, la delegación judía, así como la egipcia, abandonaron la Villa Olímpica. Personalmente, considero de gran valor moral y deportivo que sí lo hicieran a título individual varios atletas, incluso uno de ellos de nacionalidad alemana, como Manfred Oner.

Lo sucedido, en días y meses siguientes a la celebración de los JJ. OO., tuvo sus repercusiones. En Alemania, se llevó a cabo una campaña de desprestigio contra los árabes en general. Se expulsaron a varios cientos de ellos con la ayuda de Israel. Con respecto a los tres terroristas que sobrevivieron a la masacre, la legislación alemana no determinaba muy bien qué se podía hacer con ellos; era una muestra más de la "no demanda social y política" ante este tipo de acontecimientos. Sin duda, a partir de aquello, tal demanda creció y se crearon unidades de élite especializadas.

Por parte de Israel, se solicitó a la ONU una condena. Además, ya se sabe, se bombardearon los campos de refugiados palestinos, se promovió la operación "Ira de Dios", con objeto de perseguir por medio mundo a todos aquellos que, de alguna manera, tuvieron alguna responsabilidad, fuese del tipo que fuese, con los atentados. La lista de activistas palestinos implicados y caídos, así como las ciudades objeto del ajuste de cuentas a cargo de agentes israelíes, es larga, muy larga. No importó la constancia, ni los medios, así como tampoco los años precisos que ello exigía. Citaré solo que, en 1979, fue abatido en Múnich, Alí Hasán, uno de los cerebros y que Abu Daoud, fue tiroteado en Varsovia en 1981, si bien consiguió sobrevivir muriendo en 2010, casi treinta años después, en la cama de un hospital, a causa de una enfermedad renal.

Con respecto a los cinco integrantes del comando que resultaron fallecidos, decir que fueron trasladados a Libia siendo homenajeados en Trípoli. Posteriormente, cuando llegaron también los tres terroristas que sobrevivieron, estos admitieron en una rueda de prensa que, efectivamente, fueron ellos quienes dispararon sobre los deportistas israelíes, en una clara muestra de reivindicación de los hechos.

Los días inmediatamente después a los JJ. OO. fueron de un continúo sobresalto en el mundo, concretamente el día once de septiembre de ese mismo año, de 1972, fue secuestrado un avión DC9 finlandés; aunque fue una falsa alarma, aun así dos cazas tuvieron que escoltar al avión hasta aclarar la situación.

No ocurrió lo mismo el día veintinueve de octubre, donde fue secuestrado un avión de la compañía Lufthansa por un comando palestino. Su reivindicación fue clara, el intercambio del pasaje del avión por el de los tres terroristas que habían sobrevivido (los que posteriormente dieron la conferencia de prensa en Trípoli). Alemania accedió, pero ¡cómo se articuló esto! ¿Fue un acuerdo de un estado soberano con los palestinos? Alemania oficialmente lo niega. Algunos creímos entonces que este país se estaba protegiendo de cara al futuro ante el porvenir de nuevos atentados, pero era una muestra del cauce por cómo discurrían este tipo de negociaciones.

No debemos olvidar que, en aquellos años, el contexto de la política mundial estaba presidido por lo que llamamos período de Guerra Fría, o también política de bloques. En el bloque comunista, la República Democrática Alemana (RDA) jugó un papel nada desdeñable. Allí encontraron refugio buena parte de los activistas de la OLP en Europa, sirviendo este país como base de sus operaciones, donde eran recibidos y tratados, como suele decirse a "cuerpo de rey". Era una muestra del apoyo que siempre ofreció la izquierda europea a la causa palestina; de igual manera, a todo aquello que estuviese frente a la causa sionista, quienes eran considerados, aún hoy, como los nuevos colonos impuestos por Occidente en la tierra de Palestina.

Finalmente, hay que decir que Múnich 72, en Alemania, supuso una toma de conciencia, e hizo abrir los ojos a otros estados acerca del peligro real que representaba el terrorismo, fuese de la naturaleza que fuese; igualmente, que, a pesar de todos los esfuerzos que hagan los estados en la prevención de los mismos —y aunque se eviten muchos ellos—, la experiencia nos muestra que cada vez son más numerosos y significativos en su alcance, sobre todo en cuanto al número de víctimas, en cualquier parte del mundo, y sean de la condición o color que sean.

9. A qué obedeció la entrada de Reino Unido en la Unión Europea en 1973

El Tratado de Roma, constitutivo de la Comunidad Económica Europea (CEE), se firmó en 1957, siendo yo entonces un niño de corta edad. También, se constituyó la Comunidad Europea de la Energía Atómica (CEEA); ambos tratados se asentaron sobre lo que previamente fue la Comunidad Europea del Carbón y del Acero (CECA), fundada seis años antes.

Durante los dieciséis años que siguieron desde la citada fundación, hasta 1973, a la opinión pública se nos transmitió por todos los medios, a diestro y siniestro, y así se fue asumiendo desde entonces, que los países constitutivos de la CEE —y anteriormente de la CECA— eran seis, Francia, Alemania, Italia, más el Benelux (acrónimo de Bélgica, Países Bajos y Luxemburgo). España, era entonces una dictadura y aunque intentos de entrada sí que los hubo, por parte de ella, durante la etapa de Alberto Ullastres, como embajador ante la CEE, la situación política lo impedía, pero de cualquier forma ansiábamos algún día poder hacerlo con todo el derecho del mundo. No fue España la única nación en intentarlo naturalmente; aunque la lista de países llamando a la puerta de la CEE, en esa etapa, no fue muy pródiga que digamos, tampoco faltaron las peticiones de adhesión de tipo singular —alguna de ellas muy significativa—, como fue la de Reino Unido, que sirve de referencia al objeto de este capítulo.

Participo de la idea de que, durante años, a la opinión pública se nos acostumbró a esa lista única de países que parecía casi inmutable; la misma, sirvió a muchos para identificar de forma errónea la propia idea de Europa, o el mapa político que de ella se tenía, asimilándola únicamente con esos países integrantes de la CEE. Mientras que del resto, poco o, nada más que decir.

Por un lado, en el caso de la península ibérica, el impedimento fueron las dictaduras de España y Portugal, pues "Europa empezaba en los Pirineos", como se decía de forma coloquial; por otro, identificábamos claramente la parte europea con la de los países del Este, donde la razón que impedía que formaran parte de esa concepción de Europa —o sea de la CEE —, fue el hecho de estar bajo la órbita comunista; el resto, como los países nórdicos y para otros, se tenían razones de tipo variado, que daban lugar a una idea poco precisa pero sí algo desdibujada del mapa político europeo. Así, después de sucesivas adhesiones puntuales en el tiempo y tras la caída del muro de Berlín, el horizonte europeo fue ampliándose sustancialmente y, curiosamente, las fronteras se fueron ajustando y pareciéndose más a los límites geográficos que, durante siglos, hemos tenido de la idea europea, si bien entonces bajo el mandato de los distintos imperios a través de la historia.

En cualquier caso, todo lo que provenía del llamado Mercado Común —como popularmente era conocida la CEE—, era visto con un halo de progreso, de modernidad, de seguridad, de paz y, de no sé cuántas cosas más, que servía de aspiración legítima a la integración para cualquier país, a excepción de alguno como se verá.

Entrando de lleno en el caso de Reino Unido, podría decirse que el canal de la Mancha históricamente ha jugado un papel de barrera, sin duda, pero no insalvable, para delimitar la influencia y sus diferencias, con respecto hacia y desde el continente. Las mismas se pusieron de manifiesto tanto en el comercio como en el campo del pensamiento, de las ideas, de la filosofía, de la revolución industrial, etc., y naturalmente de la política.

Al remontarse algo en la historia de Gran Bretaña se podrá convenir, creo que sin repudio alguno, al menos por mi parte, que la idea filosófica que subyacía a su pensamiento político y económico, en cierto sentido, pudiera estar representada por la reflexión contenida en el libro cuyo título es ciertamente expresivo: *"La riqueza de Inglaterra por el comercio exterior"*, escrito en el último tercio del siglo XVII, referencia 28 en Notas de Autor. A este, le siguieron otros como *"La riqueza de las Naciones"*, de Adam Smith, aunque ya más de un siglo después, y continuando con todo el pensamiento acerca del liberalismo económico. Con ese bagaje, el carácter imperialista mostrado sobre todo durante el siglo XIX y parte del XX, naturalmente que contemplaría intereses en el continente europeo; desde un punto de vista estratégico, la visión de Gran Bretaña sería más amplia que la referida al continente estrictamente, pues se ajustaba más al ideal preconizado en el libro citado y que la influencia extraída, en aplicación de las teorías citadas, era mayor. A nivel interno, este país, siempre se ha auto conferido un "talante especial" para comprometerse en la esfera de la política internacional frente a situaciones delicadas, de cualquier asunto que se tratase, y en la parte del mundo que tocase dirimir.

Tras la Segunda Guerra Mundial, el proceso de descolonización, la emergencia de otras potencias en el mundo, así como la pérdida de hegemonía, hicieron que Reino Unido mantuviese sus buenas relaciones con EE. UU., a nivel estratégico, pero conllevó la pérdida de la preponderancia de antaño como potencia imperialista. En este contexto, el país, volvió su mirada al continente ante la idea supranacional que desde allí venía, en lo que pudiera interpretarse como un cambio significativo en las formas de relacionarse con él. Pese a eso, la extinta reina Isabel II, desplegó durante décadas una actividad frenética impulsora relativa al fortalecimiento de los lazos de unión con los países de la Commonwealth, otrora integrantes del imperio británico. Visto ambas posiciones, ¿quién pudiera asegurar que la relación que Reino Unido quisiese mantener con el continente, entonces, fuese solo eso, más o menos coyuntural, a cambio de otra relación más comprometida a largo plazo y para siempre?

Un primer intento de entrada en el nuevo organismo surgido acaeció en 1963, siendo primer ministro, el conservador Harold Macmillan. El intento resultó fallido porque, durante ese tiempo, la cuestión era algo complicada; al ser los países integrantes de la CEE, entonces, un número relativamente pequeño —solo seis—, el funcionamiento de esta se basaba para la toma de decisiones en el Consejo en la llamada **regla de la unanimidad**[66]. La televisión en blanco y negro, de entonces, nos mostraba la imagen de una silla vacía en la mesa de este órgano; una silla que correspondía a la del general De Gaulle, que, como presidente de Francia, con su ausencia representaba la negativa de su país al ingreso de Reino Unido en la CEE. De entrada no especularé sobre las razones últimas por las que Francia se oponía a la entrada de este país; diré solo que utilizó la fórmula de su ausencia en el Consejo, y que mediante la facultad conferida por la regla de la unanimidad, forzó a la CEE a que no se tomara una decisión importante como esta, ya que no gustaba o no se ajustaba a los intereses franceses.

---

66 NOTA DE AUTOR. REGLA DE LA UNANIMIDAD: En aquellos años, la CEE no se regía todavía por el criterio de mayorías cualificadas, ni por estados ni de población. Esta última se adoptó posteriormente cuando la unanimidad de las decisiones, fue ya un requisito imposible de cumplir a medida que aumentaba el número de socios integrantes de la UE.

Francia es un país europeísta donde los haya; su ministro de asuntos exteriores, Robert Schumann, fue el alma de la fundación de los tratados, pero cuando se habla del famoso eje franco-alemán, como la punta de lanza que mueve o vertebra la acción política hacia cualquier decisión, de la CEE de entonces y de la UE de ahora, no debemos olvidar que detrás de todo ello hay un pasado. El pasado más inmediato durante el siglo XX, fue que durante dos guerras mundiales —y antes de ellas, también—, Francia, tuvo que soportar los ataques e invasión de las tropas alemanas como enemigas. Finalizada la Segunda Guerra Mundial, tras el desastre, Francia y Alemania hubieron de hacer un ejercicio de superación de las reticencias del pasado, y transformarla en otra etapa basada en la confianza mutua. Respectivamente, la primera, estaba necesitada de obtener "la garantía, digamos" de una nación, otrora enemiga, de no volver a las andanzas del pasado, a pesar de las limitaciones que la posguerra le impuso; la segunda, Alemania, tener la confianza plena de un socio permanente y leal dentro del continente. Ese fue a mi juicio el espíritu precursor que mueve al eje franco-alemán. Pero si esa era la postura que adoptó Francia, con respecto a un país, en el pasado su enemigo, como fue Alemania, la pregunta sería entonces ¿qué era lo que, en 1963 y años posteriores, movió a la negativa de ingreso de un país, como Reino Unido?, que, en las dos guerras mundiales citadas, combatieron juntas en el bando aliado. He dicho anteriormente que no especularé con las razones, pero sí hago un juicio de valor, aunque sea apriorístico. Siempre he considerado que Francia se considera, a sí misma, como "guardián del acervo comunitario" y que, por su influencia política, la llevaba a marcar el camino hacia adónde debería ir Europa. En esa percepción, creo que, en el ánimo de la nación francesa —a través de De Gaulle—, había una visión acerca del deseo que movía a Reino Unido a solicitar la entrada en la CEE; según lo anterior, no era un sentimiento fuerte hacia la integración en el continente, es decir, no era algo ansiado por la mayoría de la población, empezando por su propia Jefa de Estado, la Reina Isabel II. Sin ir más lejos, durante esos años, la monarca desarrolló una actividad frenética en pos del desarrollo en su relación con los países de la Commonwealth, como organismo heredero del imperio británico. Además, la monarca, siempre que tuvo la oportunidad de expresarse al respecto, no escondió su postura y dejó entrever la poca necesidad que tenía su nación de adherirse al continente, mostrando con ello que, en cualquier caso, la adhesión no sería estratégica.

Cuatro años después, corría el año 1967, Reino Unido volvió a solicitar su ingreso nuevamente, esta vez bajo la presidencia laborista de Harold Wilson. La postura del general De Gaulle volvió a ser la misma que la anterior, oponiéndose por segunda vez. Finalmente, en 1973, muerto el general, y siendo presidente de Francia, George Pompidou, Reino Unido junto a Irlanda y Dinamarca se adhirieron a la CEE. Era primer ministro de Reino Unido, Edward Heath un europeísta convencido, si bien su país de la mano del partido laborista, dos años después, en 1975, hizo frente a un referéndum sobre la permanencia o no en la CEE. La adhesión fue refrendada por algo más de dos tercios del total de los votos emitidos. La conservadora Margaret Thatcher, conforme a sus principios y el ciclo político republicano en EE. UU., echando la vista atrás, consideraba que *"en los años sesenta se debilitó enormemente la fibra moral de Gran Bretaña";* pero que, sin embargo, esta dirigente impulsó la relación de Reino Unido con la CEE, como un país contribuyente neto. Después, la ola monetarista que se impuso en buena parte de Occidente, la segunda crisis del petróleo, la huelga de mineros, la guerra de las Malvinas…, hicieron aparecer las primeras tensiones entre la población durante sus legislaturas, en lo que respecta a su relación futura con el continente.

En 1984, negoció lo que vino en llamarse popularmente como el "cheque británico", mediante el cual se reintegraba a Reino Unido, las 2/3 partes de la diferencia entre lo aportado y lo recibido, conforme al presupuesto comunitario. Esto no debiera extrañar en demasía, pues es sabido que cada país trata de obtener el mejor provecho y resultado posible en su posición dentro de la UE, pero en el caso de Reino Unido, era una clara muestra de las tensiones que se estaban generando, así como una exigencia cada vez mayor a su disposición de mantenerse dentro de la UE. Con esos altibajos se llegó hasta 2016, donde mediante el referéndum convocado por David Cameron, Reino Unido votó a favor de la salida de la UE, haciéndose efectiva en 2020.

Por otro lado, ningún país miembro muestra el mismo ardor en sus simpatías de adhesión y sobre todo de permanencia en la UE, respecto al mostrado al inicio de su incorporación a la misma. España, sin ir más lejos, a pesar de existir una alta preferencia, no tiene el ánimo tan arraigado como al principio, en 1986, y los años inmediatamente posteriores. Francia, como socio fundador, tiene hoy amplias capas de la población, si no contrarias a la UE, sí partidarias de una revisión profunda; así podríamos seguir poniendo otros ejemplos. Puede decirse que se produce un cierto hastío consustancial al tiempo transcurrido y tiene que ver con los cambios que el paso de este va produciendo. Sí, hubo un antecedente claro de lo que significó un fracaso en toda regla, me refiero ahora al intento de elaborar una Constitución europea, a comienzos del siglo XXI, que sirviera de base jurídica —independiente de los propios Tratados de la Unión— a todos los países integrantes. Se evidenciaron las enormes diferencias entre los países miembros para la elaboración de una constitución; más difícil aún, fue aglutinar unos principios mínimos de índole diversa que sirvieran de aglutinante a países del norte, del sur, del este y del oeste europeo. Como muestra de esa dificultad, solo a título de recordatorio, baste citar que José María Aznar —siendo presidente del Gobierno de España—, hizo una propuesta dentro del Partido Popular Europeo (PPE) para que, tal Constitución, hiciera una referencia expresa al cristianismo como motor o esencia que animara el espíritu europeísta, junto al humanismo y otros valores culturales diversos inherentes en el continente. La propuesta cayó en saco roto, quizá, no por falta de voluntad política, ni por intereses partidistas, sino porque el propio concepto del cristianismo, o del humanismo, que pudiera ser evidente en determinados países, para otros, quizá, no lo era, o no lo era tanto, o no es así. La simple existencia de distintas iglesias en el ámbito geográfico, por no hablar de las luchas religiosas en la historia del continente, las invasiones otomanas, así como de otros matices asociados al concepto de la propia civilización occidental, creo que conforman valores y criterios diversos, cuando no totalmente distintos entre los países, como para aglutinar a pueblos diversos bajo unos principios mínimos capaces de ser asumidos por todos y que sirvieran de soporte de una futura Constitución.

En esta tesitura, si este fue el caso del propio continente, podríamos preguntarnos qué decir de Reino Unido, como país en este caso, donde la Constitución, como tal compendio jurídico en sí mismo, no existe. No se dice que no haya una Constitución, no, sino que los principios que, a modo de constitucionales, le sirven de referencia, están tomados o proceden de fuentes diversas, con motivaciones y rangos diferentes, ya sean de leyes, de tratados y de costumbres diversas, etc. y no desde un cuerpo doctrinal único, completo y cerrado, según el momento determinado de la historia que lo alumbrara en cada país. Ello es completamente diferente al derecho de los Tratados de la UE. Así, en España, con la falta de higiene democrática acostumbrada y, con el hábito político de orillar siempre de forma contumaz al pueblo, fue el Parlamento quien aprobó por amplia mayoría el proyecto de Constitución europea. Por contra, en otros países como Francia y Holanda, fue sometido a referéndum y rechazado finalmente, enterrando con ello, en 2004, el movimiento constitucional europeo, sin que desde entonces haya habido otros intentos por resucitar el proyecto constitucional.

Lo anterior no presupone, a mi juicio, la imposibilidad material de alcanzar una Carta Magna en el ámbito de la UE. A modo de conjetura, por mi parte, diré que quizá la propuesta que se hizo, partía desde unas posiciones elitistas que no se correspondían con la demanda social del continente. Quizá, entre otras razones, contribuyera a ello la presencia entre los ponentes de una figura como Giscard d'Estaing —atrás en el tiempo, presidente de Francia— y la propuesta no permeabilizó de manera suficiente en la sociedad. Pero si por algo se caracteriza la acción política es por la capacidad de allegar, en su caso, propuestas creíbles que ilusionen a los pueblos; aquella no lo hizo, no lo consiguió. En la actualidad, se tiene la experiencia de por dónde no se debe acometer cualquier otra propuesta constitucional, pero en definitiva, solo así se puede avanzar en el proyecto de integración política.

Durante casi cinco décadas, la población de Reino Unido ha formado parte de la UE, ha participado en el cuerpo doctrinal y jurídico de los Tratados de la misma, así como de las costumbres e idiosincrasia de otros países, y viceversa, con sus aspectos positivos, otros menos buenos, de las ventajas o no de su pertenencia a la diversidad de un espacio político y social grande; ahora ya no. Hoy por hoy, en ese país, amplias capas de población observan y soportan los inconvenientes derivados de su propio rechazo, ya sea a través de un pequeño agricultor, un transportista, un músico, un pescador, un turista, una persona unida sentimentalmente a su pareja de otro país del continente...; ahora, casi todos —siempre quedan las excepciones de los privilegiados—, para hacer lo mismo que hacían antes, en conjunto, simplemente por pertenecer a Reino Unido y como tales a ciudadanos de la UE, están sujetos a los inconvenientes que solo pueden soslayarse a través de convenios que, potencialmente, pudiera suscribir dicho país con cada uno de los países comunitarios, individualmente; pero sus actividades habituales no las pueden hacer intra comunitariamente hablando, desde un país a otro. Parece que el ideal del libre cambio practicado en conjunto (tanto para personas, para mercancías, para servicios como para capitales), no gusta a la otra buena parte de la sociedad que, tras el referéndum, resultó mayoritaria, precisamente, en el país del liberalismo.

Visto con la perspectiva del tiempo transcurrido desde la separación, así como los acontecimientos producidos, la postura de Reino Unido, aun habiendo sido oportunista, mediante una campaña engañosa, llena de artimañas y también por la dejadez de bastantes ciudadanos que jamás pudieron llegar a pensar en un resultado semejante, etc., pues tampoco es tan novedosa. Fue el interés de los dirigentes conservadores y también el de algunos laboristas destacados.

Ahora puede decirse que, la mirada de antaño fijada respecto a la UE fue, una mirada meramente especulativa y nada más. Algo así como "vamos a ver hasta dónde nos lleva la relación de adhesión al continente y, en el futuro, en función de cómo evolucione la cuestión, pues ya veremos". En definitiva, no pareció que aquella mirada estuviese movida solo por un deseo real de integración hacia el continente, o con él, sino por algo más.

Habrá europeos —entre los que me encuentro— que, creyendo interpretar lo que piensan otros, sobre el sentimiento del pueblo británico e irlandés del norte, considerarían que Reino Unido, por su historia, por su influencia política en el mundo —aunque venida a menos—, y por atender a su propia idiosincrasia, la relación con la UE podría interpretarse que representaba un corsé demasiado estrecho o, incluso, revestido de una visión miope de las relaciones internacionales. Y argumentarían, además, que atendiendo a la globalización en el mundo actual, precisaría de nuevos tratados con China, con EE. UU. y Canadá, así como con otros países de la Commonwealth. En ese contexto, su pertenencia a la UE condicionaría la relación con tales países, considerando que una mejor defensa de los intereses propios, solo se conseguiría si actuase como un país totalmente independiente, pero siempre ya desde fuera de la UE. Nada que objetar al respecto, al fin y al cabo, un razonamiento similar fue el utilizado, en su día, por todos aquellos que ponían trabas a la entrada de España en la UE, basada precisamente en la relación cultural, afectiva y demás intereses con los países iberoamericanos.

Una vez consumada la salida, quedan pendientes —según el tratado— asuntos espinosos para determinar la relación futura con la UE y, sobre todo, la voluntad de cumplirlo. Aquí lógicamente no se pretende desgranar en qué consiste, sino solo poner de manifiesto las dificultades que pueden encontrarse. Argumentar que, en ciencia política, se suele decir, que los tratados internacionales están para incumplirlos, bien de manera unilateral o en su conjunto, cuando no haya voluntad de hacerlo, o no convenga. Es de intuir que la salida de Reino Unido llevará, por su parte, a la ruptura del tratado y del compromiso firmado con la UE. La excusa será variada: podrá venir de la mano de querer solo, o como mucho, algún acuerdo de tipo arancelario; será por el territorio de Irlanda del Norte, por Gibraltar o lo será por cualquier otro motivo..., pero lo que no será es cumplir en su totalidad con el compromiso firmado inicialmente, porque para eso son los acuerdos internacionales ¡para no respetarlos!

La decisión de abandonar la UE fue soberana y contra eso no hay discusión, pero los acuerdos para abandonarla, sí deberían respetarlos. No los respetan, aquellos que creen que pueden hacerlo, eso sí, merece repulsa general. En este sentido, es posible que algún día no llegara a reconocer a sus instituciones y tribunales, de los que ha formado parte. Tal postura no debiera extrañar; es, o mejor dicho, ha sido la forma de proceder de un país habituado a utilizar tal recurso cuando sus intereses así lo aconsejaban durante la etapa imperialista, en cualquier parte del mundo. Añadiría que aunque ya no estén en la UE, ¿por qué habría de ser distinto ahora? Me parece que solo la acción política, o su influencia desde fines o instancias superiores, podrá revertir la dinámica actual en la que creo está involucrado Reino Unido. Por parte de la UE, su vitola negociadora viene dada por el respeto hacia los tratados, siendo previsible que trate de hacerlos cumplir y no saltar por encima del derecho, porque es lo que le otorga la fuerza moral en el mundo. Sin embargo, se ve abocada a un proceso de renegociación continua —por los incumplimientos de la otra parte—, siendo posible que, incluso, la UE afloje en las posiciones de partida con tal de llegar a acuerdos, sobre todo, con respecto a los temas derivados con la frontera de Irlanda del Norte y Gibraltar.

Tan legítimo es poder pertenecer a la UE —si se cumplen los criterios—, como lo es igualmente poder abandonarla, si un país en ambos casos así lo decide de forma soberana; luego habría que cumplir el tratado para hacerlo efectivo en la forma acordada. Atendiendo a los dos párrafos anteriores, es plausible que alguien diga —me incluyo—, que Reino Unido nunca debió entrar en la UE. Expresado de esta manera, parece un exabrupto sin más, o una posición maximalista, pero al cabo del extremo, ¿no sería esta acaso la postura que movería a De Gaulle a vetar su entrada en la CEE durante tanto tiempo?, ¿o es que quizá conocía bien las intenciones veleidosas de Reino Unido, al respecto del proyecto comunitario? Volviendo los ojos a esa mirada especulativa de la que he hablado, la negativa de entonces pudo resultar profética en el tiempo, al menos para algunos.

La oposición de De Gaulle en su fuero interno venía motivada por razones de tipo económico y de geoestrategia política. Para conocer su postura sobre la negativa me parece oportuno citar —entre otras personas— a la periodista francesa Stéphanie Trouillard:

[... El general argumentó que el Reino Unido quería imponer sus propias condiciones a los seis países que ya conformaban el bloque...]; [... Su carácter insular le confería una estructura política económica que difería profundamente de la de los europeos continentales...]; [... Es marítimo, está vinculado por sus intercambios, sus mercados, sus suministros a los países más diversos y, a menudo, a los más distantes. Tiene una actividad esencialmente industrial y comercial, y muy poco agrícola. Todos sus hábitos de trabajo son muy marcados, muy tradicionales...], [... Al escuchar la noticia, Macmillan escribió en su diario: los franceses siempre te traicionan al final][67].

Se apoya la autora citada, a su vez, en la obra del historiador británico Jonathan Fenby, especialista, estudioso de la figura del general y autor de una biografía suya titulada "El General: Charles De Gaulle y la Francia que salvó"[68].

---

[67] <https://www.france24.com/es/20191020-predico-de-gaulle-brexit-francia-reino-unido>
Última consulta resultada para el día 24 de mayo de 2022.
[68] FENBY, J. The general: Charles De Gaulle and the France he saved. Editorial Simon & Schuster, Limited, 2011.

Para el autor, de manera resumida, Francia consideraba que la entrada de Reino Unido, implicaba, en 1963, cierto miedo porque debilitaría la posición francesa dentro de la CEE de los seis países, como motor del proyecto, junto a Alemania. En materia política, el general comunicó a Harold Macmillan que, Reino Unido tendría que abandonar su relación especial con EE. UU., si quería unirse a Europa, ¡menuda exigencia! Quizá, lo más importante, fue considerar que este país podría ser un caballo de Troya para el desembarco de EE. UU. y eso sería intolerable, pues quería que el proyecto europeo fuese totalmente independiente, ajeno a la influencia de EE. UU. Por otro lado, Francia consideraba sentirse ninguneada en los acuerdos nucleares americanos, en favor de Reino Unido. Por eso, cuatro años más tarde, en 1967, la negativa volvió a formalizarse con el argumento de que *"permitir el ingreso de Inglaterra, sería para los Seis países ofrecer su consentimiento a todos los artificios, demoras y pretensiones, que tenderían a disimular la destrucción de un edificio que fue construido a costa de tanto dolor y en medio de tanta esperanza".*

Con independencia de otras consideraciones, sobre la figura de De Gaulle, parece claro que las opiniones del general hoy no podrían extrapolarse a una UE de casi tres decenas de miembros. Más de cinco décadas después, algunos quisieran ver en estos comentarios una visión premonitoria, especialmente los partidarios de una salida de la UE. Hay que estar de acuerdo con

Fenby, al menos, en la idea de que sería simplista comparar las dos épocas, y sigue:

[... La Unión Europea ha evolucionado mucho desde la década de 1960 y sería incorrecto trasladar las opiniones del general a la comunidad actual de los veintisiete miembros. También hay que resaltar que el bando pro - Brexit siempre se ha negado a reconocer la evolución de la Unión Europea y las posibilidades que abre para Gran Bretaña].

Finaliza la periodista Trouillard añadiendo: Sin embargo, el historiador se divierte imaginando lo que De Gaulle podría haber pensado sobre la crisis actual en Europa:

Para usar un término que utilizó unos años más tarde, habría calificado la situación de 'chienlit' (desastre–caos) y habría recomendado, según él, a los 27, que continúen su trabajo sin preocuparse demasiado por este miembro recalcitrante en su carácter no europeo.

Dejando de lado las apreciaciones personales, hay que reconocer que algunas de las aseveraciones que hace Fenby, no pasan por ser sino un mero ejercicio argumentativo acerca de las conjeturas de él mismo con respecto al propio general De Gaulle, sin que por ello se tenga que estar necesariamente en desacuerdo con parte de ellas.

10. La Unión Europea en la geopolítica mundial. Fortalezas y debilidades

En el capítulo precedente se ha hecho, de forma breve, algún comentario sobre el embrión que dio origen a las Comunidades Europeas, así como los escollos que estas hubieron de sortear hasta abrirse paso a la entrada de nuevos países que acompañaran a los iniciales miembros fundadores. En ese contexto, para la mayoría de países europeos —-salvo algunas excepciones—, el anhelo de formar parte del club selecto fue una aspiración legítima desde los albores mismos de la creación del organismo. Este capítulo no pretende dar una visión de lo bueno, lo menos bueno o, incluso, el aspecto nocivo que pudiera entrañar la pertenencia misma a una comunidad como la europea, concebida como tal a imagen y semejanza de esta, sino de los retos que el tiempo ha ido planteando de forma continua por mor de la incorporación de socios nuevos, la salida de otros, así como de aquellos que en el futuro se encargará de resolver; y, finalmente, tratar de su comparación con otros espacios políticos o económicos del mundo.

De otro lado, dado la evolución histórica en el tiempo, es necesario —como primera aproximación—, ver cómo se ha modificado la arquitectura conceptual de los diferentes tratados, sus denominaciones respectivas y los acuerdos básicos que alumbraron. Aquí, se seguirá, de forma extractada, a Laura

Estrella Blaya, diciendo que:

Acerca de los tratados, se plantea, inicialmente, si los mismos tienen la consideración o no de una constitución; es un tema muy debatible y controvertido. Solo comentar que la Constitución de los Estados Unidos, nació como un tratado internacional: "Each state in ratifying the Constitution, is considered as a sovereign body, indenpendent of all others, and only to be bound by its own voluntary act". Por otro lado, que hay opiniones que entiende el constitucionalismo como un proceso.

Así, en la Unión se tiene que:

✔ En 1951 (entra en vigor en 1952), se crea en París el Tratado de la CECA (Comunidad Europea del Carbón y del Acero); (ECSC: European Coal Steel Community, en su denominación inglesa). Este tratado no tiene nada que ver con el TFUE ni con el TUE.

✔ En 1957 (entra en vigor en 1958), se firma en Roma el Tratado constitutivo de la Comunidad Económica Europea (CEE); (EEC Treaty). Es el Tratado fundacional y original (TFUE).

✔ De 1957 (entra en vigor en 1958), se tiene, igualmente, el

Tratado de la Comunidad Europea de la Energía Atómica (CEEA); (Euratom Treaty).

Estos tres tratados son los constitutivos de las Comunidades Europeas, siendo suscritos por los mismos seis países fundacionales: Francia, Alemania, Italia, Países Bajos, Bélgica y Luxemburgo.

✔ En 1965 (entra en vigor en 1967), se produce en Bruselas el Tratado de Fusión; se fusionan los ejecutivos de las tres comunidades (Comisión y Consejos). El Tribunal de Justicia de la Unión Europea (TJUE), y el Parlamento Europeo, (PE), (en su momento denominada Asamblea Parlamentaria Europea, ya existía en la CECA, y desde 1957 eran las mismas para las tres comunidades).

Al respecto de este último, aquello que no fue alterado por el Tratado de Fusión, del Euratom Treaty, sigue estando vigente; la CECA, ¡no! Su limitación de cincuenta (50) años terminó en 2002. El TFUE no tiene fecha de caducidad, según Art. 53 del TUE: "This Treaty is concluded for an unlimited period".

✔ En 1986 (entra en vigor en 1987), se firma en Luxemburgo y La Haya el Acta Única Europea (Single European Act). Modifica algunas cosas del TCEE, pero le mantiene el nombre. Este es un buen ejemplo para establecer la diferencia entre el tratado que se firma y lo que queda del anterior.

✔ En 1992 (entra en vigor en 1993), se firma el Tratado de Maastricht (Países Bajos). Ocurren varias cosas:

1ª. Parte del Tratado de Maastricht, se dedica a modificar el TCEE; pierde la "E" de económica, quedando solo TCE; la idea es simbolizar la voluntad, de este tratado, de ser más que una unión económica (es, por ejemplo, el momento en que se introduce la ciudadanía europea).

2ª. El Tratado de Maastricht crea un nuevo tratado, el Tratado de la Unión Europea (TUE). ¿Por qué? Por varios motivos:

- Metodológicos: el TCE se estaba quedando largo. El TUE serviría para las provisiones generales.

- Estructura de pilares: en el TCE estaría el derecho de la unión normal y el TUE serviría como tratado internacional al uso (no sujeto al control del TJUE ni al procedimiento legislativo de la UE) en dos áreas específicas: política exterior (CFSP) y Home affairs (judicial and police cooperation, immigration and asylum, custom cooperation. Hoy, eso ya no es así; en la siguiente revisión de tratados, Home affairs se comunitarizó y ahora solo queda la CFSP en el TUE.

3ª Fue rechazado por Dinamarca en referéndum; ¿por qué? Porque no querían entrar en la unión monetaria.

- ✔ En 1999, se tiene el Tratado de Ámsterdam, donde se mantienen los nombres del TCE y TUE.

- ✔ En 2001, Tratado de Niza. Rechazado por Irlanda.

- ✔ En 2004, Constitución fallida. Rechazada por Francia y Países Bajos.

- ✔ En 2007 (entra en vigor en 2009), Tratado de Lisboa. Rechazado por Irlanda.

Lo anterior, no es, sino solo, una referencia conceptual para saber cuándo debemos decir TCEE o bien TCE; al igual que si nos hablan del "derecho comunitario" en vez del "derecho de la UE" (que es distinto del derecho europeo, por cierto)[69].

Una de las características a lo largo del tiempo de este organismo, primero como CEE, después como CE y ahora como UE, ha sido y es la continua necesidad de adaptación a la entrada de nuevos miembros; la incorporación de cada uno de ellos —con sus rasgos propios— implica de entrada, para sí mismos, adaptarse a las reglas de la mayoría existente; para la UE, no hace, sino ir asumiendo también —dentro de las

---

69 ESTRELLA BLAYA, L. Monografía interna de trabajo: "FUENTES DEL DERECHO DE LA UE". Letrada del Consejo de la UE. Bruselas, 2023.

posibilidades—, las especificidades de aquellos en el proceso de negociaciones. Desde la fundación de la CEE, debieron de pasar dieciséis largos años hasta la entrada de los siguientes tres primeros países como nuevos miembros: Reino Unido, Dinamarca e Irlanda y así, de forma continuada, hasta configurar una UE de 28 miembros. De manera inversa, también debe acompasarse a los procesos de salida, como es el operado de forma reciente con Reino Unido; pero más atrás, en el tiempo, también otros territorios abandonaron igualmente la CEE, durante el proceso de descolonización, como fue el caso de Argelia o de Groenlandia; el primero, relativo al alcanzar su independencia de Francia, en 1962, mientras que el segundo lo hizo por decisión de un referéndum en 1982. Así mismo, en el futuro, no se podría descartar que, potencialmente, pudieran plantearse otros procesos de salida similares.

Entre tanto, esperando en la antesala oficial se encuentran países como: Albania, Macedonia del Norte, Montenegro, Serbia y Turquía. Por otro lado, los países adscritos a la Asociación Europea de Libre Comercio (AELC), tales como Islandia, Noruega, Liechtenstein y Suiza, que presentan características propias en su relación con la UE, pero, de momento, se encuentran fuera de la agenda para un proceso de adhesión. Asimismo, hay otros países o territorios, candidatos potenciales surgidos de la fragmentación de la antigua Yugoslavia, como son Bosnia y Herzegovina y Kosovo, este último no reconocido por algún país, entre ellos España. Además, todo lo anterior sin entrar a valorar qué hacer con otros territorios considerados secesionistas —dentro de sus actuales naciones—, que pretenden desgajarse de los estados respectivos, miembros actuales, como pueden ser: Flandes de Bélgica, Córcega de Francia, Padania y Tirol del Sur de Italia, Baviera de Alemania, Cataluña y País Vasco de España... Aquí me detengo porque los escenarios potenciales que se abren son numerosos y variados. Entraríamos en la situación potencial que el general De Gaulle, denominó, ya en su día, como "la Europa de los pueblos"¿? Según algunos, desde el ámbito político, un escenario europeo así configurado, podría ser entendido, quizá, al finalizar la Segunda Guerra Mundial, pero no hoy; hoy sería algo ingobernable, inoperante, tendente, cada vez más, hacia una mayor fragmentación europea, frente a la competencia con otras entidades del mundo de carácter supranacional más amplias.

Por otro lado, se tienen estados que son colindantes con Rusia, si bien están insertados en el territorio europeo, así como otros que son miembros de la denominada Asociación Oriental; finalmente, se tienen otros países que son claramente o están ubicados fuera de Europa, tales como Marruecos, Israel, Canadá... que presentan vínculos de distinta naturaleza con la UE. Este movimiento continuado dentro de la UE en aras de aumentar —o disminuir, en menor medida— el número de países o territorios adscritos al Tratado de la misma, da pie para asemejarlo al movimiento de un acordeón, al que hay que abrir o cerrar sus pliegues cuando pasa el aire al tiempo de que, se presiona una o varias teclas, para conseguir que las notas musicales no desentonen. Igualmente, la UE, debe acompasar la acción y su estrategia política, a la entrada de nuevos miembros y, en su caso, a la salida de ellos, para que suene y sea efectiva la partitura del conjunto restante, adaptándose a las nuevas realidades de todo tipo. En este sentido, a nadie se le escapa el ajuste en curso que realiza la UE con la salida de Reino Unido; a título de ejemplo, no solo es la disminución de más de sesenta millones de personas, sino también, a la adaptación estratégica que supone la no disposición, de los recursos energéticos del mar del Norte, de los intercambios de todo tipo o de la versatilidad de los mercados financieros..., con las implicaciones que la nueva situación planteada conlleva.

De entrada, para el objeto del trabajo, una fotografía actual, conteniendo algunos parámetros significativos, puede ser un indicador de su posición en el mundo frente a otros países, de cara a establecer algunos juicios de valor comparativos, si es que ello resultara plausible. Así, en el cuadro siguiente, se relacionan diecisiete países tomados de los cinco continentes, junto a la propia Unión Europea; la estadística en cuestión se centra en parámetros de tipo diverso relativos a la superficie, a la población, a su densidad de población así como al PIB per cápita-paridad del poder adquisitivo de cada uno de ellos, solamente.

Los países elegidos lo son por destacar en alguno de los parámetros citados, objeto de la referencia elegida; algún otro, lo es por la riqueza misma de sus recursos naturales o de minerales críticos; algunos destacan tanto por los parámetros de la propia estadística en cuestión, como por la disponibilidad añadida de tales recursos, como puede ser el caso de EE. UU., Canadá, Rusia o China... Posteriormente, se hace un enfoque somero hacia los recursos porque junto a los parámetros de la estadística —así como la de otras variables—, son los que determinan la capacidad de influencia que se proyecta hacia el exterior o, en su caso, los que determinan en última instancia la dependencia respecto de él; en definitiva, razones últimas que influyen en la estrategia a seguir para acomodar la geopolítica mundial a intereses propios.

Sin embargo, un primer acercamiento objetivo nos debe inducir a conceder a los valores de la tabla solo una importancia relativa únicamente; el PIB per cápita, por ejemplo, es un parámetro que depende de factores diversos e incluso, países que no aparecen en la estadística, disponen de valores superiores a los relacionados en ella; sirva, por tanto, la misma, para fijar de entrada una posición entre ellos y nada más. Algo semejante podría decirse respecto a la densidad de población, salvo cuando esta alcanza unos valores elevados, como bien pudieran ser los casos de India o Japón. En ellos, una densidad alta de población suele indicar otro tipo de deficiencias potenciales, bien en recursos naturales primarios, que pueden llevar a una superpoblación, o bien indican una escasez de tierra con fines de cultivo o de otro tipo.

Parámetros significativos de algunos países por continentes (*)

País	Superficie[1]	Población[2]	Densidad[3] de población	PIB per cápita[4] (PPA)[5]
UE-27	4237	447	106	46888
Arabia Saudita	2150	36	17	55858
Argentina	2780	47	17	23862
Australia	7741	26	4	55492
Brasil	8516	217	25	16764
Canadá	9985	39	4	53089
Congo (R. D.)	2345	90	38	788
China	9600	1403	146	20667
Egipto	1001	101	100	14080
Estados Unidos	9372	332	35	68308
India	3287	1380	419	7159
Irán	1648	83	50	13993
Japón	380	125	329	44935
México	1965	126	64	22216
Nigeria	924	206	223	5377
Reino Unido	244	63	258	48693
Rusia	17125	144	9	32213
Sudáfrica	1219	60	49	14239

(1) En miles de Km²

(2) En millones de habitantes

(3) En personas por Km²

(4) En miles de dólares ($) por persona

(5) (PPA). Paridad del Poder Adquisitivo. Mide el poder adquisitivo de compra de un bien o servicio en un país en comparación al de otro país, basándose en la moneda de cada país, expresada en dólares.

País	Superficie[1]	Población[2]	Densidad[3] de población	PIB per cápita[4] (PPA)[5]

Parámetros significativos de algunos países por continentes (*)

(*) **Tabla 1.** Fuente: Elaboración propia con datos referidos a 2021.

Procedencia datos: UE-27, Oficina de Eurostat[70] y Wikipedia. Resto de países: Wikipedia.

De los valores consignados en la tabla 1, una primera aproximación a constatar es que la UE es un espacio geográfico donde —al igual que en otros—, hay diferencias significativas entre los países que la constituyen; a su vez, las hay dentro de los propios países, así como entre aquellos ubicados al norte y sur del espacio geográfico en cuestión; lo mismo les ocurre al resto de países, y los valores fijados suelen encerrar ese tipo de lagunas, pero a falta de un análisis más pormenorizado, en principio, la información que se facilita es suficiente a los efectos comparativos entre todos ellos para el fin que se persigue.

Entrando en dicho análisis, hay que señalar que la superficie de la UE representa entre el 43 y el 45% de la de otros países considerados más grandes, por su extensión, como son Canadá, China y Estados Unidos, pero solo el 25% de la de

70 <https://ec.europa.eu/eurostat/documents/12743486/14207633/EU27-EN.pdf>
<https://ec.europa.eu/eurostat/web/population-demography/demography/publications/demography-report>
<https://es.wikipedia.org/wiki/Union_Europea>
Última consulta resultada para el día 28 de mayo de 2022.

Rusia; al resto de países de la tabla los supera en esta faceta. Respecto a su población, de 447 millones, solo es rebasada por China e India, teniendo una densidad de población que se antoja equilibrada en proporción a la superficie; otros países como son India, Japón, Nigeria, Reino Unido o China presentan unas densidades poblacionales superiores. Por lo que respecta al PIB per cápita (PPA), solo EE. UU., Arabia Saudita y Canadá presentan cifras superiores. En este sentido, los datos, así expuestos, fríos, no dicen mucho más; para calibrar la dimensión real del potencial de cada país hay que ver otros factores como pueden ser sus recursos y reservas, la producción, cómo se estructura esta, la tecnología disponible, estado de la ciencia y la capacidad de innovación, la productividad, los programas sociales, la influencia exterior…, así como otros muchos factores más, que no son ajenos a los valores ejercidos en el seno de la libertad y la democracia.

En términos de recursos naturales, en referencia al carbón, en la UE hay países con los que la naturaleza se mostró muy generosa, hasta el punto de que sobre la base de este recurso se cimentó el desarrollo de buena parte de la revolución industrial desde finales del siglo XVIII y más allá hasta prácticamente nuestros días; así por ejemplo en el caso de Gran Bretaña, cuando hablamos de tal revolución, la asociamos a un territorio que en sus entrañas disponía de una gran cantidad de este recurso, sobre todo en el norte y este del país, además de estar asentada sobre una mina de carbonato de siderosa. Y también en otros países del continente. Además, no debemos olvidar que, el carbón y el acero fueron los recursos que cimentaron el nacimiento de la Comunidad Económica del Carbón y del Acero (CECA), después de la Segunda Guerra Mundial; y posteriormente, fue el embrión que alumbraría a la CEE. El fenómeno también estuvo presente en otros países incluidos en la Tabla 1. En conjunto, según datos publicados en su día[71], ocupa un lugar destacado, aunque ello no fuese óbice para la práctica de importaciones —abasteciéndose sobre todo de productores mundiales más baratos— para cubrir todas las necesidades. Esta posición en la producción le otorgó históricamente un grado de abastecimiento relativo, sin que estuviese en peligro un cierto grado de autonomía en el subsector del carbón. De un tiempo a esta parte, y desde el punto de vista ambiental, la producción de energía eléctrica procedente de esta fuente, viene siendo sustituida por otras más respetuosas con la idea de cumplir los compromisos internacionales en este apartado, aunque el énfasis puesto en ello por los países integrantes no es el mismo en todos los países. Ello da lugar a tiranteces en su seno de la UE por los esfuerzos realizados por cada uno de ellos en materia ambiental, así como por sus comportamientos posteriores poco coherentes con la política seguida hasta el momento; así, además, ante los cambios

---

71 <https://es.wikipedia.org/wiki/Anexo:Paises_por_producción_de_carbón> Última consulta resultada para el día 31 de mayo de 2022.

operados en la esfera internacional, se tiene la implicación de no estar exenta de realizar importaciones de carbón por la carestía y baja productividad de las producciones internas.

Este panorama descrito para el caso del carbón no es extensible a otros combustibles fósiles. Aunque lo siguiente sea una obviedad sabida y aceptada por todos, hay que decir que para el caso del petróleo y del gas el escenario de partida era distinto y su desarrollo posterior también lo está siendo. Para el primero, salvo la excepción del Mar del Norte, donde Noruega y Reino Unido —que no forman parte de la UE—, ocupan una posición privilegiada en su extracción y producción, para el resto de países en la EU, conforme a la publicación de "The World Factbook" de la CIA —el libro de datos del mundo—, tomando como referencia el año 2018[72], se recogen producciones muy desiguales de barriles/día/país; y para el conjunto UE, son muy exiguas en relación con el consumo total necesario para el mismo año[73]. Simplificando los datos, de acuerdo a estas cifras, el balance petrolífero de la UE gira en la proporción de 1 barril producido por casi 9 barriles consumidos, de forma aproximada.

---

[72] <https://www.cia.gov/the-world-factbook/countries/world/>
 Última consulta resultada para el día 1 de junio de 2022.

[73] <https://es.wikipedia.org/wiki/Anexo:Paises_por_consumo_de_petróleo>
 <https://es.wikipedia.org/wiki/Anexo:Paises_por_producción_de_gas_natural>
 Última consulta resultada para el día 1 de junio de 2022.

Una mirada por el mundo
(Invitación al desasosiego)
Pág. 361 de 524

Eso implica una dependencia general excesiva de otros países productores como son: Rusia —principal suministrador, según Eurostat—, Noruega, países del Golfo Pérsico, o bien otros de África como Nigeria, Libia…, es decir, de buena parte de aquellos otros países contenidos en la Tabla 1 básicamente.

Las cifras están referidas a la UE en su conjunto y como se ha citado, ello conlleva diferencias; así, por países, Dinamarca, es un exportador neto, aunque no sea en gran cuantía, siendo el único país que en algunos períodos de la última década ha tenido una tasa de dependencia negativa; de forma correlativa, otros países con menores tasas de dependencia son: Rumanía, Estonia, Chequia y Suecia; el resto, tiene tasas de dependencia mucho mayores[74]. Para el segundo, es decir, para el gas natural, el escenario es muy parecido, salvo que la diversificación, desde el lado de la oferta y de los países suministradores, es menor, es decir, existe una mayor dependencia aún. Esta es muy acusada desde Rusia para buena parte de los países del Norte y del Este de la UE, aunque otros países del Sur de la UE utilizan otros canales alternativos muy importantes, sobre todo, los procedentes de EE. UU., así como del Norte de África o del Golfo Pérsico. La invasión de Ucrania por parte de Rusia y las sanciones económicas impuestas a este país, no han hecho, sino diversificar la oferta y, en su caso, acentuar los suministros

---

[74] <https://ec.europa.eu/eurostat/statistics-explained/index.php?title=Energy_production_and_imports/es&oldid=20049>
Última consulta resultada para el día 2 de junio de 2022.

procedentes del resto de países citados. Por otro lado, los canales de un suministro potencial procedentes de Argentina o de México, aún no están siendo utilizados de manera habitual, si bien se espera que en un futuro, a medio o largo plazo, tengan una mayor presencia. Según esta misma fuente se puede constatar la producción de energía primaria en sectores clave como la de energía nuclear y renovables. En definitiva, existe una dependencia de las importaciones, sobre todo de petróleo, de gas natural y también de hulla (en menor medida), como resultado del déficit creciente entre producción y consumo; esta dependencia de las importaciones se sitúa hoy alrededor del 60%.

En cuanto a la energía nuclear, baste citar que solo 14 países —de los veintisiete— disponen de reactores nucleares. En total hay 107 reactores en la UE y algunos más en construcción, existiendo grandes diferencias porque más de la mitad de los mismos, es decir, 58, se concentran en Francia. Entre todos ellos producen algo más de la cuarta parte de la energía eléctrica total consumida en la UE, o sea, el 26%. Fruto de estos datos, nuevamente se ponen de manifiesto las diferencias, así en Francia casi el 70% de la energía eléctrica proviene de la fuente nuclear; mientras que en buena parte del resto de productores, oscila alrededor de entre el 20% y el 22 %; ya se ha citado que en el resto de países, es decir en 13, no hay producción de energía eléctrica que tengan una fuente de origen nuclear. Lo más significativo, a mi juicio, es que mientras en Francia la situación es la descrita, en Alemania puede decirse que, hoy por hoy, se ha cerrado la puerta a la energía nuclear. Esto quiere decir que, el hecho de que los dos primeros países de la UE adopten medidas totalmente contradictorias sobre una fuente energética —es este caso la nuclear—, es un síntoma que deja entrever una falta de concordancia evidente que, incluso, puede trasladarse a otras faltas de sintonía, de carácter político, de alcance superior. Tales discrepancias en materia energética, se proyectan hacia la acción política que impiden decisiones conjuntas. Así, mientras la opinión pública en Francia es proclive a esta fuente, en Alemania existe una contestación radical que la lleva al cierre de sus centrales y tener que apoyarse nuevamente en el carbón¿? En España se tiene una situación intermedia, digamos, si bien con la vista puesta en el cierre de las nucleares —cada vez con menor productividad— y con la potenciación de las renovables. Para el conjunto, a mi juicio, esto es un paso atrás, o cuando menos un retraso significativo, en el proceso de transición ecológica en el que se encuentra inmerso la UE.

Por otro lado, la situación contrasta con el hecho de que en 2022, la Comisión Europea ha catalogado a las centrales nucleares y al gas como fuentes de energías sostenibles para la transición ecológica; en una palabra, es lo que asimilamos a las llamadas energías "verdes", todo ello en un intento de ver y orientar a las inversiones privadas hacia fuentes energéticas que sean respetuosas con el medio ambiente; naturalmente que hay discrepancias serias incluso entre los expertos ante el criterio para sostener tal catálogo de oportunidades energéticas, sin embargo, así es el estado de la situación. Por último, respecto a las energías renovables, según datos de 2020, el panorama es alentador, ya que el consumo total neto de energía eléctrica procedente de diversas fuentes como puedan ser la eólica, la solar, la biomasa…, se acerca a un porcentaje del 22% del total. Como suele ser habitual, las diferencias entre países son significativas. Así, en los países nórdicos es donde se alcanzan las cifras más altas, con porcentajes que rondan entre el 50 y 60 % del total, mientras que hay otros que no alcanzan el 10%. El resto se enmarca dentro de un 20% aproximadamente del total. El dilema, como siempre, está en que no podemos utilizar la fuente eólica cuando no hace viento, o no podemos utilizar la solar según qué franjas horarias, y debemos recurrir al mantenimiento de las fuentes tradicionales —en el porcentaje que se estime conveniente—, con los problemas descritos. Y la otra cara de la cuestión, sería dejar de poner en el eje central el consumo de estas fuentes para mantener o aumentar la producción, frente al paradigma de racionalizar y disminuir el acceso a dichas fuentes, aunque la producción se viera afectada.

En otro orden de cosas, late la esperanza de ver como a partir de 2025 y hasta final de esta década, pudiera atisbarse alguna noticia esperanzadora procedente desde Cadarache

(Francia) con relación al proyecto ITER (Reactor Termonuclear Experimental Internacional). Para dicha fecha, está prevista inicialmente, que se pudiera presentar un primer hito científico basado en la fuente del hidrógeno, acerca de la viabilidad comercial, o no ya veremos, como fuente de energía de fusión. Este aspecto ha sido objeto de mención en el capítulo 1, al hablar sobre las posibilidades del proyecto NIF, de confinamiento inercial, para alcanzar la ansiada energía de fusión, frente al confinamiento magnético que persigue el propio ITER.

El panorama descrito podría concluirse —aunque siempre con matices—, con la existencia de una dependencia significativa de la UE respecto a los recursos procedentes desde productores diversos para el caso de los combustibles fósiles; asimismo, es pertinente citar la dependencia de Francia respecto del uranio, procedente de algún país africano, como Níger, para abastecer casi en un 40% la red de sus centrales nucleares. La dependencia de la UE se torna aún más abrumadora referida a los metales críticos necesarios para la industria de alta tecnología. Dentro de ellos, como se recoge en el capítulo 5, es pertinente la referencia básica a los siguientes: coltán, cobalto, tántalo, niobio, escandio, itrio, cobre, berilio, aunque este en menor medida, así como de otros minerales..., necesarios para la producción de esa tecnología ya sea en forma de condensadores electrolíticos, ya sea como microprocesadores, baterías, componentes electrónicos, etc. todos ellos indispensables en el campo de las telecomunicaciones, de las aplicaciones y desarrollos digitales en la industria de nuestro tiempo, sin olvidar a la inteligencia artificial. En este caso, la dependencia aparente —y real—, es abrumadora respecto de la minería del continente africano, básicamente, de ahí su referencia e inclusión de algún que otro país —no todos—, como productor continental en la Tabla 1.

Así las cosas, desde el lado de los recursos, sin embargo, la eficiencia productiva de la UE ha ido compensando en parte las limitaciones comentadas. Por sectores, no hay que olvidar que durante años atrás, el sector primario y concretamente la Política Agraria Común (PAC), acaparó buena parte de los recursos del presupuesto total, con cifras cercanas al 60%. Era imprescindible para el buen funcionamiento de la UE tener a los agricultores contentos, no en pie de guerra, buena parte de ellos franceses; tampoco hay que desdeñar el peso específico que Francia siempre se auto otorgó dentro de la Unión, así como de otros países del Sur. Ello exigía fijar unos aranceles altos para mantener los precios de los productores interiores, antes que abastecerse de los productores mundiales más baratos y más eficientes. A modo de cita, referiré cuando esos productores más eficientes procedían de España o de Italia, por ejemplo, daban lugar a los episodios conocidos de la quema de camiones en Francia, ya fuesen cargados de vino, hortalizas, verduras, frutas, etc. Cuando así ocurría, las quejas de España seguían su curso habitual y por cauces establecidos; desde Italia, el procedimiento a seguir, además del anterior, era la quema de dos o tres camiones franceses por cada uno de los italianos afectados. A la vista de ello, ¡que cada lector extraiga su valoración!, pero a los ojos de la mayoría de los ciudadanos el procedimiento ¡parecía funcionar!, como fórmula de llamada hacia la cordura.

En este contexto, el espíritu que predomina dentro de la UE —de mercado único—, es que sobrevivan los productores interiores más eficientes y a cambio, subvencionar a aquellos otros que no lo son para que deban adaptarse o, en su caso, desaparecer. En definitiva, hoy, la Política Agraria Común (PAC) representa alrededor del 33% del presupuesto total; cifra significativa, sin duda, pero lejos ya de aquella otra del 60%, de décadas pasadas, que lastraban los recursos del presupuesto que pudieran dirigirse hacia otras vertientes políticas.

Aunque el sector industrial sea vigoroso en general, siempre queda el resquicio de citar el caso de Dinamarca, donde tradicionalmente, desde muchos años atrás, sorprendía que la productividad obtenida por el sector primario era de forma comparable, superior al de otros sectores, incluso con los índices elevados de productividad de otros países e incluso del sector industrial. Asimismo, el sector terciario está bastante desarrollado, y existe el ánimo generalizado que el aspecto cultural es un referente que consigue generar bienestar a territorios de bastantes países, en un claro contraste con zonas muy deprimidas y de otros sectores, sobre todo en zonas meridionales de Grecia, Italia, España... Asimismo, el sector primario en España, por ejemplo, en la rama agroalimentaria, obtiene un buen ratio visto en términos de calidad y de precio; sin embargo, desde el lado de la productividad no puede decirse lo mismo, ni hacerse una comparación similar al caso descrito para Dinamarca.

En el aspecto monetario cobró mucha fuerza la implantación de la moneda única, el euro, en el año 2000, con efectos reales desde 2002. Este hito tiene, de entrada, una carga simbólica y política profunda, porque en una etapa de integración económica —como es a la que se aspira—, no se concibe sin la disposición de una moneda única, siendo como es el paso previo hacia una integración política; tiene un efecto de cohesión entre los países que componen la UE, siendo aceptada, en términos cotidianos, incluso en otros países que no forman parte de ella. Supone, además, que la divisa europea pueda realizar operaciones en todo el mundo a un nivel semejante a otras divisas como, por ejemplo, el dólar, el yen o la libra esterlina, monedas con una tradición histórica significativa. Asimismo, su implantación, llevaba aparejada la creación del Banco Central Europeo (BCE) a semejanza de otros bancos centrales mundiales. En este contexto, el objetivo principal del BCE, no debe hacernos olvidar, que es, básicamente, la lucha contra la inflación. Derivado de la experiencia caótica alemana del período entre guerras, este país, tiene una aversión a la inflación como no creo que haya otro en el planeta, siendo por ello la condición impuesta la existencia de un organismo encargado de velar por el control de precios de la nueva moneda. Más recientemente, se está ocupando de comprar deuda soberana de los países con problemas, entre ellos España. Asimismo, también vela por la salud del sistema financiero. Sin embargo, la UE del euro la componen solo 19 países, no toda la UE; Reino Unido nunca formó parte del euro. En España, la Administración conservadora de Aznar, hizo un esfuerzo considerable y llevó a cabo los programas de ajuste necesarios — con todo lo que ello conllevaba—, para formar parte del euro desde el primer momento. A título de ejemplo comparativo, algunos países, como Italia, no cumplían con las condiciones iniciales establecidas para la entrada, hubo de ser rescatada con posterioridad.

En el sector financiero, en el ámbito de UE, recientemente se ha producido algo que hasta ahora era novedoso porque no se había producido nunca; se trata de la emisión de deuda por valor de 750.000 millones de euros, por un período de seis años, destinados a programas de ayudas estructurales, en buena parte motivadas por la Covid-19. Al ser algo nuevo, como es acudir a los mercados para financiarse, se espera que la UE pueda hacer frente siempre a los compromisos de pago. En el futuro, tal compromiso puede ser un mecanismo recurrente, sucesivo y generador de deuda soberana a largo plazo, y que ello se convierta en la punta de lanza de nuevas disensiones en el seno de la misma. Incluso, pudiera ser una forma de dividir al conjunto comunitario entre aquellos países que necesitan más o menos financiación, como fórmula entre los partidarios de asumir nuevos programas de deuda, frente a aquellos otros más austeros, y acarrear disensiones en forma de distintas velocidades en el avance de la UE.

La cuestión es si todos los países, o solo algunos, están en condiciones de asumir cada vez mayores niveles de deuda. Esta percepción surge cuando los niveles de deuda sobrepasan el 100, el 110, el 120 por cien del PIB, o incluso más, según determinados países, y todo ello, sin visos de que puedan disminuir, cuando más bien la tendencia es a seguir creciendo. En cualquier caso, el tiempo nos lo dirá y en su caso, establecer pautas para su corrección.

En otro orden de cosas, la UE alcanza un alto grado de desarrollo cultural capaz de generar bienestar en otros sectores y capas de la sociedad. Según opiniones, aquí podríamos incluir a la lengua, incluso. Siendo así la importancia que tiene, no debemos caer en el error de pensar que, por sí misma, sugestione por igual a toda la población del orbe. En un mundo de más de 8.000 millones de seres, se ha citado en repetidas ocasiones que, si por algo se caracteriza la cultura, es por no ser un concepto universalmente aceptado; ni por las lenguas, tampoco por la religión, ni por los valores o cualquier otro parámetro de medida que bien se nos pueda antojar. Lo que para unos seres, en unas partes del mundo, puede parecernos como algo bueno, menos bueno, bello o excelente..., en otras partes del mundo, tales conceptos pueden ser caracterizados con modelos propios de percepción e incluso tildados como contrarios, siendo así que no son ni mejores ni peores, según estándares, sino solo distintos; en definitiva, hablamos de sub sistemas culturales que están impregnados de conceptos morales, éticos y hasta filosóficos que surgieron, desde sus inicios como sociedades primitivas, llegando a conformar modelos culturales genuinos en respuesta a las necesidades, disponibilidades de recursos y costumbres propias, existentes en cada parte del mundo.

Aunque no exista una correlación directa —ya que correlación no significa exactamente causación—, entre la cultura y lo que sigue, sí que es cierto que el mundo científico en general está impregnado del espíritu cultural que lo envuelve y le ha dado vida; igual ocurre en la investigación, en la medicina y ciencias de la salud, pero sobre todo en los programas avanzados de la física, como la Organización Europea para la Investigación Nuclear (CERN). En su seno se construyó a finales del siglo XX el Gran Colisionador de Hadrones (LCH), siendo el acelerador de partículas más grande y de mayor energía que existe en el mundo. En la industria aeronáutica, el consorcio de países que conforman hoy AIRBUS —entre ellos España—, constituye el mayor fabricante de aviones civiles del mundo, en competencia directa con BOEING, su rival norteamericano. El modelo A - 380 —que es otra joya de la industria aeronáutica—, es el avión de pasajeros más grande del mundo, sin embargo, el sector impone estándares cada vez más competitivos, haciendo de este avión, una víctima más en la carrera de la aviación comercial, hasta el punto de abandonar su fabricación, siguiendo los pasos de su competidor mundial BOEING con el modelo similar. Hoy, prima mucho el respeto al medio ambiente, así como a la eficiencia energética; como suele decirse, el Airbus A – 380 llegó tarde al mercado y su puesto lo van copando otros modelos —no tan grandes—, pero sí más eficientes.

Su división militar fabrica igualmente aviones de transporte y helicópteros. Tampoco hay que olvidar —aunque hoy ya no vuele—, la experiencia pionera que supuso para la industria, el hecho de que un consorcio anglo francés pusiera en el aire un avión a reacción supersónico —de mach[75] 2— de pasajeros, capaz de volar desde París o Londres a Nueva York y viceversa, en algo más de tres horas. Fue el Concorde, que nació

---

75 NOTA DE AUTOR. MACH (Número de Mach). Es el cociente entre la velocidad de un móvil (VM) y la velocidad del sonido (VS). Es un número adimensional utilizado para cifrar la velocidad de los aviones. Así, mach 1 = velocidad del sonido; mach 2 = 2 veces la velocidad del sonido. En el caso de referencia, un mach 2 corresponde a dos veces la velocidad del sonido. (VS) = 343,2 m/seg en la atmósfera = 1.235,52 Km/h.; mach 2 = 2.471,04 Km/h.

a mediados de la década de 1970, en tiempos difíciles a causa de la primera y segunda crisis del petróleo, en el último cuarto del siglo XX hasta 2003 que hizo su último vuelo. Los problemas de rentabilidad, su nivel de ruido, y otros factores generó ya cierta aversión por lo que se consideraba un escaso respeto al medio ambiente. La falta de pedidos, así como las altas ayudas públicas ofrecidas a las compañías de bandera francesa y británica, y un accidente final, fueron algunas de las causas para dejarlo definitivamente en tierra. Nada empaña, sin embargo, que el Concorde fuese un símbolo de la aviación y una joya de la ingeniería aeronáutica. Tuvo su homólogo, en el bloque del Este, el Tupolev soviético. A nivel individual de estados, tanto Francia como Reino Unido, siempre han dispuesto de una fuerza aérea propia de gran prestigio, todo ello con independencia de los programas europeos conjuntos para fabricar aviones, carros de combate u otro tipo de material militar.

En el sector de la industria aeroespacial, el referente lo constituye la Agencia Espacial Europea (ESA), dedicada a la exploración espacial, en la que participan veintidós estados miembros. Fabrica los cohetes Ariane y colabora con la NASA en programas espaciales. Uno de estos ha consistido, a finales de 2021, en el lanzamiento desde la Guayana Francesa —que pertenece a la (ESA)—, del cohete para situar el telescopio espacial James Webb; que tiene como misión sustituir a los telescopios Hubble y Spitzer. Este apartado, con referencia a algunas de las realizaciones comunitarias, es una muestra también de las potenciales ventajas comparativas que dispone la UE en este campo, frente a otros estados contemplados en la Tabla 1.

Mirando ahora desde una óptica estrictamente política, la UE está integrada por naciones que se rigen por el respeto a las libertades y la democracia; **no constituyen, por tanto, una confederación,** al menos de momento; tampoco es lo que pretenden algunos que sea, es decir, una nación de naciones, no, no es eso. A pesar de la existencia del Parlamento Europeo (PE), se trata de una unión de países soberanos, con sus propias constituciones, que bajo los principios asumidos en los Tratados, avanzan desde la otrora previsión inicial de una unión aduanera, hacia la integración económica, —en la que se encuentra actualmente—, y con los ojos puestos algún día en la **integración política, que de momento no existe**. Tales principios, *"se fundamentan en los valores de respeto de la dignidad humana, libertad, democracia, igualdad, Estado de Derecho [sic] y respeto de los derechos humanos, incluidos los derechos de las personas pertenecientes a minorías"*[76]. Alcanzar la integración política es un objetivo loable —irrenunciable para algunos—, si bien choca con la sensibilidad de cada país; pareciera como si ninguno estuviese dispuesto a ceder más

---

76 TRATADO DE LA UE. VERSIÓN CONSOLIDADA. Diario oficial de la Unión Europea, Artículo 2. ES. 30 03 2010.

soberanía de la estrictamente necesaria. Así, la UE va haciendo camino dentro de los principios que los Tratados[77], en sus sesenta y siete años de existencia, le permiten y en los cuales se fundamentan.

Desde otra perspectiva, se percibe, en ciertos ámbitos jurídicos, la idea de asimilar la existencia de un derecho constitucional consolidado dentro de la UE. Si esto fuese así, la pregunta que se impone es ¿cómo es posible hablar en tales términos cuando no existe una constitución como tal para aplicar el derecho, aunque sea a través de los Tratados? Creo, al respecto, que con ello se pretende asociarlo a un **derecho institucional,** del propio organismo en sí, donde la materia del objeto sustantivo la constituye la contenida en los Tratados vigentes. Sin embargo, la idea enmascara el aspecto político de la cuestión, en la medida que hasta ahora —no pudiendo aspirar a algo más en materia constitucional—, los contenidos de los Tratados de la UE hacen, por ahora, las veces de una Constitución. Nuevamente, si esto fuese así, ¿significaría acaso que la UE renuncia definitivamente a formular una Constitución como un cuerpo doctrinal único, tal como se entiende en el continente? Es posible que no sea exactamente así; tampoco que ello suponga un acercamiento hacia las posturas de países anglosajones, por otro lado, tan distintas, aunque algunos

---

77 <https://elordenmundial.com/mapas-y-graficos/la-cronologia-de-la-integracion-europea/>
Última consulta resultada para el día 27 de junio de 2022.

aspectos de los tratados comunitarios pudieran guardan alguna concomitancia con aquellos.

La experiencia comunitaria tiene ventajas que, incluso, sirve de experiencia a otros espacios económicos del mundo como, por ejemplo, el Mercado Común del Sur (MERCOSUR), pero no debemos olvidar que al no hablar como una sola nación, única y soberana, hasta tanto llegara ese día, siempre habrá discrepancias en temas considerados esenciales, y cada país hablará con su voz y con su matiz.

Anteriormente, en el capítulo 9, se ha citado los inconvenientes, de tipo interno, encontrados para la redacción de una Constitución Europea. No obstante, añado ahora que existe en el seno de la UE posiciones diversas y contradictorias de distintos países ante conflictos del tipo de las guerras del golfo, donde países como Reino Unido, Portugal, Italia o España, por ejemplo, se alinearon con EE. UU. en favor de la invasión de Irak; mientras que Francia y algún otro país lo hacían en contra; Alemania con discrepancias y, el resto de países, sin mostrar una postura clara definida. Otro tanto podría decirse con respecto a la soberanía de los territorios en disputa como puedan ser Kosovo, Sahara... Naturalmente, se da por sentado el debate parlamentario en cada estado para llegar a tomar esas decisiones y que son distintas entre los países de la UE; sin embargo, no se puede enmascarar la incapacidad política manifiesta derivada de la no existencia de una integración política. Ese déficit para negociar tales temas de política exterior con una voz única, la sitúa en clara desventaja frente a otros países que sí pueden hacerlo por su condición propia de naciones únicas y soberanas como Rusia, EE. UU., China o incluso otras de menor tamaño o población como puedan ser Japón, Canadá, Australia... El mismo argumento es extensible al grado de acceso a los recursos en general y de los minerales de África en particular, mediante las compras de tierras, o el establecimiento de convenios y otras prácticas comerciales que son utilizadas por países como China, EE. UU., Rusia..., con tal de obtener una posición dominante frente a la UE que, se encuentra en clara desventaja.

En el capítulo de la seguridad, dentro de la geopolítica y estrategia global, la UE se enmarca dentro de su posición geográfica en el continente. Esto determina su forma de proceder y entender como debe ser la seguridad. Por ello, desde su creación, se entiende que estuviese bajo el paraguas tutelado por la OTAN, en una clara dependencia de esta, surgida, en su día, como una organización para asegurar la defensa del bloque occidental para, posteriormente, dar respuesta al Pacto de Varsovia. En el aspecto de seguridad, si por algo se caracteriza la UE, es por la diversidad en la forma de entender el concepto mismo de seguridad, en algún caso quizá rayando hacia el pacifismo y sobre todo en el grado y en la forma de respuesta. En su seno, había dos países que eran potencias nucleares, —hoy solo Francia—; algunos disponen de ejércitos convencionales de tipo menor o medio; Alemania, que por su potencialidad y población pudiera jugar un rol mucho mayor, sin embargo, con las limitaciones impuestas desde la Segunda Guerra Mundial tiene una menor significación; algunos otros países despliegan su fuerza en misiones de paz, o no, en distintas partes del mundo. Finalmente, se encuentran aquellos otros miembros motivados por el convencimiento —hoy ya en menor medida—, de la neutralidad. Con esta amalgama de enfoques, la seguridad, durante el período de Guerra Fría, se fundamentaba en el concepto de tutela por parte de la OTAN, visto desde el peligro potencial atribuido a los países del Este, en general, y de la URSS en particular, dentro del Pacto de Varsovia; todo ello con independencia de que dos de sus miembros —hoy solo uno— dispusieran de armamento nuclear y unas fuerzas armadas solventes tanto en número de efectivos, armamento y preparación.

Con independencia de los programas de gasto en armamento de cada estado, la tutela se ejercía de manera indirecta a través de las compras en armamento sofisticado americano —aviones, sobre todo— y carros de combate que hacían los estados. A su vez, EE. UU. contribuía a sufragar buena parte del presupuesto de la OTAN, el cual era compensado con las ingentes ventas que hacían las empresas americanas de armamento. La contribución de EE. UU. sigue existiendo, aunque en menor medida. Por otro lado, la desintegración de la URSS hizo que los países del Este europeo, anteriormente adscritos a su órbita y al Pacto de Varsovia, ahora fuesen ya estados independientes y con la pretensión, algún día, incluso, de pertenencia a la UE, y algunos otros también de la OTAN, como así está sucediendo finalmente; habrá oportunidad de desarrollar este aspecto en el capítulo siguiente destinado al citado organismo.

Interesa incidir en el hecho de que durante décadas, la UE, a mi parecer, se ha sentido cómoda en su rol de organismo tutelado; posiblemente EE. UU. también, porque era quien mostraba más interés, pero siempre y cuando se mantuviesen las relaciones de intercambio habituales, es decir, se mantuviera el "statu quo" descrito en el párrafo anterior. Era una especie de mutualismo en materia de defensa, que conducía a aunar medios materiales y humanos con tal de mantener o aumentar el espectro geográfico en el continente europeo frente a la URSS. Interpreto que tras el tiempo pasado, la entrada de nuevos países, los cambios operados en el seno de la OTAN, han hecho aflorar un sentimiento comunitario en la defensa propia de la UE, pero ya no tan dependiente de EE. UU. Quizá, no con el mismo énfasis puesto por todos, pero sí como algo que está calando con mayor emotividad. Ello implica el compromiso de implementar presupuestos de defensa que, cuando menos, debe alcanzar la cifra del 3% del PIB en cada estado; algo a lo que desde luego no todos los países están dispuestos o, cuando menos, no van a seguir una senda uniforme, generando tensiones en las sociedades respectivas.

Finalmente, en otro orden de cosas, —la invasión rusa de Ucrania—, puede representar un banco de pruebas para establecer nuevas relaciones, de tipo diverso, entre Europa, Rusia y EE. UU., al menos. Las mismas involucrarán a otras naciones como China y otros continentes como África y América del Sur. Más allá de los efectos indeseables de esta guerra, ¡una más!, y de los que intentan establecer un nuevo orden geo político, al menos en esta parte del mundo, vivimos tiempos donde las limitaciones y trabas en la oferta de los combustibles fósiles procedentes de Rusia —cuando no el cierre total— hacia el Oeste europeo, así como el de los minerales desde África, son tan evidentes que pondrán a prueba la capacidad productiva de la UE, hasta tanto los mercados interiores no se ajusten a los nuevos ciclos del suministro mundial, para la producción propia, dentro de esa estrategia global.

Participo de la idea de que, a nivel interno, la UE, se verá impelida, más temprano que tarde, a modificar su matriz energética, así como la estrategia a seguir para conseguirlo. Dentro de esa estrategia, ya se ha comentado, están las diferentes sensibilidades nacionales sobre la relación a mantener con Rusia, derivada de la distinta dependencia respecto de ella;

todo ello puede resumirse, a mi juicio, en que el hándicap que siempre planea es la falta de voluntad política para hablar con una sola voz, o sea, siempre será la falta de una integración política real y efectiva.

11. OTAN, visión actual y cambios dentro de ella

En este libro la mención a la OTAN (Organización del Tratado del Atlántico Norte), en terminología francesa, o NATO, en la anglosajona, hasta ahora, ha estado circunscrita a referencias de tipo conceptual; primero, dentro del contexto de Guerra Fría que siguió a la Segunda Guerra Mundial; segundo, al producirse la desintegración de la URSS y, posteriormente, a raíz de la guerra de los Balcanes, estos dos últimos sucesos acaecidos en la última década del siglo XX, dentro del capítulo cuatro. También se ha hecho referencia a ella al hablar de la tutela ejercida primero sobre la CEE, después sobre la CE y actualmente de la UE, en materia de defensa, apuntado en el capítulo anterior. En los casos citados se ha abordado de manera tangencial, ya que el objeto, allí, no era analizarla en sí misma, sino solo su mención dentro de un enfoque genérico europeo y por la influencia global que ejerce en el continente.

Lo que sigue, no es un análisis sobre la composición del organismo, de su estructura interna, de los planes de seguridad, de sus efectivos o de sus comités…, no, nada de eso; es más bien, una referencia somera al articulado constitutivo del tratado, una visión de cómo ha evolucionado con la incorporación de los nuevos miembros en el tiempo, a resultas de la coyuntura internacional, de cómo la misma condicionará su evolución posterior y atendiendo a esta, cuál podría ser, una interpretación plausible, digamos de carácter geopolítico, que pudiera proyectarse hacia el futuro.

La OTAN[78], en lo que es su referencia geográfica al Atlántico Norte, toma así su denominación porque los países miembros que la componen están situados al norte del trópico de Cáncer. Desde su fundación, en 1949, fue concebida como una organización política y militar de carácter defensivo. Su antecedente inmediato vino de la mano de la Unión Europea Occidental; un organismo que —constituido por cinco países—, desde el principio sintió la amenaza de la Unión Soviética al finalizar la Segunda Guerra Mundial y con ello buscaba involucrar a EE. UU. para gozar del paraguas protector que —en materia de seguridad—, este país les brindaba, aunque no de manera gratuita. Así, por ejemplo, EE. UU. para su implicación, tuvo que soslayar la *"prohibición de su Constitución para aliarse militarmente en tiempos de paz y las medidas a tomar en caso de agresión a algún país miembro fuesen resultado de la libre elección de cada país"*. El espíritu de su nacimiento estaba inspirado en el artículo 51 de la Carta de las Naciones Unidas, que reza así:

Ninguna disposición de esta Carta menoscabará el derecho inmanente de legítima defensa, individual o colectiva, en

---

78 <https://es.wikipedia.org/wiki/OTAN>
Última consulta resultada para el día 3 de noviembre de 2023.

caso de ataque armado contra un Miembro de las Naciones Unidas, hasta tanto que el Consejo de Seguridad haya tomado las medidas necesarias para mantener la paz y la seguridad internacionales. Las medidas tomadas por los Miembros en ejercicio del derecho de legítima defensa serán comunicadas inmediatamente al Consejo de Seguridad, y no afectarán en manera alguna la autoridad y responsabilidad del Consejo conforme a la presente Carta *[sic]* para ejercer en cualquier momento la acción que estime necesaria con el fin de mantener o restablecer la paz y la seguridad internacionales[79].

Sobre esa base de la Carta de las Naciones Unidas, es donde encuentra el organismo el armazón teórico, ¡y por qué no, hasta moral!, para el nacimiento y desarrollo de sus operaciones. Su preámbulo recoge:

Las Partes de este Tratado[80] reafirman su fe en los propósitos y principios de la Carta de las Naciones Unidas y su deseo de vivir en paz con todos los pueblos y todos los Gobiernos. Decididos a salvaguardar la libertad, la herencia común y la civilización de sus pueblos, basados en los principios de la democracia, las libertades individuales

---

79 <https://www.oas.org/36ag/espanol/doc_referencia/carta_nu.pdf> Última consulta resultada para el día 3 de noviembre de 2023.
80 <https://www.nato.int/cps/fr/natohq/official_texts_17120.htm? selectedLocale=es> Última consulta resultada para el día 4 de noviembre de 2023.

y el imperio de la ley. Deseosos de promover la estabilidad y el bienestar en la zona del Atlántico Norte. Resueltos a unir sus esfuerzos para la defensa colectiva y la conservación de la paz y la seguridad. Acuerdan, en consecuencia, este Tratado del Atlántico Norte.

Su articulado rezuma el interés por sortear las dificultades —sean de tipo legal o político— que tuvieron determinados países, miembros fundadores, para llegar a un consenso dentro del mismo, especialmente llamativo en el caso de EE. UU., ya citado; *es* por ello que, el artículo cinco, quedó redactado como sigue:

Las Partes acuerdan que un ataque armado contra una o más de ellas, que tenga lugar en Europa o en América del Norte, será considerado como un ataque dirigido contra todas ellas, y en consecuencia, acuerdan que si tal ataque se produce, cada una de ellas, en ejercicio del derecho de legítima defensa individual o colectiva reconocido por el artículo 51 de la Carta de las Naciones Unidas, ayudará a la Parte o Partes atacadas, adoptando seguidamente, de forma individual y de acuerdo con las otras Partes, las medidas que juzgue necesarias, incluso el empleo de la fuerza armada, para restablecer la seguridad en la zona del Atlántico Norte. Cualquier ataque armado de esta naturaleza y todas las medidas adoptadas en consecuencia serán inmediatamente puestas en conocimiento del Consejo de Seguridad. Estas medidas cesarán cuando el Consejo de Seguridad haya tomado las disposiciones necesarias para restablecer y mantener la paz y la seguridad internacionales.

Asimismo, el artículo 6, viene a concretar cuáles son las **delimitaciones** a considerar en caso de ataque o vulneración de la soberanía de cada país miembro que, en su caso, diera lugar a la intervención de la Alianza. Visto con una perspectiva doméstica actual, para el caso concreto de España —que en aquel momento no era miembro—, es por lo que se piensa hoy, aquí, que, como el citado artículo 6 mienta expresamente entre todas esas delimitaciones, a las "islas", de forma genérica, pues que de ello se infiere que las Canarias y Baleares estarían protegidas por la Alianza; mientras que, por el contrario, al no haber una referencia expresa a los territorios de Ceuta y Melilla, estos quedarían fuera. Otros, en cambio, dentro de una interpretación "sui géneris", de carácter amplio, consideran que sí lo estarían en caso de agresión exterior.

Con estos antecedentes, en 1949, y con doce[81] países como miembros fundadores, comenzó su andadura la Organización

---

81 NOTA DE AUTOR. PAÍSES MIEMBROS FUNDADORES OTAN: Bélgica, Canadá, Dinamarca, Estados Unidos, Francia, Italia, Islandia, Luxemburgo, Noruega, Países Bajos, Portugal y Reino Unido.

del Tratado del Atlántico Norte, firmado en Washington, también denominado como de la Alianza Atlántica.

En un contexto de Guerra Fría manifiesta, lleno de desconfianzas, incidentes de todo tipo, cuando no de guerra abierta, fue el escenario para el desarrollo y la puesta de largo del nuevo organismo internacional surgido para salvaguardar la seguridad de Occidente, básicamente. No hay que olvidar, que la guerra de Corea comenzó en 1950 y en ella, países como la URSS y China apoyaban a Corea del Norte. No obstante, el proceso de incorporación de nuevos estados miembros comenzó de manera inmediata, teniéndose así que Turquía y Grecia se unieron ya en una fase temprana, concretamente en 1952.

Una primera característica de las distintas adhesiones al Tratado que se han producido a lo largo del tiempo, puede decirse —sin temor a equivocación—, es que se trataba de países con sensibilidades muy diversas; no ya tanto por su posición estratégica, geográfica o política —que también—, tal como podrá apreciarse en el texto más adelante, sino sobre todo atendiendo a otras cuestiones de tipo social; así, por ejemplo, en el caso de Turquía, un factor a considerar fue la cuestión religiosa, llegándose, incluso, a valorar el hecho de que su pertenencia a la OTAN haya sido para este país, al menos en décadas pasadas, un freno para una posición más marcada hacia el islam. Como habrá oportunidad de ver a lo largo del capítulo, la Alianza, en todo momento, hizo "de la necesidad, virtud", y aún más, en tiempos de Guerra Fría. Ocurre, además, que casi siempre existe una necesidad, real o aparente, puede que distinta, pero un estado necesidad, al fin y al cabo. Con ello, el expansionismo del organismo estaba asegurado favorecido, precisamente, por su artículo 10.

Por otro lado, en 1954, parece contrastado que, la URSS propuso su propio ingreso en la Alianza Atlántica, si bien tal propuesta fue rechazada frontalmente por EE. UU. y Reino Unido, porque ello hubiese supuesto la retirada de sus tropas en el continente europeo, quedando este a merced, quizá, de la Unión Soviética, y vaciando de contenido al organismo en Europa. El hecho en sí da pie para formular un relato —sin duda ucrónico—, que no puede por menos de soslayarse, aunque solo sea en términos de teoría posibilista, con el planteamiento siguiente: de haber aceptado la OTAN la propuesta de la URSS, ¿habría creado la URSS el Pacto de Varsovia un año después, en 1955? La respuesta parece obvia que así no lo fuera, ya que no podría entenderse la pertenencia a dos organizaciones enfrentadas, o bien renunciando a la OTAN; también podría ser plausible, que la URSS —diera por sentada una respuesta negativa a su petición de ingreso—, y creara el Pacto de Varsovia como una justificación, a modo de respuesta contrapuesta, pero legítima ante el mundo.

Alemania, vencida y desmilitarizada desde la Segunda Guerra Mundial, se adhirió a la Alianza en 1955. Su ingreso sirvió para reconstruir la base del ejército alemán —Bundeswehr o Defensa Federal—, dedicado sobre todo al sostenimiento de las fuerzas de la OTAN en el centro de Europa. Así, con la panoplia de los países fundadores, más la referencia a los tres citados, conformaron una quincena de países sobre quienes descansó, desde aquel momento, la defensa del Atlántico Norte durante un período de veintisiete años marcados por la Guerra Fría, hasta la entrada de un nuevo socio en la década de 1982.

Buena parte de la década de 1960 estuvo marcada por la controversia interna surgida en el seno de la organización. Francia planteó en 1958 el reconocimiento, para sí, de un tratamiento basado en una dirección tripartita junto a EE. UU. y Reino Unido, ya que, a su juicio, estos dos últimos gozaban de una posición dominante. Francia, estaba inmersa, entre otros frentes, en la insurrección de Argelia, que luchaba por su independencia, así como en el desarrollo de su propio programa nuclear. Necesitaba, por tanto, una mayor implicación de la OTAN en el norte de África para atender ese frente. Las negociaciones no dieron resultado y el general De Gaulle, presidente de Francia, fue adoptando medidas drásticas tales como la prohibición de estacionamiento de armas nucleares de la Alianza en territorio francés, la recuperación de las bases americanas —aunque hubiese otras contraprestaciones por parte de aquella—, la retirada de las tropas de suelo francés y la retirada de las tropas y fuerzas navales francesas del mando integrado militar de la OTAN, quedando Francia adscrita solo a la estructura política. Finalmente, en 1967, se produjo el traslado definitivo del Cuartel General Supremo desde las cercanías de París a Bélgica.

Ya en la década de 1980, en una vertiente genuinamente española, llegamos a diciembre de 1981, cuando el Gobierno, —entonces de UCD y su presidente Leopoldo Calvo Sotelo a la cabeza—, solicitó la entrada de España en la OTAN. El proceso de aceptación de ingreso por todos los países miembros fue muy rápido y el 30 de mayo de 1982, España firmó el tratado de adhesión, convirtiéndose así en el decimosexto miembro de la Alianza Atlántica. Ese mismo año, en octubre, el PSOE ganó las elecciones y con ello —dada la oposición de la izquierda en España a dicho ingreso— se suspendió, de forma temporal, la integración en la organización hasta que se celebró el referéndum en 1986. Acerca de la aprobación definitiva y el enfoque posterior dado a la adhesión, contraviniendo parte del articulado de la pregunta formulada y aprobada, puede consultarse en la referencia[82] de pie de página.

En esa misma década, hablando con poca precisión, la política de bloques imperante era: por un lado, en EE. UU.

---

82 ESTRELLA LINARES, J. Op. cit., pp. 341-343.

existía una percepción social sobre la posibilidad de ser invadidos o atacados por parte de la URSS, a la vez que con ello se empujaba y justificaba el desarrollo armamentístico, sobre todo con el despliegue del escudo antimisiles, que tantas manifestaciones de repulsa levantó, sobre todo en Europa; por otro, que estando en boga en Europa —desde hacía una década, al menos— la corriente eurocomunista, en la URSS se acuñaron a su vez conceptos como la "perestroika" y "glásnost"; el primero atiende básicamente a los cambios para modificar el modelo económico mejorando el rendimiento general, mientras que el segundo invocaba al sentido de la claridad y de la transparencia que deberían seguirse. Quizá, ninguno de estos cambios hubiese sido posible sin la figura carismática de Mijaíl Gorbachov, — Premio Nobel de la Paz en 1990—, que posibilitó cierta apertura de la URSS e hizo que su país fuese visto en Occidente de una forma, que podría catalogarse, como "más amable". En cierta manera, transmitía un espíritu de apertura, concordia, amistad entre los pueblos y, por qué no, entre bloques contrapuestos.

Por aquellos días, Gorbachov, al hablar y refiriéndose a Europa, gustaba de expresarse en términos parecidos a "la casa común europea". Y cuando tuvo oportunidad de exponer este aserto en presencia de Mitterrand —presidente de Francia—, este, receloso de la soberanía de su país, le preguntó: dígame usted, señor presidente, dentro de esa "casa común europea", ¿qué habitación o qué alcoba es la que le correspondería a

Francia? En este sentido, si Gorbachov barruntaba, o no, lo que depararía a su país el futuro no muy lejano, no dejaba de ser una mera conjetura, pero, por si acaso, sentaba las bases para unas relaciones internacionales más acordes con el porvenir que se vislumbraba, haciendo que el mundo viera, a su país —la URSS—, con un rostro más amable y humano. Pero ¿acaso era esa la forma de ver y construir la "casa común europea" en la que él creía y se manifestaba? Nunca lo supimos..., y sus seguidores se encargaron de truncar aquel anhelo.

Así se llega, quizá, a una de las décadas más convulsas del organismo cuando en noviembre de 1989 se produjo la caída del muro de Berlín, que condujo a la reunificación de Alemania —de ambas repúblicas, la Federal u occidental, y la Democrática del Este— y propició con ello la desintegración de la Unión Soviética entre los años de 1990 y 1991.

Por otro lado, el Pacto de Varsovia quedó disuelto en julio de 1991. La OTAN, ante la desaparición de su homólogo del bloque de los países del Este, tuvo que reformular sus objetivos estratégicos, tácticos, así como sus actividades, hasta hacer suyos los principios en los que se basaba la seguridad de buena parte del hemisferio norte.

De los rescoldos de la desintegración de la URSS, en diciembre de ese mismo año de 1991, se fundó la Comunidad de

Estados Independientes (CEI); era, y es, una confederación formada inicialmente por tres de las quince repúblicas de la extinta URSS (Rusia, Ucrania y Bielorrusia), a las que posteriormente se unieron ocho repúblicas más. Su número actual de miembros presenta altibajos en función de las vicisitudes históricas de cada momento (Georgia, Ucrania...). Al principio de su fundación, incluso, pudimos ver a los atletas de la antigua URSS desfilando como Equipo Unificado en los Juegos Olímpicos de Barcelona 92, siendo la última vez que lo hicieron bajo esa bandera y denominación.

Hay otro enfoque a considerar acerca de un mayor expansionismo de la OTAN, una vez quedó disuelto el Pacto de Varsovia. Por un lado, los países ex miembros de este organismo mostraron interés en pertenecer a la Alianza Atlántica y desprenderse definitivamente de cualquier vínculo que los ligara con la antigua URSS; de otro, Rusia era renuente a un desplazamiento de la órbita de su defensa hacia Occidente y vería con recelo un acuerdo de sus antiguos aliados en ese sentido, y ¡esto era un riesgo! Sin embargo, no toda la desconfianza provenía desde las filas de Rusia y países afines, pues, a título individual, incluso, había personajes dentro de EE. UU., como George F. Kennan —diplomático, politólogo e historiador—, partidario de una política de contención del expansionismo soviético durante la Guerra Fría. Cuando ya se vislumbraba la expansión de la OTAN por los países del Este,

Kennan, no pudo por menos que expresar su pensamiento, al menos, públicamente: "*… expandir la OTAN sería el error más fatídico de la política estadounidense en toda la era posterior a la Guerra Fría. Se puede esperar que tal decisión inflame las tendencias nacionalistas, antioccidentales y militaristas en la opinión rusa…*". Pasado algún tiempo, materializada la entrada de los primeros países, nuevamente manifestó:

> … Creo que es el comienzo de una nueva guerra fría *[sic]*. (…) Creo que los rusos reaccionarán gradualmente de manera bastante adversa y afectará a sus políticas. Creo que es un error trágico. No había ninguna razón para esto en absoluto. Nadie estaba amenazando a nadie más…

Aunque su postura esté formulada en términos poco seguros, quizá, utilizando repetidamente la expresión "creo, creo", no hay que restarle ni un ápice de verosimilitud en lo que decía, precisamente cuando el tiempo se ha encargado de quitarle o más bien, darle la razón. Por ello, hoy, veinticinco años después de ese alegato, no son pocos los que invocan las advertencias veladas de Kennan, las de entonces, a fin de justificar el relato de hoy, a su conveniencia ideológica y manera, sobre el comportamiento de Rusia ante su nuevo expansionismo.

Podría decirse que, el fin del período de la Guerra Fría llegó en 1997, cuando tuvo lugar el Acta Fundacional OTAN-

RUSIA, que formalizaba las relaciones entre la OTAN y Rusia y que entre su articulado, extractado, podemos citar algún pasaje:

> El 14 de mayo, el Secretario General de la OTAN, Solana, y el Ministro de Asuntos Exteriores ruso, Primakov, anunciaron un acuerdo sobre el texto del "Acta fundacional sobre relaciones mutuas, cooperación y seguridad entre la OTAN y la Federación de Rusia", creando una nueva relación entre la Alianza y Rusia.

> La ley no tiene ningún impacto en la ampliación de la OTAN. Ese proceso avanza según lo previsto; Los líderes de la OTAN en la cumbre de Madrid en julio *[1997]* extenderán invitaciones a los primeros países para iniciar conversaciones de adhesión. Los países admitidos tendrán todos los derechos y responsabilidades de ser miembros de la Alianza, y la puerta a la membresía permanecerá abierta para todas las democracias europeas emergentes[83].

Como puede apreciarse, el documento abría la puerta a nuevas incorporaciones de países, —precisamente, integrantes del extinto Pacto de Varsovia—, con las solicitudes de adhesión de Hungría, República Checa y Polonia; estos tres países entrarían

---

[83] <https://1997-2001.state.gov/regions/eur/fs_nato_whitehouse.html>
Última consulta resultada para el día 15 de noviembre de 2023.
Hoja informativa publicada por la Casa Blanca, Oficina del Secretario de Prensa, Washington, DC, 15 de mayo de 1997.

en la OTAN dos años después, en 1999. Para evitar las susceptibilidades de Rusia, la OTAN se comprometía, formalmente, —contemplado en el área IV Temas Político Militares—, a:

> Los Estados miembros de la OTAN reiteran que no tienen ninguna intención, ningún proyecto y ninguna razón de desplegar armas nucleares en el territorio de nuevos miembros, y no necesitan modificar aspecto alguno del dispositivo y de la política nuclear de la OTAN; tampoco prevén dicha necesidad para el futuro. Lo expuesto implica la decisión de la OTAN, según la cual no tiene ninguna intención, ningún proyecto y ninguna razón de instalar depósitos de armas nucleares en el territorio de dichos miembros, ya sea por la construcción de nuevas instalaciones de almacenamiento nuclear, o por la adaptación de antiguas instalaciones de almacenamiento nuclear.

> Asimismo, a no reforzar sus tropas permanentes en él.

El acuerdo satisfizo a Borís Yeltsin, al considerar que, a la larga, sería algo bueno para Rusia; sin embargo, tuvo que hacer frente a una fuerte contestación interna en el país, especialmente, de Vladímir Putin, que lo consideró una traición y una claudicación ante Occidente. Quizá, este primer juicio suyo, fuese la premonición de lo que estamos viviendo hoy.

Este aserto no debe sorprender, ya que, a mi parecer, existía entonces la percepción en Rusia, o en buena parte de ella —acentuada, más si cabe, en el tiempo—, de que participaba de la idea de un "no reconocimiento explícito de la soberanía de las ex repúblicas surgidas a la caída de la URSS; asimismo, no se vería con malos ojos "cierta vuelta" al expansionismo que se pareciera a la etapa anterior, aunque el mundo ya fuese otro, como lo demuestran intervenciones posteriores en Georgia y más recientemente en Ucrania. Pero estaríamos confundidos al identificar que esa percepción sea patrimonio exclusivo de Rusia; la misma es asumida fuera de sus fronteras y perfectamente extensible a otros países como pueden ser China, India, Irán, Siria, Brasil y otros del Cono Sur..., por ejemplo.

Después de la URSS, siguió el período de desmembración de los Balcanes, donde, a la sazón, la OTAN estaba interviniendo en Bosnia-Herzegovina, cooperando y ayudando a la ONU para el cumplimiento de las sanciones impuestas a aquella en varias resoluciones del Consejo de Seguridad. Posteriormente, en 1999, llegó el bombardeo de Kosovo, Belgrado..., si bien, en estas ocasiones, ya sin mandamiento expreso del Consejo de Seguridad, y estas intervenciones levantaron muchas críticas.

Los primeros quince años de este siglo, podría decirse que constituyen un período durante el cual el "status quo", dentro de la OTAN estuvo determinado por varios frentes; de un lado, la efervescencia política de las ex repúblicas soviéticas, que al ser independientes, suponían un factor de inestabilidad que afectaba a la seguridad, sin embargo, en el horizonte geopolítico, el Acta Fundacional OTAN-RUSIA vino a asentar convicciones —con matices— por un lado, y de otro, a encender nuevos resquemores, provenientes tanto de Rusia como de países afines, como Irán, con los riesgos que comportaba para la seguridad de otros países miembros de la OTAN.

Otro frente estuvo motivado por el ataque terrorista islámico a EE. UU. en 2001, que supuso un cambio significativo en la estrategia de la OTAN, siendo Afganistán el centro de las miradas; así, en 2003, la Alianza asumió el mando de la Fuerza Internacional de Asistencia para la Seguridad (ISAF). Después de veinte años transcurridos, el panorama no puede ser más desalentador.

La tercera vertiente de análisis, vino en 2011 con la intervención en Libia, auspiciado por un relato en el que sus gobernantes estaban preparando una masacre contra su propio pueblo. En 2015, se tiene la guerra en Irak y Siria con todos los actores implicados: Rusia, Irán y Hezbolá apoyando al Gobierno de Siria y, por otro, EE. UU., la Unión Europea y la OTAN, apoyando al frente opositor y, en medio de todos, Turquía, hostigando al pueblo kurdo y, de paso, chantajeando a la OTAN para que interviniera en favor de sus intereses y, al mismo tiempo, a la UE durante la crisis migratoria.

Finalmente, en 2015, Rusia invade y se anexiona la península de Crimea, confirmando la idea de una vuelta al expansionismo de la etapa de la URSS, citado en párrafos anteriores.

Ante este panorama, y en paralelo, en 2004, se incorporaron el grueso de los países del Este, total siete, que habían pertenecido al Pacto de Varsovia; entre 2009 y 2020, se adhirieron tres ex repúblicas de la federación yugoslava (Croacia, Montenegro y Macedonia del Norte), además de Albania. Así se llega hasta 2023, donde, a resultas, de la invasión de Ucrania, Finlandia se une a la Alianza, mientras que Suecia, después de un período de tensiones, por el veto de Turquía, se incorpora en la primavera de 2024, convirtiéndose en el socio trigésimo segundo de la Alianza.

Cuando al principio de este capítulo, al analizar el proceso de adhesiones, aludíamos a países con sensibilidades muy diversas, puede decirse que, a la vista de la sucesión de adscripciones, el juicio no puede ser más acertado. Si se analiza país por país o por bloques de ellos, podremos observar la variedad de matices que en ellos concurren. Por ello, no repetiré los argumentos; solo citaré el nombre del país y ellos, por sí mismos, nos guiarán por el entramado —casi cronológico— del texto, para aseverar la variedad de matices con los que la OTAN ha tenido que lidiar —desde su creación—, durante la expansión de la misma, en cuanto al número de sus miembros. Así tenemos, por ejemplo: EE. UU., Turquía, Francia, Alemania, España, repúblicas de la extinta Yugoslavia, países integrantes del Pacto de Varsovia y, finalmente, dos países de profunda vocación neutral como son Finlandia y Suecia.

Por otro lado, en 2022, se celebraba en Madrid la cumbre anual del organismo, que brindaba la oportunidad de enfocarlo haciendo diversas matizaciones sobre lo anterior, si bien desde otra perspectiva, a la luz de los acontecimientos bélicos en curso —invasión de Ucrania—, en el continente europeo. En esta cumbre se acordó tres puntos básicamente: primero, aumentar el contingente de tropas de cada país a disposición de la OTAN; segundo, considerar a Rusia como una amenaza y no como socio estratégico y, finalmente, tomar en consideración el desafío que representa China por su apoyo a Rusia y sus vetos sistemáticos en el Consejo de Seguridad.

Conviene ahora centrar otra cuestión, que es la relativa a lo que representaría una defensa propia de la UE frente al paraguas de la OTAN. Esta faceta se ha tratado en el capítulo 10, que, durante la Administración Trump, hubo cierta animación —quizá por ambos lados— hacia una defensa europea propia. Esto conllevaría gastos en defensa por encima del 3% del PIB, mientras que hoy, la OTAN, ya solicita gastos del 2%, al menos. **Este porcentaje, solo lo alcanzan seis países de la Unión.**

Tras los acontecimientos de la invasión de Ucrania por parte de Rusia, se tiene la percepción de que existe un enfriamiento en los planes de una defensa genuina de la UE, independiente de la OTAN, que pasaría, a su vez, por un cambio en muchos países consistente en:

- Asegurar las fronteras con Rusia
- En la medida que se pueda, involucrar a Ucrania en la UE e igualmente en la OTAN.
- Salvaguardar las mejores relaciones posibles con China.

Por lo que se refiere a España, estando en curso de dos Administraciones socialistas, con gobiernos de coalición, el compromiso en los gastos de defensa raya en la poca significación, no habiendo voluntad política para un incremento significativo. El presupuesto, en 2021, representaba solo el 1,03% del PIB, siendo el segundo país más bajo de toda la UE, por delante solo de Luxemburgo, cuyas fuerzas armadas son poco representativas. En cuanto a la opinión de la sociedad, sobre la Alianza Atlántica, en estos momentos, ya sea por la cuestión de Ucrania, o bien porque en el pasado, con motivo de la "ocupación poco amistosa" por Marruecos de la isla de Perejil, o el tema siempre actual de Ceuta y Melilla, parece que existe una opinión más favorable, o más amable hacia la OTAN que en otras décadas del pasado; quizá, sea en estos momentos, una preferencia más apetecida que una defensa propiamente europea, que conllevaría un gasto en la materia significativamente muy superior, al menos el doble y, preferiblemente, el triple del gasto actual.

Ahora se aborda la cuestión sobre los países que tienen la consideración de socios globales o de "Aliado importante no-OTAN", siendo países que no son miembros de la organización, pero que en un futuro aspiran a serlo. Así, una veintena de países, buena parte de ellos del hemisferio sur, o bajo la latitud del trópico de Cáncer, engrosarían la lista de aspirantes para una futura integración, si se modificara el Tratado del Atlántico Norte, claro. Pasos importantes ya dieron Brasil, Colombia, Australia, Nueva Zelanda, Corea del Sur, Japón…, y así hasta veinte. Algunos de ellos con una posición estratégica envidiable frente al Atlántico Sur, como Brasil, Argentina o bien Australia. ¡Y China, como socio estratégico global!, hoy ya en entredicho.

Desde otra perspectiva, la OTAN, dado el peso específico que juega EE. UU. en su seno, recibe críticas por parte de muchos ámbitos y organismos:

De la ONU, por no respetar siempre sus resoluciones.

De los propios países miembros, por no estar de acuerdo en alguna de las intervenciones.

De Rusia, porque, a juicio de esta, la forma de actuar de la OTAN no ayuda a resolver los problemas.

De China, así como de la UNESCO y de otros países que no pertenecen a ella, o que incluso podrían serlo.

En esta faceta de la crítica, cada organismo pone el énfasis en aquello que es de su interés y cuál sería el mejor enfoque desde su propia visión. Es uno de los inconvenientes que tiene la Alianza Atlántica para futuras ampliaciones de nuevos miembros. Así, por ejemplo, México, sería un socio estratégico apetecido por el rol a jugar en el área del Pacífico. Sin embargo, los dirigentes de este país vienen repitiendo en ocasiones —algo que todos sabemos—, y es que "sucesos como el bombardeo a Yugoslavia, invadir Afganistán, destruir Libia, intervenir en Siria, entre otros países más, han sido ocasionados por la OTAN, siendo EE. UU. la cabeza de esta poderosa organización. Es por ello, que México ha rechazado reiteradamente la cooperación militar con EE. UU." Abiertamente, expresan —por ideología u otra causa— lo que no les gusta, naturalmente. Quizá sea fácil hablar así y otra cuestión diferente sería como verían la cuestión, en México, si tuviesen un enemigo exterior que amenazase su seguridad. Definitivamente, la pregunta que se plantea, respecto de los países que son Aliados no miembros de la OTAN, es: **¿Llegará el día en que puedan ser considerados miembros, si así lo desearan?**

Difícil respuesta. La geopolítica del mundo, hoy, está configurada en torno a bloques muy definidos. Por un lado, Rusia, China, Corea del Norte…, acompañados de países que aspiran a ser guardianes de su zona, como Irán, Arabia Saudita, Siria, con sus distintas milicias…, y hoy por hoy, en buena parte de los países de América del Sur, actualmente con gobiernos, que hoy podemos considerar como, de izquierda. En estos últimos, hay que resaltar la acción diplomática de Rusia y China que es muy significativa; sin ir más lejos, no estaría de más recordar —como argumento trivial, quizá, pero poco consistente—, la percepción que se tiene en algunos de ellos donde se ve con cierta satisfacción y seguidismo el hecho de que Rusia les regalara gratis la vacuna Sputnik, contra la Covid-19, más allá de su propia eficacia; naturalmente acciones de ese tipo crea sus propias adhesiones. Otro tanto podría decirse de los países africanos donde aquellos tienen intereses; India, que, como país no alineado, no tiene una adscripción precisa, ya que un día dice tener la etiqueta de país no alineado y otro día, está claramente a favor del bloque anterior, pero casi nunca del lado occidental; luego está este último, con EE. UU., los países de la UE, con la OTAN como fuerza militar conjunta; y finalmente, los países aliados no-OTAN. Si hay algún matiz que pueda definir por qué se caracteriza la OTAN, diré que es por su pragmatismo. Salvando las distancias lógicas de tiempo y lugar, tiene un paralelismo claro con el capitalismo —y tiene buenos mimbres para ello, porque países eminentemente capitalistas fueron quienes la generaron—, sobre todo por su capacidad de metamorfosis adaptándose a la necesidad de cada situación y de los cambios en el tiempo. Alguien diría, incluso, que representa al capitalismo "per se".

Por ello, si el otro bloque, diera pasos significativos que

pusieran en peligro la territorialidad de los miembros, la seguridad, el acceso a los recursos y materias primas en el mundo —que de hecho ya se produce—, o que la situación política lo aconsejase, la OTAN, a mi juicio, como organización política y militar que es, haría de la necesidad virtud —como dice el aforismo—, modificaría el Tratado fundacional e integraría a los países que hemos catalogado como Aliados importantes no-OTAN, para contrarrestar la influencia y expansión del otro bloque en el hemisferio sur o en cualquier otro lugar de la tierra. Para ello es esencial la opinión de los actuales miembros y, sobre todo, de los países más significativos.

Esta visión sería completamente diferente si en alguna ocasión, por los motivos que fuesen, EE. UU. decidiese abandonar la OTAN, como en alguna ocasión ha amenazado. Así, los reiterados y sistémicos incumplimientos de los niveles de gasto de defensa comprometidos, por los países integrantes de la misma, sería la causa principal esgrimida, por aquel, para tal abandono y habría otras más; las consecuencias para la defensa occidental..., sería objeto de otro capítulo.

12. Empuje chino - despertar de otros países asiáticos

En el capítulo 4 se ha aludido al papel de fuerza que la República Popular China (RPC) desempeñó —después de la Segunda Guerra Mundial—, en la configuración y en el establecimiento de los límites territoriales, en países de su entorno geográfico, tales como Corea, Taiwán, Japón... y en el sureste asiático. En el primer caso, con el establecimiento de las dos Coreas, la del Norte y la del Sur; en el segundo, en Taiwán o República de China —como es la antigua isla de Formosa—, mediante la formación de la China nacionalista, con la figura de Chiang Kai-shek y, finalmente, en cierta manera, también en Japón. Igualmente, se debe a la implicación directa ejercida por EE. UU. y, en mucha menor medida, por Reino Unido, que la presencia del capitalismo, en esa zona, fuese lo que es hoy en la actualidad.

Durante el período de Guerra Fría, el antagonismo entre las tres grandes potencias nucleares del mundo —las dos citadas junto a la URSS— alcanzó, en algún caso, niveles preocupantes; y por lo que a la RPC y a EE. UU. se refiere, las relaciones y sentimientos mutuos tampoco pudieron ser más opuestos. Así, para el devenir temporal quedaría pendiente, entre otras cuestiones, la resolución territorial sobre los enclaves de Hong Kong y Taiwán.

La anexión definitiva de Hong Kong por la RPC se produjo

en 1997, pero el acuerdo previo con Reino Unido se produjo quince años antes; en 1984, visto con perspectiva hacia el futuro, hoy puede decirse que la visión que entonces se vislumbraba para cuando llegase 1997, era todavía "como algo lejano", pero que el tiempo se encargaría de resolver. Lo ha hecho conforme a tales acuerdos, así como su adscripción definitiva bajo la denominación de una "región administrativa especial" de China, si bien con poderes ejecutivo, legislativo y judicial emanados del propio gobierno central. Como muy bien se encarga este mismo de trasladar al mundo, refiriéndose a la antigua colonia británica, lo hace llamando al nuevo estatus surgido bajo el pomposo aforismo de *"un solo país, dos modelos";* naturalmente, uno de carácter general bajo la tutela del Partido Comunista de China, PCCh, para casi todo el país y otro, al menos de forma aparente, para la excolonia británica del enclave de Hong Kong de corte capitalista, si bien con el carácter administrativo y poderes citados más arriba.

En las postrimerías de 2023 falleció Henry Kissinger, político norteamericano que, a la sazón, contaba cien años de edad. Fue Consejero de Seguridad Nacional y Secretario de Defensa de EE. UU. durante la presidencia de Richard Nixon y Gerald Ford. A su persona se le otorgó el Premio Nobel de la Paz en 1973 por conseguir un alto el fuego en la guerra de Vietnam. Este capítulo no va a glosar la figura de Kissinger, sino únicamente resaltar su impronta a la hora de propiciar las condiciones necesarias para la apertura de relaciones con China, por parte de EE. UU., en particular, y del resto del mundo en general. No se aporta nada al decir que si por algo se caracteriza la cultura sínica es por su alto grado de hermetismo a lo largo de los siglos, siendo el establecimiento de relaciones un hecho significativo.

De igual manera que en EE. UU. ha habido altos dirigentes reacios y duros en materia de relaciones exteriores e incluso un presidente, Eisenhower, personaje este, bronco quizá, que siempre mostró su faceta más áspera, y cuando no, llena de ardor militarista, a la hora de establecer relaciones con la RPC, también hubo otros, como Kissinger, que contrariamente al anterior, las favorecieron. Este último, que en su día fuera considerado por exégetas como "el Metternich del último tercio del siglo XX", —en alusión al político del imperio austro húngaro que pergeñó la política de alianzas a seguir en Europa a la caída de Napoleón—, por su influencia política en cualquier parte del planeta, debe buena parte de esa aureola por su negociación con China en la década de 1970 del siglo pasado.

Además, es famosa —en el ámbito diplomático—, su tesis doctoral, en Harvard, sobre el Congreso de Viena de 1814-1815 y Metternich, que incidía precisamente sobre los acuerdos entre los países dominantes en cada zona, porque de esta manera se conseguía un mayor equilibrio de cara a la paz frente a la legitimidad esgrimida por los propios estados implicados en dicha zona. Sin embargo, como él mismo tuvo oportunidad de comprobar a lo largo de su vida política, y reveses sufrió por ello, aunque con la negociación[84] de los países más poderosos se buscara la paz, esta no conducía siempre a la estabilidad en cada zona, creando con ello una espiral de difícil resolución. La negociación pareciera comportarse como condición necesaria "sine qua non" para la estabilidad, pero no suficiente; y se precisaría algo más.

En el año de 1972, Richard Nixon visitó la China de Mao Zedong, —durante mucho tiempo hemos transcrito su nombre como Mao Tse-Tung—, que vino a normalizar las relaciones entre EE. UU. y la RPC, aunque las conversaciones —secretas— preparatorias que propiciaron dicho viaje se remontan a mediados de 1971, cuando Kissinger se entrevistó, en China, con Zhou Enlai, primer ministro chino, —igualmente, antes decíamos Chou En-lai— y allí sentaron las bases que cambiaron la geopolítica mundial.

Conocido es que en ese período, las relaciones entre China y la URSS tampoco pasaban por su mejor momento, ya que entre ambas naciones existían discrepancias ideológicas serias, incidentes fronterizos..., todo lo cual fue utilizado por EE. UU. — de forma legítima o no—, para que la apertura hacia China se

---

84 NOTA DE AUTOR. NEGOCIACIÓN: Término utilizado por Freedman en su libro "Estrategia", en el sentido de constituir, esta, ser uno de los componentes esenciales de la misma, junto al engaño y al uso instrumental de la violencia.

viese, incluso, como un contrapeso diferente hacia el mundo comunista, frente a aquel otro que representaba la URSS. Es sabido también el viejo aforismo de que "el enemigo de mi enemigo es..."; y en este caso resultaba procedente, pues significaba otra forma de negociar para que el otro gran país comunista emprendiese una senda más abierta, con el que poder negociar, entablar relaciones, sobre todo, comerciales —ya que entonces no se vislumbraba ningún riesgo aparente en ese sentido para la primacía de EE. UU.—, pero que se acercasen en términos y planteamientos capitalistas; y también de otro tipo, ya fuesen deportivas, culturales... Según algunos analistas, lo que se buscaba, de paso —no menos importante—, era introducir la cuña que sirviera para aislar a la URSS en la Guerra Fría, aunque ello no fue óbice, ni argumento suficiente que impidiera llegar a acuerdos estratégicos con esta última, sobre todo, en el control de armas nucleares.

El otro aspecto importante que trataron ambos dirigentes fue el de Taiwán; sobre este tema, transcribo:

Nixon advirtió a Kissinger que **en ningún momento debía parecer como que Estados Unidos estaba traicionando a Taiwán** y que debía ser lo más enigmático posible sobre la disposición de Washington de hacer concesiones en este tema, de acuerdo con un memorando desclasificado sobre una reunión realizada en la Casa Blanca el 1 de julio de 1971.

Según un informe que envío *[sic]* Kissinger a Nixon al terminar la gira, durante su *[sic]* reuniones *[sic]* Zhou Enlai habló de Taiwán como el principal tema en la relación de China con Estados Unidos.

Y señaló que para que hubiera un restablecimiento pleno de relaciones diplomáticas, Washington debía aceptar que la isla era una parte inalienable de China y una provincia de China, anular el Tratado de Defensa Mutua suscrito con Taiwán y reconocer al Partido Comunista de China como el único gobierno de China.

Kissinger asegura en su texto que le dijo a Zhou que **Estados Unidos no apoyaba la solución de "dos Chinas" ni de "una China-un Taiwán"**, sino que aceptaría cualquier evolución política acordada por las partes y que esperaba que esa evolución fuera pacífica[85].

En otro orden de cosas, que son mejor percibidas por la sociedad en general, en ese viaje, Richard Nixon, regaló a Mao Zedong, entre otras cosas, un disco LP (Long Play) titulado "Puente sobre aguas turbulentas", de Simon y Garfunkel, un clásico que tanto gustaba a los jóvenes de entonces, y ahora ¿por qué no habría de hacerlo? Fue el preludio de las manifestaciones y actividades a desarrollar por ambos países, ya fuese en materia

---

85 <https://www.bbc.com/mundo/noticias-internacional-57772868>
Última consulta resultada para el día 31 de diciembre de 2023

deportiva, cultural...; famosas fueron las confrontaciones deportivas de tenis de mesa (ping pon); incluso hay una alusión a este aspecto en el film titulado "Forrest Gump", del director Robert Zemeckis; en ellas, los jugadores chinos sobresalían sobremanera.

A la muerte de Mao Zedong, en 1976, sus sucesores, Hua Guofeng, Deng Xiaoping, Jiang Zemin..., iniciaron profundas reformas alejadas del contenido revolucionario, similar al de la URSS; China se centraba en sacar a las masas campesinas, sobre todo, de la pobreza, hasta llegar al dirigente actual Xi Jinping. A diferencia de la URSS, la fuerza del PCCh no provenía de las masas proletarias populares, sino desde el propio ejército. A este país le gusta la autodefinición mediante el eslogan de "**practicar el socialismo pero de peculiaridades chinas**", poniendo el énfasis en la modernización de sectores básicos o estratégicos. Según el CESEDEN, destacaron cuatro *modernizaciones*[86]: *agricultura, industria, ciencia y tecnología y defensa*. Visto así, no deja de ser significativo que las mismas tengan un calado semejante a una revolución.

Paralela a la política restrictiva del control de la natalidad, siguieron más de tres décadas de un crecimiento económico sostenido y espectacular; algunos años con porcentajes, incluso,

---

86 CESEDEN - GARCÍA DE PAADÍN, A (coronel de infantería). China, la larga marcha que condujo a Tiananmen. "Las cuatro modernizaciones". Boletín número 243, pp. 9 -11. Ministerio de Defensa, año 1995.

de dos dígitos. Como el objetivo, aquí, no es aportar estadísticas que reflejen ese crecimiento, como si de una panoplia de cifras se tratase, diré algo que casi todos conocemos, como es el hecho de duplicar el consumo de electricidad, de petróleo u otros materiales como el cemento cada siete u ocho años. Correlativamente, las cifras de exportaciones alcanzaban unos niveles similares, así como la evolución del PIB, que considerado en términos de PPA (aquel que mide el poder adquisitivo de compra de un bien o servicio en un país en comparación al de otro país, basándose en la moneda de cada país, expresada en dólares), es el primero del mundo; todo ello acompañado de un comercio que genera unos excedentes comerciales y de capitales, ingente. En sectores estratégicos, construye la presa de las tres gargantas, que, incluso, modifica el eje de la Tierra; durante algunos años, se convierte en el país con mayor capacidad de lanzar cohetes al espacio; entre el 70 y 80% de sus titulados superiores son ingenieros. En definitiva, una producción acorde para que también sea el país más contaminante de la tierra. En 2008, organiza los vigésimos novenos (XXIX) Juegos Olímpicos donde mostrar al mundo cómo es el escaparate de lo que se ha convertido la nueva China.

Por otro lado, decir que, si el capitalismo se caracteriza por algo es, precisamente, por la idea de diversificación de la producción a lo largo del tiempo. Aquí, el concepto de lo diverso debe ser entendido no solo respecto a la variedad, sino también a la capacidad adaptativa de la producción respecto de la demanda. Sin embargo, hoy, buena parte de la oferta mundial, se encuentra en China, —con alta elasticidad para adaptarse a las necesidades de la demanda global—, y no en EE. UU. ni en otros países de Occidente. Este aspecto es reconocido hoy en este último país en los más altos niveles empresariales y políticos. En este sentido, habrá que ver su evolución a medida que mejoren las tasas de productividad de la clase trabajadora en China; ello conllevaría una mejora de las condiciones de vida y el bienestar de la misma, algunas de las cuales, parecieran ancladas y sacadas de otro tiempo.

Kissinger pudo comprobar, en vida, todos los logros alcanzados por China; sería discutible que el resultado conseguido fuese justamente el que él mismo hubiese diseñado conforme a las ideas de su política de juventud y puestas en práctica. Por otro lado, en sus escritos postreros parece reafirmarse en las ideas aplicadas cuando ejerció la política activa —si es que alguna vez dejó de hacerlo— y se percibe como si, a su parecer, el tiempo viniera a darle la razón, aunque reconociendo que cada época tiene su propia dinámica conforme a la evolución del mismo.

Mi parecer es que más tarde o más temprano, la RPC —una vez distanciada de la ideología marxista de la URSS—, habría encontrado su propio camino, hacia prácticas capitalistas conforme al eslogan citado de "practicar un socialismo de peculiaridades chinas", pero esto, no deja de ser una reflexión ucrónica. Verdaderamente, sí que podría afirmarse que la apertura a Occidente permitió que el país se desarrollara en la forma en que lo ha hecho. Hoy, políticamente, China es un país comunista, ¡casi nadie lo pondría en duda! Así, por ejemplo, el PCCh es el único partido político posible, y todo gira en torno a él. En este sentido, hay que recordar como fue reprimido el movimiento prodemocrático de 1989 que, condujo a las protestas de la plaza de Tiananmén y concluyó con la represión que causó la matanza de cientos, o miles quizá, de manifestantes.

Continuando el razonamiento, si ese es el espejo político, sin embargo, desde el punto de vista económico, hoy, China está más cerca del capitalismo que del socialismo. Si esta era la meta que algún día persiguiera Kissinger, habrá que reconocerle el mérito de ello; pero si no fuese así..., habría que objetarle entonces que, en su caso, diseñó un modelo —a caballo entre la política y la economía—, en el que el precio a pagar fuera que China, algún día, sobrepasara a EE. UU. en determinados, o muchos, aspectos. Ese día está llegando, o ha llegado ya. En otras palabras, si la estrategia era que la RPC no siguiese la senda comunista, China sigue siendo comunista; y si el objetivo era que abrazase la causa capitalista, hoy, el modelo chino está en ello, o cerca de ello. Entre ambos, la cuestión sería si, el equilibrio diseñado entre las potencias dominantes, asegurarían la paz y en su caso, la estabilidad futura.

En otro orden de cosas, comentaré dos intervenciones de Kissinger que tuvieron mucha repercusión en la sociedad de aquel tiempo con relación a aspectos deportivos tales como el fútbol y el ajedrez. Sobre el primero, decir que nuestro personaje era un enamorado del fútbol, quizá por sus recuerdos de niño en Alemania. Los aficionados a este deporte —sobre todo, los más mayores—, son conocedores de que, en su día, Pelé, había manifestado que solo jugaría en el equipo del Santos; por tanto, a su retirada, Kissinger, habló con él y una vez obtenido su consentimiento, escribió una carta al Gobierno brasileño solicitando su deseo de que Pelé jugara en el Cosmos de Nueva York; quería que este deporte se familiarizara en su país, en EE. UU. Así lo hizo y, de paso, abrió la senda para que, en el futuro, de manera sucesiva, otros grandes jugadores siguieran su estela y, al final de sus carreras deportivas, se incorporaran también al Cosmos, tales como Eusebio, Cruyff, Moore, Beckenbauer, Raúl... La cuestión económica era un acicate, mientras que la deportiva no exigía los mismos niveles competitivos.

Acerca del segundo, dos años antes, en 1972, iba a disputarse en Reikiavik el campeonato del mundo de ajedrez entre el campeón, a la sazón, Boris Spasski (de la URSS) y Robert Fischer (de EE. UU.) como aspirante, después de su sonada y aclamada victoria en el torneo de candidatos. El norteamericano —genial y excéntrico—, antes del encuentro, manifestó que no se presentaría, como amenaza a los dos gobiernos y a los organizadores, por sus pretensiones económicas. Llegada la fecha del evento, estuvo dispuesto a cumplirla; los medios de comunicación del mundo entero, las cancillerías, los aficionados estaban..., de los nervios. Aparte de todo esto, en los últimos momentos, un banquero aportó más dinero para que el encuentro se disputase. En esta situación, entró en escena Kissinger; este lo llamó por teléfono y hoy se especula con el contenido de la conversación, pero pudo ser esta: "Este es el peor ajedrecista del mundo llamando al mejor ajedrecista del mundo para..." Desconozco el mensaje completo de la conversación con Kissinger, pero al final sería algo así: "Bobby —diminutivo de Robert—, lucha por el prestigio de EE. UU. y toma un avión a Reikiavik".

En lo estrictamente deportivo, a Fischer, se le dio por perdida la primera partida, precisamente, por no comparecencia; también la segunda, a cuenta del cambio del sillón y del escenario. Al parecer, se disculpó ante Spasski con una nota de la siguiente manera: "He ofendido a usted y a su país donde el ajedrez goza de un gran predicamento, le ruego me disculpe". Después..., a pesar de ir perdiendo 0 – 2; el resultado final fue de 12,5 – 8,5 para Fischer, ya para la historia, (Spasski abandonó en la partida 21, de las 24 programadas).

Por buena parte de su proceder o influencia, a lo largo y ancho del planeta, en todos los conflictos surgidos tanto en Asia, África y América del Sur, Kissinger, se granjeó adhesiones, admiración y, también, muchas antipatías; incluso, hubo intentos serios para retirarle la concesión del Premio Nobel, sin conseguirlo.

Anteriormente, se ha hecho referencia a Hong Kong en el proceso de incorporación de la que fuera colonia británica a China; también al tema de Taiwán durante las conversaciones entre Kissinger y Zhou Enlai. Respecto a Taiwán, es una isla, un país muy pequeño, democrático, y China, naturalmente no lo es; en este sentido, la situación no es comparable a la de Hong Kong antes de la adhesión definitiva, porque esta fue fruto de una negociación, un acuerdo previo con la que fuese la potencia colonizadora del enclave desde el siglo XIX, es decir, Reino Unido.

Sobre Taiwán, anteriormente, se ha citado la postura de ambos países —China y EE. UU.—, con el deseo expreso de ambas partes por conseguir, de aquel, la visión máxima que cada cual tiene; así, para China, Taiwán es una provincia como parte inalienable del país, mientras que para EE. UU., mantenía entonces, que no abogaba por un modelo que supusiese dos Chinas, ni tampoco una China - un Taiwán, sino que aceptaría cualquier evolución política acordada por ambas partes esperando que esa evolución fuera pacífica.

Si ese era el deseo plasmado en el acuerdo, ocurre que en política y en diplomacia, lo que no se explicita es "lo que se estaría dispuesto a hacer para conseguirlo", o "lo qué se haría en caso de que la otra parte adopte otra vía no contemplada en el acuerdo". Solo se dicen palabras o gestos con fines interpretativos. Desde entonces el tiempo ha pasado y, en los últimos años, Taiwán se ha convertido en un enclave económico —dentro de la senda capitalista—, puntero en sectores claves tales como el de los semiconductores, microchips, computadores, tabletas, telecomunicaciones, teléfonos móviles...; su posición es la de un actor principal en el comercio marítimo mundial, además de uno de los principales inversores en la RPC donde colocar buena parte de los excedentes derivados de ese floreciente comercio.

De un tiempo a esta parte, Pekín no ha dejado de aumentar, de forma progresiva, la presión sobre Taiwán; la ejerce en todos los ámbitos posibles que inviten a la desestabilización de la isla, ya sea con motivos militares, políticos, económicos, sociales, culturales...; valen también las campañas de intoxicación con noticias falsas (semejantes a las utilizadas en Reino Unido con motivo del referéndum de salida de la UE), siendo las manifestaciones de los dirigentes chinos hacia la opinión pública mundial ¡y a la de Taiwán!, proclives a preparar el estado de opinión de los mismos para lo que, según ellos, puede que más temprano que tarde, será un hecho, o sea, la reunificación. Continuamente, asistimos a ejercicios militares —navales y aéreos—, en el estrecho de Taiwán y mar de la China meridional, donde la RPC ejerce esa presión y sirve para analizar el grado de respuesta previsible que recibiría desde Taiwán que, aparentemente, parece no arredrarse, pero sobre todo —de forma sutil— el grado de respuesta de Estados Unidos y, este, ante tales ejercicios, se comporta, con prudencia; no puede añadirse mucho más, salvo que es una zona de alta tensión. Cuenta también con la posición favorable de otros países afines como Corea del Norte.

Además, la anterior presidenta del país, Tsai Ing-wen, era considerada por China como la cabeza visible de una relación "digamos no oficial" que mantiene Taiwán con EE. UU. Por otro lado, afrontó a comienzos de 2024 unas elecciones en las que esta cuestión tuvo una influencia significativa. La anterior presidenta no pudo ser reelegida —por agotar su mandato—, pero se esperaba que el representante de su mismo Partido Democrático Progresista (PDP) y de ideología, se alzase con la victoria como así fue. **(* 5 de 5)**

Siendo así el estado de las cosas, llegado el momento previsible de consumar la unificación por China, la geopolítica del mundo, se preguntará ¿cuál sería la postura que adoptaría EE. UU.?, y a continuación, surge si ¿estaría dispuesto a involucrarse en una guerra abierta con China por mantener en la zona un enclave de corte netamente capitalista? Comparto la opinión de que sería así, porque la posición de EE. UU. hoy no es comparable con la de aquella otra que emergió después de la Segunda Guerra Mundial, como potencia mundial, y que la llevó a involucrarse en nuevos conflictos como Corea, o en el sudeste asiático, persuadido por la fuerza moral de representar al país de la libertad ante el mundo, frente al bloque comunista. Creo que la opinión de su sociedad, hoy, no lo admitiría. EE. UU. lo sabe, y comprendería, además, que estaría aislado internacionalmente. En el juego de los bloques del mundo en que vivimos, políticamente, recibiría el apoyo de Europa y de otros países también, pero militarmente, aventuro que poco más, a excepción de Reino Unido. Por otro lado, las coaliciones militares son poco fructíferas en estos tiempos. Europa es mojigata en la defensa de sus democracias; me atrevo a afirmar que su comportamiento en determinadas situaciones, ha sido de desunión, como ha puesto de manifiesto en el siglo XX, cuando había que enfrentarse a regímenes ya fuese de naturaleza, nazi, fascista o comunista. En política, las ideas son dispares y no me atrevería a catalogar la pretendida desunión como un acto de ¿cobardía?, pero la duda... ahí queda.

Para la RPC los riesgos también son importantes; son la otra cara de los que asumiría el mundo entero en general; así, la diversificación de su comercio, que ha propiciado el auge espectacular de su economía, podría darse al traste si el mundo entendiera o percibiera que una forma de producir, bajo la bandera del liberalismo, son pisoteados y buscase otras alternativas —no fáciles tampoco—, en otros lugares de planeta.

No estoy en condiciones de afirmar que la anexión de Taiwán por la RPC se amortice siendo una cuestión de hechos consumados sin más. Para China, simplemente sería continuar con el modelo iniciado y puesto en práctica con Hong Kong. Estratégicamente, en términos de geopolítica global, cualquier respuesta occidental lo convertiría en una escalada entre bloques y aliados respectivos que haría difícil materializar posiciones políticas firmes, vía OTAN, UE, coaliciones de países...

(* 5 de 5) Las elecciones a la presidencia de Taiwán se celebraron a mediados del mes de enero de 2024. Conforme a la previsión esperada, resultó vencedor de las mismas el candidato oficialista del (PDP), Lai Ching-te, con el 40,1 % de los votos, el que fuera vicepresidente con la anterior presidenta, Tsai Ing-wen.

De él se espera que prosiga la línea continuista seguida por su antecesora, en cuanto a la democracia frente al autoritarismo preconizado por la RPC; sin embargo, sobre la independencia de Taiwán, y a tenor de algunos analistas, Lai, parece ser, o manifestarse, de manera algo más tibia y más sutil, que aquella en esta cuestión tan espinosa.

Por parte del partido opositor, el Kuomintang (KMT), —que promueve un acercamiento a Pekín—, obtuvo el 33,5 % de los votos, mientras que el Partido Popular de Taiwán (PPT) —que defiende una "tercera vía"—, obtuvo el 26,4 % de los sufragios; ambos partidos, en algunos momentos del mandato anterior, manifestaron la intención de concurrir en coalición a las elecciones, lo que de haberse producido, llegado el caso, hubiese impedido la victoria del (PPD).

Finalmente, frente al resultado de las elecciones, la postura de EE. UU., no hace, sino felicitar al ganador y al mismo tiempo felicitarse a sí mismo por el hecho de que este prosiga la línea continuista trazada por su antecesora; sin embargo, Biden no apoya, abiertamente, una independencia de la isla; de otra parte, no podría hacerlo. Pareciera que, a pesar del tiempo transcurrido —nada menos que cincuenta y tres años—, las ideas de Kissinger, aquellas de su entrevista con Zhou Enlai, en 1971, citadas, se mantuvieran todavía casi incólumes: *"EE. UU. no apoyaba la solución de "dos Chinas" ni de "una China - un Taiwán", sino que aceptaría cualquier evolución política acordada por las partes y que esperaba que esa evolución fuera pacífica"*. La cuestión es que, hoy, no se dan las condiciones para que esa solución pueda llevarse a efecto; todos o, al menos, muchos parecen mirar hacia una posición inevitable de fuerza a cargo del gigante chino en el futuro.

Con respecto a la República de Corea (Corea del Sur), que geográficamente se adscribe en la órbita de China (RPC), es igualmente un país pequeño, muy pujante; sin embargo, desde el punto de vista político no parece suscitar —aparentemente—, el mismo grado de antagonismo y animadversión continua entre los bloques.

DESPERTAR DE OTROS PAÍSES ASIÁTICOS

El ejemplo de China representa el paradigma de lo que está consiguiendo un país asiático en su senda hacia el desarrollo. En una especie de simbiosis, "sui géneris", entre el comunismo y el capitalismo, ha dibujado la fórmula —la suya propia— para el despegue. Para ello, aparte de lo ya citado en este capítulo, de sus recursos naturales —nada desdeñables—, el recurso esencial, entre otros, sobre el que basa su éxito, se encuentra en el factor humano; sobre ese compendio de factores radica, a mi parecer, la base del éxito relativo.

Otros ejemplos de sociedades puntuales podrían ser igualmente pertinentes, si bien serían de significación escasa; lo más importante que pudiera aflorar vendría, quizá, de lo que sigue a continuación:

Países del Golfo Pérsico

En el extremo occidental del continente, en Oriente Medio, los países ribereños que se asoman al Golfo Pérsico, al mar Rojo, al mar Arábigo, o incluso, al mar Mediterráneo, constituyen el ejemplo del papel a jugar en la geopolítica del mundo al aprovechar sus recursos naturales basados en los combustibles fósiles del petróleo y del gas natural. Entre ellos podemos incluir, básicamente, a Arabia Saudita, Baréin, Catar, Emiratos Árabes Unidos (EAU), Irak, Irán, Omán, Kuwait, Yemen…, al menos. La mayoría de ellos son países de pequeña extensión territorial que no se encuentran entre los mayores productores de crudo en términos absolutos, pero sí lo son en términos relativos a su superficie y población y, naturalmente, sí que tienen un peso específico al estar situados geográficamente en la órbita de otros que sí son grandes productores, tales como Arabia Saudita, Irak, Irán... Todos ellos confieren al conjunto —por el mero hecho de la concentración—, de una vitola estratégica significativa conforme al objeto y espíritu de este epígrafe.

Además, a los rasgos comunes entre ellos se cuenta el de profesar la misma religión, el islam, a través de sus dos ramas principales, la sunita —mayoritaria— y la chiita. Asimismo, la mayoría de los países practican la misma lengua, a excepción de algunos países como Irán, Turquía...

Respecto a la extensión geográfica, de cada uno de ellos, es muy desigual, pasando desde la significativa tomada como grande de Arabia Saudita —2,15 millones de km²—, hasta la de los pequeños emiratos.

En lo político, las sociedades de estos países están gobernadas, en general, de forma autocrática. Así, por ejemplo, se tienen países como Irán, Irak y quizá en algún que otro más, lo hacen en forma de repúblicas teocráticas, aunque haya elecciones con apariencia de democráticas. En el resto, los miembros de las familias reinantes, bien sea a través de la figura de un rey, de un emir o de un sultán, los destinos de las sociedades a las que gobiernan son regidos por ellos con atisbos cercanos a la tiranía[87], encargándose, asimismo, de nombrar, por ejemplo, al muftí...

Irán y Arabia Saudita pugnan por ostentar la hegemonía de la zona. El primero es de confesión chiita; está desplegando un proyecto de energía nuclear que trata de burlar los acuerdos con el Organismo Internacional de la Energía Atómica (OIEA); posee un ejército regular entre los más poderosos del mundo y es aliado de Rusia, de China, de Corea del Norte...; Arabia Saudita, por contra, es de confesión sunita y mantiene relaciones con ambos bloques.

Desde hace varias décadas, las balanzas comerciales de estos estados vienen constatando la acumulación ingente de capitales procedentes de la explotación de los recursos petrolíferos y de gas. Así, y de forma paralela, lo que para cualquier otro estado pudiera representar un período de tiempo razonable para alcanzar determinados logros —de cualquier tipo—, en su senda hacia el desarrollo; aquí, en el caso que nos ocupa, una vez adoptada la decisión de acometer un proyecto, el que sea, en uno u otro sentido, solo llevaría el tiempo necesario para su estudio y ejecución. Por otro lado, buena parte de los excedentes, de dicha

---

87 NOTA DE AUTOR. TIRANÍA: Forma de gobierno ejercida sin disponer de un cuerpo u ordenamiento jurídico como tal; frente a ella, está la dictadura que, aun disponiéndolo, aquel es injusto y no es democrático; y la democracia, donde sí hay un corpus jurídico; teóricamente es democrático, si bien albergándose alguna duda razonable de que sea siempre justo y no exento de arbitrariedad.

balanza de capitales, son colocados en el exterior de esos países tomando posiciones de inversión en sectores estratégicos de todo el mundo, ya sea en el financiero con la compra de bancos o participaciones significativas en ellos; bien tomando posiciones en bolsa, en sectores como el de telecomunicaciones, de infraestructuras, en tecnología, en el de ocio, de seguridad, así como en el militar y de vanguardia de todo tipo... En el fondo, sus mentores, son conscientes de que las reservas en las que se basa su apogeo actual, son fungibles, no durarán siempre y habrá que pensar en otros cimientos sólidos de cara al porvenir a largo plazo. Por tanto, es lógico imaginar la diversificación de las inversiones exteriores de hoy en las mejores opciones con el menor riesgo de cara al futuro.

Sobre la compra de los bancos o la adquisición de participaciones importantes de ellos, habría que analizar en profundidad las trabas religiosas del islam y las repercusiones sobre el tipo de interés —que no caiga en la usura— para funcionar en un mercado típicamente capitalista. Aquí, nos viene a la memoria cuando en 1984 —hace cuarenta años—, el Arab Banking Corporation (de Arabia Saudita), tomó el 70% del capital del Banco Atlántico —la anterior perla de Rumasa, (Ruíz Mateos) — y los posteriores vaivenes que sufrió después a este respecto.

Otra característica de las inversiones de estos países es su opacidad, siendo la cara exterior de la colocación de los excedentes.

Cuestión diferente es como participa la población, de estas sociedades, de esa riqueza; no bastará con decir que el PIB per cápita es una cifra determinada, no, eso es solo un ratio; la cuestión diferente es la riqueza real de las mismas y su distribución entre la población.

En términos de estructura económica, en su vertiente interna, baste decir que estos países se han convertido en "demandantes netos" de todo tipo de proyectos de cualquier naturaleza, algunos de carácter faraónico ya sea en materia de infraestructuras, de arquitectura, de ocio, de ciudades futuristas, de sanidad, de deportes, y cuando no, en inversiones militares...; en definitiva, dotar a los países de un abanico amplio de equipamientos modernos en todos los sentidos.

A la mente de todos viene, siguiendo el ejemplo España, la realización de diversos proyectos como el tren de alta velocidad entre las ciudades de Medina a La Meca, la gestión de las estaciones, en Arabia Saudita, a cargo de un consorcio de empresas españolas en el sector ferroviario. Tampoco es desdeñable las adquisiciones de material militar, ideología aparte, claro; siendo todo esto extrapolable a otros países.

Quizá sea más conocida y mejor percibida por la sociedad, a nivel de calle, la apuesta que se está haciendo en el ámbito deportivo y de comunicaciones; por ejemplo, la celebración del pasado Mundial de Fútbol de Catar, en 2022; así como de otros eventos deportivos en materia de rally, de golf, de pádel, de fútbol, de tenis... Igualmente, aunque de otra naturaleza, a finales de 2023, se celebró en Dubái (EAU), la vigésima octava (28ª) Conferencia de las Partes de la ONU, con motivo del cambio climático.

También en el ámbito deportivo, para 2029, Arabia Saudita tiene concedida la organización de los Juegos Asiáticos ¡de Invierno!, nada más y nada menos. Como anécdota comparativa, quizá sea oportuno recordar el precedente de 1995, en Granada (Monachil), donde hubo de suspenderse el desarrollo del campeonato mundial de esquí por falta de nieve, siendo trasladados al año siguiente. Allí, los cañones de agua encargados de producirla, no surtieron efecto porque la temperatura ambiente era superior a 0 grados centígrados. Pues bien, en Arabia Saudita lógicamente no habrá cañones, por supuesto que no; pero imaginémonos, entonces, cómo podrá ser el fastuoso complejo de ocio - deportivo que dé cobijo a la celebración de tales Juegos relacionados con la nieve, en un país con semejantes condiciones climáticas.

Hay otra faceta que no debe pasar desapercibida. Sabemos que es difícil determinar el valor real de los bienes y servicios por más estudios que hagan consultoras y agencias de calificación. Realmente la cuestión tiene que ver, en todo caso, con el precio dispuesto a pagar por algo. En este sentido, a medida que estos países se interesan en la adquisición de algún bien o de alguien en concreto, sea en el sector que sea, el valor asignado en cuestión crece de forma significativa, porque están dispuestos a pagar un valor que está muy por encima de los estándares manejados habitualmente, distorsionando con ello los mercados de referencia.

Con todo lo anterior se puede afirmar que, en estos proyectos, tanto su diseño, construcción, preparación, ejecución, como el mantenimiento posterior..., involucran a empresas y profesionales de todo el mundo; sería poco realista pensar que, en los mismos, solo participan las empresas del mundo Occidental; pero nada más lejos de la realidad. Empresas de ambos bloques, chinas, rusas, turcas, hindúes, canadienses, indonesias... están presentes, igualmente, en los mismos.

A través de los eventos citados, las comunidades de estos países desde hace algún tiempo vienen ejerciendo un papel protagonista creciente. La red de influencia es cada vez más tupida, de mayor capilaridad en todos los sectores y, consecuentemente, ejercen una posición de más fuerza. Por lo que a los medios de comunicación se refiere, los tentáculos sobre ellos hacen que, por lo general, estos, no quieran entrar en el meollo certero de las críticas que se les hacen en materia de derechos humanos, de libertad política, de igualdad, de feminismo... ¿Por qué? Porque son tantas las inversiones saudíes, y de otros países del Golfo Pérsico, en Occidente, que cualquier crítica que se haga en ese sentido levanta una polvareda a la que inmediatamente hay que rectificar. Sin ir más lejos, en España, una crítica del Ministerio de Defensa en ese sentido hubo de rectificarse de inmediato. El contrato en materia naval de nueve buques o la adquisición en bolsa de casi el 10% de nuestra empresa de telecomunicaciones —Telefónica—, así lo aconsejaba. Sin entrar a valorar como serán las inversiones en otros países, es de suponer que, con una tipología variada, habrá también ciertas similitudes.

A diferencia de China, dada la atomización de estos países, se tiene que, en términos de estructura económica, el vector fundamental que mueve hacia la estrategia seguida son los recursos naturales disponibles; a la población no se la tiene en cuenta para jugar ese rol, no siendo objeto de consideración en la misma. Por otro lado, el ejercicio político se desarrolla en los términos descritos sin visos aparentes de cambios profundos en el tiempo y corre paralelo, en casi todos los casos, de la mano de la religión; siendo esta el factor más significativo, aunque no sea de naturaleza económica estricta, si bien con influencia directa sobre ella.

India
Del subcontinente indio se puede avanzar, inicialmente, algún juicio extraído de la información contenida en la Tabla 1, del capítulo 10, así:

1º   Por encima de cualquier otra consideración, resalta el montante de su población, en torno a 1400 millones de personas, que corre casi parejo al de China.

2º   En términos comparativos, su densidad de población —419 personas por km² —, es tres veces superior a la de China, dado que su extensión es solo un tercio la de esta.

3º   Desde una vertiente estrictamente política, se quiera o no, hay que reconocer que la India es la mayor democracia del mundo, en términos poblacionales.

Desde el punto de vista religioso, podemos decir que India es una mescolanza de creencias donde el hinduismo es la religión mayoritaria —alrededor del 80%—, si bien están presentes otras en menor proporción tales como el budismo, el jainismo, el sijismo, el islam, el cristianismo…

Tiene reservas importantes de minerales tales como hierro, bauxita, cromo, manganeso, tierras raras…, para desarrollar, en parte, su industria. Dispone de ventajas comparativas en sectores industriales, farmacéutico, de telecomunicaciones, entre otros, que hacen competitiva el desarrollo de tales actividades, pero el hecho de que sus cifras macroeconómicas en términos absolutos la sitúen en el quinto o sexto puesto en el escalafón a nivel mundial, no pueden esconder el hecho de que algún otro sector, como por ejemplo el primario, muestre una baja mecanización, — donde amplias capas trabajan la tierra a mano—, y ocupe a una buena parte de la fuerza de trabajo, alrededor de 45%, mientras que el sector representa la quinta parte del PIB total; esto se traduce en la existencia de grandes diferencias de renta entre la población; aproximadamente, tres quintos de la misma, o algo más, tiene unos niveles de renta muy bajos en comparación con el resto; y la desigualdad es un hecho. Todo ello arrastra a que el PIB, o incluso la renta, per cápita, sea baja en comparación a otros países de la zona, como Indonesia, por ejemplo. Por ello, mientras existan tales diferencias, adolecerá de una clase media que sea el vector que canalice el desarrollo global y definitivo del país. Así, a medida que se mejore la productividad, irá aumentando los niveles de renta de amplias capas y sin duda encontrará la senda hacia un desarrollo más equilibrado.

Siendo la población un recurso inestimable, a su vez, le plantea también retos importantes en el presente como estamos viendo. Uno de ellos, además de lo apuntado, es precisamente una dependencia significativa de las importaciones. Aun así, a medida que transcurra el tiempo, el peso específico de India en el concierto del mundo aumentará.

Por otro lado, cuando en general decimos que se asigna a India el raro marchamo de ser una potencia emergente —a escala global, con independencia de que lo sea a nivel regional—, creo percibir que se hace fundamentado no sobre bases estrictamente económicas; sino también, tomando en consideración a otros factores como el hecho de disponer de casi 8.000 km. de costas bañadas por el océano Índico; por disponer de uno de los ejércitos más importantes del mundo; y finalmente por tratarse, en última instancia, de ser una potencia con armas nucleares.

Pues bien, si a todo lo anterior se añade que en 2023 consiguió situar una nave espacial no tripulada en la cara sur de la Luna, convirtiéndolo en el cuarto país del mundo en conseguir una hazaña semejante, entonces podemos convenir que todo lo mencionado está configurando a India como una potencia en ciernes, primero en el ámbito regional del hemisferio sur, y después, con carácter de geoestrategia global.

Desde el punto de vista político, India, en el siglo pasado, obtuvo su independencia de Reino Unido en 1947; superadas las separaciones territoriales y religiosas con Pakistán y posteriormente, con Bangla Desh, hasta ahora, ha hecho siempre gala de situarse en la órbita de los países no alineados. A medida que la globalización se acentúe, irá haciendo más patente su acercamiento a uno u otro bloque, salvo que quiera llevar el no alineamiento hasta sus últimos extremos; no obstante, las diferencias que mantiene con la RPC, por un lado, y por otro, la cercanía respecto de ella, no parecen que sean cuestiones insalvables que impidan el establecimiento de unos lazos políticos y de otro tipo, con cada uno de ellos.

Finalmente, otros países como, por ejemplo, Japón, Indonesia..., cuyas aportaciones son significativas en tantos campos, ya sea en atención a su población, a su economía, a su cultura o bien en el aspecto político, sin embargo, su impronta no representan un paradigma representativo del despertar asiático, título de este epígrafe, porque llevan décadas ejerciendo este rol de manera que sea así percibido en Occidente —creo—, y que lo hacen de forma no rompedora con el statu quo. Sin ir más lejos, Japón, es un país que lleva estancado, en lo económico, varias décadas; y ese estado de estancamiento se manifiesta a través de dos recursos fundamentales como son su población y la economía.

Por otro lado, son países representativos de lo que convenimos en denominar como civilización del lejano Oriente y, llegado el momento, ejercerían su influencia conforme les corresponde a sus señas de identidad.

En las sociedades que venimos analizando, con sus particularidades y formas de gobierno ejercidas con escasa libertad, naturalmente que hay minorías sociales que ansían derechos y libertades de forma semejante a como pudieran entenderse en Occidente. Lo hacen a través del apoyo recibido mediante la interacción con otras capas sociales del exterior, ONG y determinados medios de comunicación, pero su grado de compromiso, a veces, junto a la acción demoledora de los gobiernos sobre las mismas, hacen que los avances en este campo sean muy limitados.

13. Cambio de liderazgo en el mundo; afección a civilizaciones

El continente asiático, de un tiempo a esta parte, viene acaparando buena dosis de protagonismo toda vez que —por motivos varios—, aglutina ejemplos exitosos que podrían estar generando cambios en sus sociedades respectivas y que, en el futuro, podrían ejercer igualmente influencia sobre otras sociedades, siempre hablando de manera potencial.

En su vertiente física, por extensión, Asia representa el 30% de las tierras emergidas del planeta; paralelamente, su población ronda alrededor del 60% del total de la población mundial, y ello le confiere un aspecto significativo en cuanto a lo que representa el recurso poblacional en sí mismo.

Desde el lado histórico, el hecho de que los países en cuestión provengan desde civilizaciones como la sínica, la islámica, la hindú o la del lejano Oriente, para algún que otro país asiático que sea objeto de mención, añade nuevos aspectos a valorar para alguna otra civilización o cultura que, en su caso, pudiera emerger.

En términos políticos y hablando con poca precisión, históricamente, el concepto de imperio se asocia en general —con matices—, a la idea de la civilización que propicia el estado universal en cuestión; así, a título de ejemplo, el imperio persa sería el correlativo de la propia civilización persa; en su día, los distintos califatos o el imperio otomano, estarían asociados con la civilización islámica; el imperio ruso, con la civilización cristiana ortodoxa – rusa o, en parte, el imperio sacro romano germánico lo estaría con la civilización occidental, el imperio mongol, quizá, y así, el resto de los imperios...

Sin embargo, a esta última —la occidental—, se la caracteriza precisamente porque nunca llegó a constituir un estado universal, propiamente dicho. Sí fue el soporte cultural y religioso —a través del cristianismo—, necesario para extender como influencia política la ejercitada por países, en su consideración de estados - nación concretos, a lo largo del tiempo, tales como bien pudieron hacerlo Inglaterra, Francia, España o más modernamente en el tiempo, el imperio napoleónico, austro húngaro, o de otros estados independientes, como EE. UU. con la civilización occidental. Además, ninguno de ellos fue ajeno a la expansión territorial a través del modelo colonialista, con la excepción, quizá, de España en América. Esta última no era entendida y no se asociaba con el concepto que hoy aplicaríamos al concepto de una colonia, sino que América sería una extensión de la propia corona de España en la forma de virreinato, recayendo su gestión en la figura de un virrey; dicho en otras palabras, se trataba de una zona —la de una parte de América—, integrada en el imperio.

El título de este capítulo no pretende sugerir, a priori, algo que se haya producido ya, o bien que esté en marcha en el presente, o que, tenga necesariamente que producirse en un futuro más o menos mediato; no, no se trata de eso; más bien responde al interés, a modo de conjetura intelectual, acerca de si los logros conseguidos por un país asiático —China—, en su senda hacia el desarrollo, pudiera conllevar, o no —el tiempo se encargará de ello—, un cambio de paradigma para el concepto de liderazgo en el mundo en favor de ese país.

Para ello, en primer lugar, se debería concretar qué entendemos o cuáles serían los aspectos que normalmente asociamos para otorgar la condición de liderazgo a los países. Podría admitirse que en época moderna, desde la revolución industrial, Inglaterra, Gran Bretaña o Reino Unido después, —en buena medida—, vino ejerciendo ese rol basado en sus logros de la ciencia, de la técnica, así como en los beneficios del comercio exterior derivados de la explotación del modelo colonial imperante; con este mismo modelo y con las singularidades propias de cada una, otras potencias del continente europeo participaron igualmente del pastel colonialista, si bien con distinto grado de influencia y poderío. La Gran Guerra, la revolución rusa, los cambios en el continente europeo y en China, no hicieron, sino preparar al mundo para que, aunque ya tuviese los mimbres para ello, sobre las ruinas de la Segunda Guerra Mundial, emergiera el potencial ingente de EE. UU., casi sin competencia en aquellos momentos, tomando el relevo como el actor principal en el mundo desplazando a Gran Bretaña.

Naturalmente, la posición dominante de liderazgo no solo se asocia a los recursos naturales, de la población, de la posición armamentística, de la potencia nuclear y la de defensa, sino que se asocia también a otros factores de índole productiva, comercial, política, que llevan aparejado, con mucho, al estado de la ciencia, de la técnica, del pensamiento, de la cultura, de la sociología y de otras tantas disciplinas, con los logros inherentes —para lo bueno y menos bueno—, asociados a los mismos. Todos ellos —con distintos actores—, han estado presentes durante buena parte de la Edad Contemporánea hasta hoy en la cultura de Occidente. Es obvio, pero lo anterior no implica que esos mismos valores no puedan estar presentes —en distinto grado o medida—, en otras civilizaciones, aunque no sean las características esenciales que definan a las mismas.

Por ello, respondiendo afirmativamente a la conjetura planteada en la página anterior, ese cambio de liderazgo potencial en favor de China genera la pesquisa intelectual asociada a los efectos que conllevaría; y en tal caso, entre ellos, cuestión no menos importante sería:

¿Cómo se vería alterada, en su caso, la posición actual de la civilización occidental u otras implicadas?
¿Quién tomaría el relevo, en su caso, y bajo qué formas?

Elucubraciones de este tenor implica cuando menos citar las proposiciones importantes —a mi parecer— que, históricamente, inciden de lleno en la cuestión. Ello no quiere decir que no haya otros enfoques y puntos de vista dignos de considerar igualmente. En este sentido, hay autores que, con un enfoque más moderno, ponen el énfasis en otro número distinto y denominaciones de civilizaciones y culturas; todos son perfectamente válidos, solo que, al objeto del trabajo, es suficiente para discernir que habiendo dos corrientes, digamos clásicas y mayoritarias, pero opuestas, la realidad de los hechos históricos pudieran barruntar mejor por dónde pudiera ir la evolución de la civilización en cuestión o, en su caso, aquello otro que de nuevo cuño pudiera emerger, siendo preferible esta línea de pensamiento.

Así, de una parte, en el capítulo 2, se ha aludido al "Estudio de la Historia", conforme al enfoque del historiador Toynbee en su magna obra publicada en 1931.

De otra parte, procede citar ahora, a Oswald Spengler, que bien pudiera representar a otro enfoque, igualmente, digno de estudio.

Aún resonaban las armas de la Primera Guerra Mundial, cuando en julio de 1918 —la guerra finalizó, el 11 de noviembre de ese mismo año—, apareció el afamado libro "La Decadencia de Occidente", del filósofo alemán Oswald Spengler[88], al que siguió

---

88 SPENGLER, O. La Decadencia de Occidente. "Bosquejo de una morfología de la historia de la Historia Universal". Traducción del alemán de Manuel G. Morente. Prólogo a la 2ª edición española de 1922 por José Ortega y Gasset. Created by PDF GENERATOR.
Última consulta resultada para el día 30 de enero de 2024.

una segunda edición en 1922. De esta última, Ortega y Gasset, prologó para la edición en español lo siguiente: *"... es, sin disputa, la peripecia intelectual más estruendosa de los últimos años, constituyendo, además, una filosofía de la Historia".*

Confesaba el propio autor —Spengler—, que comenzó a escribirlo en 1913, antes del comienzo, incluso, de la Gran Guerra; de alguna manera estaba revelando, en sus páginas, cual era el estado de su pensamiento sobre la cuestión a comienzos del siglo XX, y que no era otro que el heredado y prevalente de finales del siglo XIX.

Aquí no se persigue contrastar las obras de Spengler y de Toynbee; bastantes panegiristas y detractores tuvieron ya en vida, uno y otro, tanto en el continente, en Reino Unido y resto del mundo, como para continuar una disputa banal, pero sería impensable, que la obra de Spengler pasara desapercibida para Toynbee, que publicó la suya casi quince años después. Por ello, más allá del trato intelectual, áspero, que mutuamente se dispensaron, es opinión generalizada que mientras Toynbee habla de sociedades primitivas y de veintiuna civilizaciones[89], Spengler reconoce el concepto de culturas, reservando el término de civilizaciones para cuando las culturas han desaparecido. Así, enumera hasta nueve culturas, cuya existencia ha ido sucesivamente llenando el tiempo histórico.

---

89 TOYNBEE, A. J. Op. cit., p. 38.

Las «culturas» tienen una vida independiente de las razas que las llevan en sí. Son individuos biológicos aparte. Las culturas son plantas. Y, como éstas, *[sic]* tienen su carrera vital predeterminada. Atraviesan la juventud y la madurez para caer inexorablemente en decrepitud. Estamos hoy alojados en el último estadio —en la vejez, consunción o decadencia —Untergang— de una de estas culturas: la occidental. De aquí el título del libro[90].

En el prólogo a la 2ª edición, de 1922, el autor, refiriéndose a su propio libro, nos dice:

Es intuitivo en todas sus partes. Está escrito en un lenguaje que trata de reproducir con imágenes sensibles las cosas y las relaciones, en lugar de substituirlas por series de conceptos.

Se ha clamado sobre el pesimismo de mi libro. Es el clamor de los eternos rezagados, que persiguen cuantos pensamientos se brindan a los que en la vanguardia buscan la senda del futuro. Pero yo no he escrito para los que toman por una hazaña el cavilar sobre la esencia de las hazañas. El que define no sabe lo que es el sino[91].

En Spengler, el concepto de las culturas y las civilizaciones son asimilaciones de la biología con un ciclo de vida predecible y

90 SPENGLER, O. Ibíd., p. 3. Prólogo de Ortega y Gasset.
91 Ibíd., p. 5.

determinístico; así:

> [Con razón se ha contado al hombre entre los organismos de
> la superficie terrestre].
>
> [... Compárense, pues, unos y otros organismos, dejando
> que el mundo de las culturas humanas actúe puro y hondo
> sobre la imaginación, sin forzarlo a acomodarse en un
> esquema prefijado; considérense las palabras «juventud»,
> «crecimiento», «florecimiento», «decadencia», que han
> sido hasta ahora, y hoy más que nunca, la expresión de
> estimaciones subjetivas e intereses personalísimos de índole
> social, moral y estética; considérense, digo, esas palabras
> como designaciones objetivas de estados orgánicos...][92].

Enlazando ahora los conceptos de cultura y civilización, se
llega a la idea central que subyace en el pensamiento de Spengler,
la idea del final de una cultura y de una civilización:

> La decadencia de Occidente, considerada así, significa nada
> menos que el problema de la civilización. Nos hallamos
> frente a una de las cuestiones fundamentales de toda
> historia. ¿Qué es «civilización», concebida como secuencia
> lógica, como plenitud y término de una «cultura»?

> Porque cada «cultura» tiene su «civilización» propia. Por
> primera vez tómanse aquí estas dos palabras —que hasta

---

92 Ibíd., p. 22.

ahora designaban una vaga distinción ética de índole personal— en un sentido periódico, como expresiones de una orgánica sucesión estricta y necesaria. La «civilización» es el inevitable sino *[sic]* de toda «cultura». Hemos subido a la cima desde donde se hacen solubles los últimos y más difíciles problemas de la morfología histórica.

[«Civilización» es el extremo y más artificioso estado a que puede llegar una especie superior de hombres. Es un remate]; [... Es un final irrevocable, al que se llega siempre de nuevo, con íntima necesidad][93].

Comparando estas páginas con el capítulo 2 y a ambos autores, puede compartirse la idea, de que la obra de Spengler representa —con toda su belleza— a un cuerpo de doctrina, como el compendio sistematizado propio del pensamiento y del nacionalismo alemán en el continente europeo; el cual, está lleno de ingredientes apriorísticos y de carácter dogmáticos. Frente a él, Toynbee, se caracteriza por la búsqueda de elementos, científicos también, pero siempre a través de la experiencia y de los sentidos, que son atributos muy propios del empirismo británico.

En definitiva, la postura central de Spengler en su libro sobre "La Decadencia de Occidente", queda reflejada en este pensamiento:

_____

93 Ibíd., p. 26.

La concepción sistemática del mundo, en Occidente, ha llegado a su apogeo en el pasado siglo, y ya ha franqueado esta cumbre. La concepción fisiognómica tiene ante sí un gran porvenir. Dentro de cien años *[sic]* todas las ciencias que puedan edificarse sobre el solar del Occidente europeo serán los fragmentos de una fisiognómica única y grandiosa, la fisiognómica de la humanidad. Esto es lo que significa «la morfología de la historia universal»[94].

Con otro enfoque, autores, como Julián San Valero Aparisi, ponían el énfasis —a mediados del siglo pasado— en la influencia de las distintas variaciones operadas por los pueblos neolíticos, frente al tronco único anglosajón, en la formación de las civilizaciones; así, objetaba a Toynbee:

El Neolítico, con sus diversas ramificaciones *[sic]* son el sustrato cultural previo de las primeras civilizaciones, incluso, las por él denominadas "unrelated" como la Egipcíaca, la Sumeria y la Minóica.

En suma, la Civilización surge como consecuencia de la Revolución Neolítica. Las primeras civilizaciones derivan de pueblos neolíticos; las demás indirectamente, puesto que en ellas actúan el substrato neolítico, los desarrollos históricos que el tiempo y las relaciones de pueblos impusieron en aquel y el impulso de grupo tuvo para hacer valer su propia

---

94 Ibíd., p. 94.

circunstancia histórica[95].

Hace ya más de cien años que se publicó la obra de Spengler, y aún más del sustrato ideológico que dio vida a aquella para que así fuese concebida; según su vaticinio, la cultura Occidental —civilización según Toynbee—, no iría más allá de cien años; y para ese horizonte temporal anticipaba —ya cumplido por hoy—, la desintegración esperada de lo que él denominó como **el solar del Occidente europeo.**

Hoy, en la civilización occidental, a tenor de su estado actual —con independencia de que sea un solar o no—, hay que conceder honestamente a Spengler, que, al menos, se perciba de ella la existencia de un relativismo moral creciente, y no parece que haya cotas, en el mismo sentido, a las que no pueda escalar; asimismo, se tiene una ideologización real cada vez mayor de las instituciones que las rige.

Frente a esto, se tiende a recurrir nuevamente a Toynbee cuando sostenía que *"la civilización Occidental se encontraba determinada por dos fuerzas matrices, la democracia (política) y el industrialismo (económica), que han creado un determinado modo de pensar la Historia, en torno a la idea de estados*

---

95 SAN VALERO APARISI, J. Toynbee y el origen de la civilización. Revista Saitabi, Número 8 (35-38) (1950), pp. 6-11. Universidad de Valencia,

y

<https://ojs.uv.es/index.php/saitabi/article/view/5440>

Última consulta resultada para el día 31 de enero de 2024.

nacionales". Con posterioridad, extendió esa idea de pensar la historia hacia la civilización misma.

El devenir de la historia, aunque haya sido determinista, en Toynbee, cobra otro enfoque, ya que nunca aceptó ese "sino". Por ello, siguiendo a autores como Esteban de Castilla y Muñoz Triguero, que más modernamente se han hecho eco de la obra de Toynbee, en varios trabajos que lo han desarrollado; así, el primero de ellos cita que Toynbee:

Se opuso al determinismo darwinista en la evolución terminal de las civilizaciones (frente a O. Spengler) *[sic],* ya que la misma podría escapar del proceso de ocaso renovando sus respuestas morales y técnicas; por ello esperaba que la moderna civilización Occidental pudiera escapar a la norma general de decadencia de las civilizaciones[96].

Y sobre el papel de las iglesias universales, la idea de Toynbee, que recoge nuevamente de Castilla, era significar como:

La civilización Cristiana Occidental fue la única capaz de mantener ese equilibrio entre Iglesia y civilización, entre fe y política en el mundo contemporáneo, pese a innumerables

---

96 CASTILLA DE, E. Los falsarios de la historia. "Toynbee y la historia de la civilización". Revista La Razón Histórica, n.º 10, 2010 [42-43], ISSN 1989-2659. © Instituto de Estudios Históricos.

conflictos. Mantenía esa tensión creadora entre la religión y la sociedad civil, frente al dominio de la fe (islámica e hindú) o el dominio de la política (desde el luteranismo a la realidad de Japón y China)[97].

Por su parte, Muñoz Triguero, sobre la oposición al determinismo, se expresa en sentido parecido, haciéndose eco, a su vez, de Rodríguez Aranda, cuando afirma: *"Toynbee es un humanista que posee una gran fe en el hombre, al que considera capaz de cambiar el curso de los acontecimientos, y esto a pesar de su concepción de los ciclos de la historia"*[98].

A continuación, este autor, indaga sobre el papel de las iglesias universales en las civilizaciones y el desafío al que se ven abocadas: bien hacia el encuentro de las religiones superiores o bien hacia la ruina de aquella a la que se encuentra unida. En este sentido recoge:

La desintegración de una Civilización suscita el nacimiento de una Iglesia, de una religión más alta, y de ella —como crisálida—, se alza una nueva sociedad. Considera así al Cristianismo *[sic]* como enlace entre la Civilización Helénica y la Occidental moderna; el Mahometismo, como enlace entre la Civilización Siríaca y las culturas iraní y arábiga; el

---

97 Id., pp. 42-43.
98 MUÑOZ TRIGUERO, I. Las religiones en la historia según Toynbee. "El encuentro actual de las religiones superiores". Localización: Teología y mundo actual, ISSN 0478-6378, ISSN-e 3020-1810, N.º 102, 1976, págs. 207-208.

Hinduismo *[sic]* como enlace entre las culturas índica e hindú; el Budismo, *[sic]* como enlace entre la sociedad china antigua y la Civilización del Lejano Oriente[99].

El enfoque que se avanzaba sobre el destino cultural y religioso esperado para la Humanidad no es, sino arrojar incertidumbre en el porvenir:

> Las Civilizaciones Hindú, Sínica e Islámica, se encuentran más bien estancadas. La Civilización Occidental, en trance de disolución, abocada a su estancamiento, a su fin o a su regeneración creadora en una nueva andadura... La Civilización Occidental, *[sic]* ha rechazado por ello su tutela en un proceso de secularización creciente y alarmante[100].

Así, con este sentido es como Toynbee veía en el encuentro de las religiones una posible salida al estado actual de las civilizaciones por ellas alentadas; si bien no debemos olvidar que, hoy, las civilizaciones vivas —las de 3ª generación—, son fruto del resultado evolutivo al que estas han llegado partiendo desde aquellas que tenían la consideración de civilizaciones filiales que, a su vez, emergieron desde otras que existieron en un pasado anterior a ellas, —consideradas primigenias—, y que en expresión afortunada de Toynbee, estas últimas, *"alcanzaran la aurora de la historia"*.

---

99 Ibíd., p. 208.
100 Ibíd., p. 210.

La cuestión ahora es si la dinámica descrita en el párrafo anterior, que ha condicionado el desarrollo evolutivo en torno a las civilizaciones, —sean cuales sean las afectadas—, puede seguir repitiéndose para las actuales, incluyendo el aspecto básico determinista, frente al criterio que sostenía Toynbee cuando expresaba su confianza en el género humano para romper esa dinámica acerca del nacimiento, crecimiento, desarrollo, colapso y desintegración de las civilizaciones.

Sirva de enlace lo que sigue a continuación con el bagaje desplegado a lo largo de este capítulo para decir que el horizonte pareciera ahora algo más desbrozado y despejado —quizá, pero tampoco mucho más—, para afrontar las cuestiones planteadas al comienzo del mismo, página 438 y siguiente, sobre el acontecer venidero de la civilización occidental o de cualquier otra afectada, con relación a un posible cambio en la hegemonía del mundo, y de la interrelación entre los distintos tipos de sociedades involucradas.

Parece oportuno convenir que cuando nos referimos a las civilizaciones vivas[101], los juicios de valor a emitir sobre ellas, pero traídos al momento presente están impregnados, igualmente, de un relativismo histórico nada desdeñable, precisamente por la cronología tan vasta que abarcan, por la evolución experimentada, por las vicisitudes históricas ocurridas, así como por el grado de vigencia de las mismas; hablamos de milenios —según cada caso —, hasta la actualidad.

Se ha citado en este capítulo, según autores, que las civilizaciones sínica, islámica e hindú se encuentran estancadas; asimismo, que la civilización occidental está en proceso de

---

101 NOTA DE AUTOR. CIVILIZACIONES VIVAS: Consideraremos entre ellas a las siguientes: cristiano occidental, cristiano ortodoxa rusa, islámica, hindú, sínica o china y del lejano Oriente, para abarcar a las sociedades coreano – japonesa.

disolución que pueda desembocar, igualmente, en su estancamiento, disolución o quién sabe, incluso, su regeneración. Y como quiera que este capítulo aborda un cambio potencial de liderazgo mundial encabezado por un país —China—, al que en el capítulo 12 se ha considerado paradigma —junto a otros—, precisamente por su pujanza económica, presencia en la esfera internacional y en otros aspectos, se plantea, hablando en términos de la civilización representativa, que esta sea tipificada como estancada. Lo mismo podría decirse de otros países asiáticos respecto de las civilizaciones a las que representan, tales como la islámica e hindú, respectivamente.

Como quiera que esto parece una suerte de contradicciones o un contrasentido en toda regla, razones habrá para que sea así, o no. En cualquier caso, no es concebible, en cualquier período histórico, que se haya propiciado el auge o el albor de una civilización que, a su vez, no se haya visto acompañado de un florecimiento de índole diversa, ya sea en materias de religión, lengua, cultura, pensamiento, ciencia, política...

En este planteamiento las cuestiones a considerar son diversas, pero en una primera aproximación no se permite colegir que un cambio potencial de liderazgo en el mundo a favor de China, frente al de EE. UU., o de otros países potenciales como por ejemplo, de Rusia, de India..., conlleve, de forma necesaria y automática, otro desplazamiento paralelo de la civilización sínica a la que aquella representa, frente a la cristiana occidental, cristiana ortodoxa – rusa o hindú, respectivamente. Al comienzo del capítulo, se ha esbozado aquello que podría equipararse al liderazgo, si bien puede convenirse que para que tal cambio se produzca precisaría de algo más, que incluiría otras razones internas y externas.

A excepción de la civilización egipcíaca, que podríamos considerar, por su ubicación, a caballo entre África y Asia, de manera legítima puede asaltar la duda sobre la no presencia del continente africano, australiano o americano[102] en ninguna de las referencias históricas hechas hasta ahora sobre las civilizaciones. En ambas partes del planeta y sobre todo en la primera, a pesar de aportar los vestigios más antiguos de nuestros antepasados homínidos, podría decirse, a modo de conjetura, que la duda pudiera ser debido a que el elemento humano ha estado siempre constituyendo y desarrollándose a través de las sociedades primitivas, pero que después, bien por factores de necesidad o de cualquier otra índole, jamás alcanzaron la elevación moral y de los valores necesarios para conformar civilizaciones propiamente dichas. Después, esas sociedades fueron pereciendo dando lugar al nacimiento de otras nuevas y así, sucesivamente.

A los reductos que pudieran quedar en el continente americano de las civilizaciones extinguidas tendrían, hoy por hoy, la consideración de sociedades primitivas. Todo ello, con

---

102 NOTA DE AUTOR. CIVILIZACIONES extinguidas en el continente americano: Andina, Maya, Mexicana y Yucateca.

independencia de que, en épocas moderna y contemporánea, los reductos del colonialismo pudieran aportar distintos matices sobre la presencia de otras civilizaciones.

La idea subyacente en Toynbee, es que en toda civilización debe darse una Iglesia universal, un Estado universal y un fenómeno que él denominaba *"völkerwanderung"*, o de migración de pueblos, para conformar un proletariado entre las masas internas y externas. Siendo esa la traza a seguir —y teniendo en cuenta las consideraciones hechas en el tema—, sobre un posible cambio de la hegemonía en el mundo y afección —en su caso—, a la civilización occidental y otras potencialmente afectadas, el derrotero actual podría revestir matices como los que se recogen en los apartados siguientes:

Sobre Völkerwanderung

A través del término *"völkerwanderung"*, la historia ha propiciado flujos de pueblos que, llevados bien por conquistas de otros pueblos, por guerras, bien por el materialismo histórico de las condiciones climáticas, bien por las hambrunas, bien por razones históricas o bien por motivos diversos…, convergían en un horizonte geográfico determinado y así configuraban un proletariado, como masa social crítica, para constituir la semilla de cualquier civilización que se precie.

Durante la época contemporánea, algunos estados-nación y determinados enclaves, se convirtieron en tierras de promisión a las que arribaron personas de cualquier parte del mundo en la búsqueda de mejores condiciones de vida; así ha ocurrido en casi todos los continentes, siendo durante el siglo XX una constante especialmente desde Europa a América. De un tiempo a esta parte, el fenómeno ha hecho de la migración de los pueblos un concepto global en el mundo. No debe mezclarse esta faceta con el turismo que, en general, tiene un carácter transitorio y esporádico.

China, en términos materiales, representa hoy buena parte de la fábrica del mundo, de ahí su pujanza económica; a su vez, no deja de ser un mercado potencial atractivo de casi 1500 millones de habitantes para los sectores productivos occidentales que, por otro lado, tratan de posicionarse allí en las mejores plataformas logísticas para canalizar el comercio que desde allí proviene. Todo esto provoca un movimiento de personas —todavía, quizá, minoritario— hacia aquel país donde entran en contacto con la gente, el idioma, las finanzas, las costumbres..., y sin olvidar el sector turístico; en definitiva, nexos potenciales para acercarse a la cultura propia del mismo; pero que lleguen a familiarizarse con ella, o no, es otra cuestión diferente; pero algo constituye el inicio.

A la inversa, llevamos décadas observando cómo son los sectores donde se establece la sociedad china en los países occidentales. Con las diferencias propias entre ellos, el tópico nos lleva a decir que la restauración y las tiendas de comercio son las actividades habituales como medios de vida . Sociológicamente y de forma aparente, tales colectivos se nos han presentado como cerrados, herméticos y poco accesibles, pero esa percepción es cambiante a medida que transcurre el tiempo y nuevas generaciones aumenten los intercambios sanguíneos con las poblaciones nativas, y sus actividades no sean solo las descritas anteriormente.

El argumento mismo del párrafo anterior es de aplicación, quizá, para la población occidental que allí se establezca; sin embargo, en todo el entramado de las integraciones sociales sobrevuela siempre la cuestión religiosa que más adelante se aborda.

Algo similar ocurre en otros países del este y del sureste asiático aunque, dada su extensión y población, no es equiparable a lo descrito para el gigante chino.

En relación con los países del Golfo Pérsico, la cuestión del flujo de población hacia y desde ellos parte de bases diferentes. Más allá de las necesidades productivas, de equipamientos logísticos y de cualquier tipo para la salida y comercialización de sus recursos básicos de crudo y de gas, el establecimiento de una población occidental en tales países suele estar asociado al desarrollo de las actividades descritas en el capítulo 12. Al respecto, se tiende a creer que, dado el fuerte impacto que ejerce la fe y la religión islámica en vida de la gente, esta considere que los flujos hacia tales países y su asentamiento en los mismos sean, en general, provisionales; normalmente mientras duran los contratos de trabajo y los proyectos en las actividades a desarrollar.

Por contra, el flujo de población islámica hacia Occidente no se circunscribe al proveniente solo de países del Golfo, también al resto de Asia y en mayor medida desde África; se trata de un fenómeno generalizado desde muchos estados que profesan tal credo —normalmente de los más pobres—, y ello conlleva otros matices a desarrollar en el apartado de una Iglesia universal. En definitiva, en el mundo globalizado de hoy, el fenómeno de *völkerwanderung* debe interpretarse con un carácter amplio y enfocado hacia una mundialización de la humanidad, pero no entendido como un proceso de ósmosis entre un proletariado interno y externo estrictamente limítrofes, no; sin embargo, a modo de conjetura, es difícil precisar cuál sería su valor añadido en la formación de un futuro Estado universal que, por otro lado, sería potencial.

Estado - Universal

No es preciso lanzar una mirada retrospectiva en el tiempo, —labor, por otro lado, enjundiosa y resbaladiza—, como para constatar que el horizonte y los límites geográficos de los estados - nación, asociados a las civilizaciones alentadas por ellos como Estados universales, han pasado por múltiples cambios hasta llegar a no corresponderse con los de hoy. Aun así, se percibe y comprende mejor en los casos de China, India, —no tanto en

Rusia— por ejemplo, la definición de los límites actuales en contraposición a los de la civilización occidental; sobre esta, aquí se ha mencionado, que se caracteriza precisamente porque nunca llegó a constituir un Estado universal, propiamente dicho, a pesar del papel significativo desempeñado por algunos países a lo largo del tiempo.

En el orden puramente político y económico, la democracia y el industrialismo —que diría Toynbee—, fueron las fuerzas motrices que guiaron el desarrollo en la civilización occidental. Además, de manera tradicional, el liberalismo propició la toma de decisiones económicas bajo una senda capitalista que ampliaba cada vez más el paraguas de los estados hacia la acción social; sin embargo, estos resortes, hoy por hoy, parece que no son exclusivos de aquella civilización. Así, por ejemplo, India es una democracia, el industrialismo forma parte de su economía y avanza hacia cotas de mayor igualdad entre la población.

Este último aspecto es el que se encuentra imperante en China, país que gusta de autodefinirse en lo político como "un sistema socialista con peculiaridades chinas". Y en lo estrictamente económico, puede admitirse que se encuentra más cerca del capitalismo que del socialismo, aunque las libertades individuales no estén garantizadas.

En Rusia —después de setenta y cinco años de dictadura comunista—, la civilización cristiana ortodoxa – rusa, se rige hoy, en lo que llevamos de siglo, en lo político por un régimen con algunas libertades que sostienen su sistema económico, pero no es una democracia formal. En lo tocante a las libertades individuales, derechos políticos, de expresión, de asociación, de reunión, de derechos humanos, sus limitaciones son evidentes. En política, cualquier tipo de elecciones se acerca más a una operación de pura cosmética que al ejercicio de libertad de elección de candidatos. En lo económico, se rige por un capitalismo desaforado, existiendo una brecha social importante que recae sobre una clase media poco extensa, de baja capilaridad y precaria. En definitiva, si por algo se caracteriza Rusia en su historia contemporánea, es precisamente porque nunca gozó de libertades y aún hoy, estas, siguen siendo muy difusas.

Respecto a los países del Golfo Pérsico, decir que la mayoría ejercen la política desde regímenes tiránicos, donde la influencia islámica no permite la separación política y económica, aunque la senda de esta última siga bajo un modelo capitalista.

Aunque se ha citado que el modelo practicado, en lo económico, por algunos países como estados – nación sea el capitalismo, hay que observar que en el caso de China, Rusia y la variante de los países del Golfo Pérsico, al menos, siguen un capitalismo de estado, lógicamente no por los derroteros de una senda liberal; más bien es a través de la mano de unos estados dirigistas con toda la carga ideológica que ello comporta. Más allá de estos ejemplos, también Occidente presenta algunos casos de esta tipología, si bien bajo variantes diversas; así, una buena parte de los países de Sudamérica, al menos en el presente, siguen esta línea, al igual que pueden hacerlo otros países fuera de dicho ámbito cuando determinados partidos políticos, aupados por corrientes de izquierda, llegan al poder; y España, presenta algunos aspectos que podrían acercarla a ellos.

Una diferencia significativa entre las civilizaciones que venimos citando frente a la occidental está, en el trato que se dispensa por cada una de ellas a internet. En aquellas, sus representantes políticos estiman que el acceso a los contenidos de la red, o bien la descarga de ellos deben estar filtrados por los poderes públicos; en una palabra, deben estar sujetos a limitaciones. Es fruto de la política dirigista partidaria de que la sociedad sea conocedora solo de aquello que interesa a la élite gobernante y solo en la cantidad precisa que aquella crea conveniente. En cambio, en la sociedad occidental, hasta ahora, en aras de la libertad, ha prevalecido el criterio de su carácter abierto; pero también hay sectores en Occidente que pretenden gozar de ciertas ventajas en el trato de la información y ejercen presiones sobre ello. Es razonable pensar que el desarrollo de la inteligencia artificial introduzca nuevos matices a la hora enfocar la cuestión.

Iglesia Universal

Las religiones han jugado un papel crucial a la hora de alumbrar nuevas iglesias que sirvieran de fundamento moral y doctrinal para conformar civilizaciones y culturas emergentes. Su participación y desarrollo ha sido una constante repetida a lo largo de siglos y milenios; de alguna manera se convierten en depositarias de bagajes anteriores, hasta el punto de que cuando una civilización colapsaba, su desintegración llevaba aparejada el nacimiento de una nueva iglesia; hasta ahora, al menos, siempre ha sido así.

El continente asiático es crisol de civilizaciones —la mitad de ellas se han originado allí—, unas extinguidas ya, otras perviven en la actualidad. Entre estas últimas, en China por ejemplo, perviven varias religiones mayoritarias y/o filosofías de vida, fundamentalmente cuatro, tales como el budismo, confucionismo, taoísmo y la religión tradicional...; en un país tan extenso también quedan reductos para otras confesiones religiosas, llegando entre todas ellas a una especie de sincretismo religioso. Algo parecido ocurre en India, si bien el seguimiento a favor de hinduismo es muy mayoritario e igualmente hay espacio para el islam, el judaísmo, el cristianismo... Puede aplicarse también a este país la idea de un cierto sincretismo religioso, algo que no puede aplicarse al islam, porque aunque esta religión se manifieste a través de sus dos corrientes principales como son la sunita y la chiita, sin embargo, no es la deidad hacia Alá aquello que se discuta o que los separe básicamente.

Por lo que respecta a la civilización cristiana occidental, se ha citado su esfuerzo por conseguir un equilibrio entre Iglesia y civilización, entre fe y política en el mundo contemporáneo; igualmente, como por mantener una tensión creadora entre la religión y sociedad civil, frente a otros casos en los que predomina el dominio de la fe (ya fuese islámica o hindú) o el dominio de la política (desde el luteranismo a las realidades de China, Japón...).

INTERACCIÓN ENTRE ELLAS

En este capítulo se ha mencionado de forma somera los factores tradicionales que intervienen en las civilizaciones y de cómo participan actualmente; siendo oportuno ver ahora cómo pudiera ser la interacción entre ellas, en su caso, qué tipo de concomitancias presentan, ver su grado de participación e influencia o bien la ponderación de los mismos, para configurar, en su caso, un escenario posible e imaginario.

No cabe duda es que lo expresado para China, India, países del Golfo Pérsico, Rusia..., tendrá —si es que no lo está haciendo ya—, su repercusión para alterar a sus propias sociedades, civilizaciones y, de paso, a todas las demás. La civilización más expuesta a experimentar la influencia del resto, posiblemente, es la occidental, por ser la más abierta; por razones similares, su grado de influencia hacia las otras también es significativo, aunque otras civilizaciones no sean tan receptivas debido a su distinto grado de apertura hacia el exterior así como por su hermetismo tradicional heredado.

En el concepto de migración de pueblos, su característica principal, hoy, pasa por la de ser un fenómeno globalizado, aunque se vislumbra una tendencia a hacerlo por compartimentos geográficos más o menos estancos. Así, Asia es un continente que aglutina casi el 60% de la población planetaria; buena parte de los flujos migratorios que genera, dentro del mismo, se dirigen hacia países del sureste continental que, otrora, por motivos de las guerras de —Indochina, Vietnam, Camboya…—, expulsaban a la población y que ahora debido a su desarrollo económico, son receptores de los mismos. Otra parte importante, migra hacia otros lugares del continente y el resto, se dirige hacia otros destinos fuera de él. A la inversa, como se ha apuntado en el capítulo, Asia recibirá el flujo de otros continentes, aunque no en la misma medida; y todos, entran en contacto con otras realidades políticas, otras religiones, otras iglesias y otras sociedades. En definitiva, unos y otros flujos constituyen el völkerwanderung de hoy.

En el aspecto económico, China está en la senda de convertirse en el gigante de la producción mundial y ello generará vínculos con y de otras sociedades del mundo, a las que muy probablemente se sumen India y otras economías punteras del sureste asiático; este aspecto ponderará, en lo que vale, a las civilizaciones sínica, hindú y del lejano Oriente.

Por otro lado, el mundo está inmerso en una carrera en la búsqueda de nuevas fuentes de materias primas, muchas de ellas ubicadas en África. En términos políticos, desde una posición estratégica, derivada de su economía, China representa el mejor ejemplo de esa carrera a la que no son ajenas ninguna de las potencias que venimos citando, India, Rusia, Turquía… y por supuesto, el resto de las de Occidente. Además, no está muy lejos en el tiempo que esa búsqueda o esa carrera esté abocada a trasladarse fuera del planeta.

En el aspecto religioso, las iglesias de las civilizaciones están estancadas —con matices—, pero aunque el cristianismo según el número de sus seguidores sea la primera en el mundo, sin embargo, será el islam quien presuma de un mayor crecimiento esperado, estimándose este en más de 800 millones de fieles. La mayor presencia del islam no solo se ubicará en Asia, sino también en África y Europa, principalmente. Incluso, podría pensarse que ese aumento del islamismo pudiera ser, en términos religiosos, un baluarte de contra poder frente a lo que hoy representa el empuje chino y su civilización. Alguien pudiera percibir que tal incremento esperado fuese incluso un plus a favor del rol a jugar por la civilización islámica.

Frente al concepto que venimos manejando sobre que las civilizaciones están estancadas, pero sin llegar todavía al colapso, lo que augura el porvenir no es un ejercicio puro de fortalezas y debilidades de las mismas, entre las que hemos considerado vivas en el presente. Ciertamente, cada una de ellas presenta ventajas y desventajas comparativas, pero está por ver cómo será la ponderación de tales factores. Así, la civilización occidental, por ejemplo —o ninguna de ellas—, podrá evadirse de la interacción del flujo global de poblaciones; asimismo, ninguna podrá ser inmune a las ventajas comparativas de las demás como factor de penetración en sus sociedades respectivas; de manera que todas verán alteradas sus posiciones actuales —fruto de esa interacción

—, y se tendrá la percepción de que la penetración y la influencia de cada una de ellas afectará a las demás aflorando otros escenarios posibles —aunque imaginarios, quizá, todavía en el momento presente—, pero sobre el que se asentarían otras sociedades nuevas.

En tales sociedades, es posible que junto al Estado Universal, la Iglesia Universal y el fenómeno "völkerwanderung", que hasta ahora son los elementos definitorios de una civilización, es posible que la dinámica de la historia aflore otros nuevos elementos que, en el futuro, resultaran indispensables para conformar a aquellas; sin embargo, en el momento presente no son perceptibles en su valoración para predecir nuevas sociedades.

Si Spengler, hace más de un siglo, ya escribió sobre la decadencia de Occidente, también otros autores lo han hecho acerca del estancamiento de las civilizaciones asiáticas.

A modo de conjetura, esos posibles escenarios —que llamaremos imaginarios—, quizá tomasen cuerpo y harían que aflorasen nuevas realidades, nuevas sociedades y, quizá, nuevas civilizaciones, pero encuadrándose dentro de sistemas políticos a los que parece que el mundo se encamina, es decir, alrededor de unos bloques de países determinados.

Por otro lado, a pesar de la manoseada y cacareada senda

hacia las relaciones multilaterales, esgrimidas por algunos países como símbolo de unas relaciones internacionales más libres, más estrechas, no sujetas a la dependencia de otros estados, y por constituir una cooperación internacional más neutral, precisamente los países que más invocan esa senda, son aquellos menos fuertes políticamente, aquellos que tradicionalmente son considerados como de la tercera vía y no están adscritos a ningún bloque. Tienen en contra a aquellos otros que abogan por tipos de relaciones, sobre todo unilaterales o como mucho, solo bilaterales. Tales relaciones unilaterales suelen ir a contracorriente de la dinámica del mundo y donde la espiral de las relaciones internacionales los llevará a caer de uno u otro lado, sea en el que sea o, incluso, quedarían en una posición de estados marginales, salvo que, todos ellos, se configuraran en el futuro como otro bloque.

Aceptando una situación de bloques, cada uno de ellos no sería un todo homogéneo ni mucho menos. Aquí, el Estado Universal sería una mezcla de estados, con distinta jerarquía, creando una especie de sincretismo político en el que tuvieran cabida: estados socialistas, capitalistas de estado, quizá alguna democracia representativa e incluso es posible también la inclusión de estados tiranos que, haciendo suya la fuerza bajo los principios religiosos e ideológicos del islam, que sería otra forma de fortaleza política.

Si por algo se caracterizan las culturas nuevas que han

emergido o se han creado a lo largo del tiempo, es por el valor añadido que aportaban las iglesias nacientes al albor de cada nuevo proceso. Pero en el escenario imaginario al que se ha aludido de bloques cuesta, sin embargo, imaginar cómo sería un sincretismo religioso formado por grandes religiones como el islam, el budismo, el hinduismo..., por el lado de uno de los bloques, y tampoco lo sería desde el otro bloque, al lado de la religión cristiana, con sus iglesias mayoritarias católica, protestante, ortodoxa – rusa..., mientras que desde la visión estrictamente política, esta última encontraría su mejor disposición para formar parte del otro bloque.

Si el escenario imaginario anteriormente descrito no fuese el derrotero que siguiera nuestro devenir histórico —y no tiene por qué serlo—, podría decirse que, para cualquier espíritu impregnado de un ideal humanista, siempre quedará el refugio, a modo de vaticinio, hecho por Toynbee, cuando expresaba su convicción y su fe en el elemento humano —aunque en este caso, pareciera que solo lo sería para una parte del mundo—, precisamente aquel donde la civilización cristiana de Occidente podría escapar del ocaso renovando sus respuestas morales y técnicas y, de paso, eludiendo la dinámica histórica sobre la decadencia de las civilizaciones; y este es el reto en el que nos encontramos.

Si tampoco fuese así, y llegado el caso se tuviera una decadencia generalizada, se generarían otras sociedades y con nuevos elementos que darían forma a nuevas realidades que emergieran a partir del sustrato de las civilizaciones actuales.

14. Riesgos ambientales y del cambio climático

El subtítulo del libro hace una referencia genérica al desasosiego; no en vano, sugiere, cuando miramos al mundo actual o con algo de retrospectiva, con independencia de otras valoraciones que puedan establecerse sobre temas objetivos de controversia, que pocos asuntos hay en el mismo, que cualquier espíritu inquieto no se sienta invadido por una cierta dosis de desasosiego. El mismo puede estar provocado por motivos de guerra, por las relaciones internacionales, por la injusticia social en el mundo, por el contenido mismo de este capítulo sobre el medioambiente...; de hecho, este último ocupa, hoy, por derecho propio, un lugar preeminente como generador de aquel. Como quiera que alguno de los citados ha sido tratado en capítulos anteriores, se aborda ahora el cambio ambiental y climático.

Sobre estos, se parte desde fenómenos que, por su naturaleza, de un tiempo a esta parte, vienen acumulando una bibliografía ingente que aumenta a medida que lo hace el conocimiento que se tiene acerca de los mismos, de los riesgos, de sus efectos nocivos, de la toma de conciencia sobre ellos, del objeto de los estudios, de los espacios y hábitat observados... y, sobre todo, de la implicación e interacción de organismos y gobiernos involucrados. Por ello, aquí no se emplearán estadísticas —tampoco se rehúyen— e informes de todo tipo justificativos por doquier; más bien el enfoque a seguir versa sobre reflexiones, ideas y principios acerca de la conducta de las actividades antropogénicas, así como de las señales físicas emitidas por el planeta a modo de respuesta frente a los mismos[103].

Comenzar diciendo que la conducta del ser humano, en su devenir histórico, fue casi siempre no ambientalista. Como testigo de su paso por el planeta, es víctima y victimario de la degradación continua de la naturaleza y de la explotación de los recursos. Así, desde los inicios, el estado de necesidad imperante —en cada territorio—, siempre estuvo presente y condicionó su actitud, empujándole en una dirección determinada. A modo de justificación, solo fue ambientalista en la medida que su comportamiento —en cada momento presente del tiempo—, le sirviese para asegurar el sustento y el desarrollo futuro. Después, otros factores como el afán de lucro, tanto a nivel individual como el social y el desconocimiento de sus relaciones con la naturaleza, moldearon el patrón de su comportamiento con respecto a ella.

Además, determinadas creencias religiosas y filosóficas inherentes al concepto de las civilizaciones también influyeron sobremanera; así, al considerar al hombre como el centro de la creación por una deidad, se le insufló la percepción de sentirse el ser superior y, por tanto, el dueño absoluto de los recursos naturales. Y frente a la idea de ser un elemento más de la

---

103 NOTA DE AUTOR. En Riesgos ambientales y del cambio climático, se sigue en buena parte, para su desarrollo, el texto de la Guía resumida, del 6º informe de IPCC, así como un extracto amplio del texto contenido en las referencias que siguen como 104 y 105.

naturaleza, por contra, cobró fuerza la idea de que el ser humano —en su estado de necesidad—, estaba por encima de todo —y de todos— con capacidad de disponer de los recursos, con tal de poder dominarlos. Solo algunos grupos de determinadas sociedades primitivas no compartían el aserto anterior, sintiéndose parte integrante de la naturaleza, así considerada como un todo para vivir en equilibrio con ella.

Por otro lado, las generaciones pasadas no estuvieron sometidas, quizá, a la misma presión que las actuales porque el impacto de sus actividades se correspondió, en todo momento, con un grado de respuesta por parte del planeta que, aunque acorde con aquellas, no era nada comparable a las actuales. No obstante, se infiere que sobre todo a partir de la revolución industrial ya estaban gestándose los efectos del impacto ambiental de carácter global que hoy soportamos, siendo los tres más conocidos e importantes como son **el efecto invernadero, el calentamiento y cambio climático; la ruptura de la capa de ozono y la biodiversidad**[104]. Cada uno de ellos conlleva los riesgos correspondientes de carácter acumulativo.

Quizá, un primer aldabonazo de alerta —si bien no formulado con una visión ambientalista, sino de tipo técnico asociado a los riesgos derivados de la escasez de recursos—, vino de la mano de Thomas Robert Malthus, economista británico de

---

104 GUEVARA PÉREZ, E. sobre La venganza de la Tierra. "Comunidad y Salud", versión impresa ISSN 1690-3293, vol. 6, n.º 2. Maracay dic. 2008.

Cambridge University, a través de su famoso "Ensayo sobre el principio de la población", publicado en 1798. A grandes rasgos y resumido, en el mismo, viendo el derrotero que seguía la población en general, exponía que la población crecía siguiendo una progresión geométrica, mientras que los recursos agrícolas disponibles para la alimentación de la misma lo hacían a través de una progresión aritmética. Asimismo, proponía frenos morales para el establecimiento de controles de la natalidad junto a otros factores de regulación natural.

Malthus, en su tiempo, fue tachado de agorero, seguramente mal leído o hecho con desgana, criticado por unos y por otros de sus contemporáneos, y quizá, peor interpretado, pero su influencia siempre estuvo presente. Lo cierto es que en 1800, la población del mundo se estimaba en algo más de novecientos millones de personas (900 millones). La revolución industrial y el desarrollo de la ciencia, rebatieron buena parte de las ideas de Malthus, ya que aquella se encargó de mejorar la productividad que sirviera para asegurar el sustento de las masas de una población creciente, pero al mismo tiempo sentaron las bases de una tendencia marcadamente anti ambientalista en las conductas de las sociedades futuras que ya nunca se abandonarían, siendo el progreso creciente de manera continuada así como los efectos de la misma.

A comienzos de 1900 —un siglo después—, la población mundial escaló hasta los 1650 millones de personas y durante el siglo XX —denominado como el siglo de la ciencia—, la cifra anterior más que se cuadruplicó; y hoy, hemos sobrepasado ya ampliamente los ocho mil millones de seres (8050 millones). En esta tesitura, se especula cuál será el límite superior admisible de la población planetaria en términos de los recursos disponibles. Decimos que la Tierra es capaz de producir y soportar más población, pero no decimos a qué precio, a qué esfuerzo la sometemos, o a qué riesgos en términos de recursos para que sean sostenibles. Así, el acceso y disfrute a los mismos, —visto desde una posición humanamente legítima—, tiene un coste alto en términos ambientales. Pareciera como si el recuerdo de Malthus cobrase nuevo protagonismo dos siglos después, aunque con otro enfoque.

En la década de 1950 se constató la presencia de la lluvia ácida sobre los cielos europeos —más concretamente sobre Bélgica —, sin que pueda afirmarse con la rotundidad necesaria que fuese la vez primera que este suceso ocurriese en la historia; pero el fenómeno en sí, ya era una manifestación a modo de respuesta —otro aldabonazo más si se quiere— de la Tierra por mor de la industrialización de la sociedad occidental básicamente.

Posteriormente, en 1970, concretamente en 1972, James Lovelook acuñó la hipótesis de Gaia, en el que se concebía a la Tierra —tanto desde el punto de vista inerte como desde una visión biológica—, funcionando como un sistema único y autorregulado, formado por componentes físicos, químicos, biológicos y humanos; allí donde las interacciones y flujos de información, entre las partes que lo componen, son complejos y exhiben gran variabilidad en sus múltiples escalas temporales y espaciales.

Como quiera que el mundo, por esas fechas, aún era reacio a admitir el daño que se estaba infligiendo al planeta, también lo fue acerca del precio —en términos ambientales— que ya se estaba pagando por ello; y determinadas asociaciones y personas, así lo manifestaban. Posteriormente, en 2006, Lovelook publicó "La venganza de la Tierra"[105], preguntándose por qué el planeta se rebela. Y este lo hace porque los problemas ambientales tienen una dimensión global que ponen en peligro la autorregulación de la que depende la vida. ¿Cómo y de qué manera?, a través del impacto de las manifestaciones siguientes:

Efecto invernadero

Es un fenómeno atmosférico natural que consiste, básicamente, en que los gases contenidos en la atmósfera, denominados gases invernadero, absorben parte de la radiación del sol, permitiendo mantener la temperatura media del planeta alrededor de unos 15 o 16 grados centígrados. Lo que los ambientalistas denominan efecto invernadero es el incremento de la concentración de tales gases con el consiguiente aumento de la

---

105 LOVELOCK, J. La venganza de la Tierra. Traducción: Mar García Puig, Editorial Planeta, S. A. 2007, Barcelona.

temperatura media del planeta, siendo las fuentes principales de estos gases los siguientes:

◆ Vapor de agua

Es el mayor contribuyente al efecto invernadero de forma natural; está vinculado al clima y a la superficie, pero no tanto con respecto a la actividad humana.

◆ Dióxido de carbono (CO_2)

Proviene de la quema de combustibles fósiles y de la biomasa procedente de los procesos industriales, del transporte, de los incendios, de las actividades domésticas…

◆ Metano (CH_4)

Su fuente de producción natural son los pantanos, el cultivo del arroz, los restos fecales de los animales y la combustión incompleta de los combustibles fósiles.

◆ Dióxido de nitrógeno (NO_2)

Está motivado por el uso creciente de los fertilizantes nitrogenados; los mismos, son necesarios para una agricultura intensiva capaz de abastecer a la población mundial creciente; asimismo, a la quema de combustibles fósiles.

◆ Ozono troposférico y estratosférico (O_3)

Se genera en procesos naturales y en las reacciones fotoquímicas que involucran a los gases derivados de la actividad humana.

- ◆ Halcarbonos
  Son compuestos gaseosos que contienen carbono y otros elementos tales como el cloro, el bromo, el flúor...; algunos de ellos son muy activos intensificando el efecto invernadero.

Es por ello que, en este sentido, se tiende a creer que la mayor parte del calentamiento observado proviene de los gases de efecto invernadero.

Calentamiento y cambio climático global

Los efectos de la concentración del CO_2, afectando a la temperatura del aire sobre la Tierra no son nuevos, ya fueron conocidos a finales del siglo XIX, cuando Arrenhius, publicó el artículo "Sobre la influencia del ácido carbónico en el incremento de la temperatura del aire sobre la Tierra".

En un sentido amplio, el clima se caracteriza por la descripción estadística del sistema climático entero y no solo de la atmósfera. Está compuesto por la atmósfera, los océanos, las biosferas terrestre y marina, la criosfera (hielo marino, cubierta de nieve estacional, glaciares de montaña y capas de hielo a escala continental), y la superficie terrestre. Estos componentes actúan entre sí y, como resultado de esa interacción colectiva, determinan el clima de la superficie de la Tierra. Esta interacción da lugar a flujos de energía, siendo los principales la entrada de energía solar en forma de radiación —de onda corta—, la cual se equilibra por la emisión de la radiación de onda larga, o sea, en forma de calor, emitido hacia el espacio. La primera es la fuerza conductora más significativa de los movimientos de la atmósfera y los océanos, de los flujos de calor y de la actividad biológica.

El sistema climático influye a su vez en el clima regional y mundial de diversas maneras; ¿cómo lo hace?, distribuyendo el calor horizontal y verticalmente desde unas regiones a otras mediante movimientos atmosféricos. En estado natural, los flujos de energía estarían en equilibrio, pero desde la revolución industrial, la humanidad está afectando al desarrollo del proceso climático y, por tanto, al equilibrio natural de mismo; todo ello con independencia de la variabilidad natural del sistema ya sea por los efectos de años Niño, años Niña, años neutros…

Ruptura de la capa de ozono

Se denomina agujero en la capa de ozono a la zona de la atmósfera terrestre donde se producen reducciones anormales de la capa de ozono, fenómeno anual observado durante la primavera en las regiones polares y que es seguido de una recuperación durante el verano. La pérdida de ozono sobre la Antártica llega al

70%, mientras que sobre el Ártico ronda a niveles del 30%. Este fenómeno, atribuido a las condiciones meteorológicas extremas que sufre el continente Antártico, fue descubierto y demostrado por Gordon Dobson en 1960. Un amplio sector científico opina que el fenómeno se debe al aumento de la concentración de cloro y bromo en la estratosfera, ocasionado, tanto por las emisiones antropogénicas de compuestos clorofluorcarbonados (CFC), como los del bromuro de metilo que se usa como desinfectante de almácigos. En septiembre de 1987, varios países firmaron el Protocolo de Montreal, en el que se comprometían a reducir a la mitad la producción de compuestos CFC en un periodo de 10 años. A pesar de estas medidas, el agujero de ozono continúa con su ciclo de aparición - desaparición, según la teoría inicial de Dobson.

La formación y destrucción del ozono por procesos naturales es un equilibrio dinámico que mantiene constante su concentración en la estratosfera. Se han registrado amplias variaciones interanuales y estacionales en todas las regiones del planeta en la densidad del ozono estratosférico; en el hemisferio austral la concentración pasa por un mínimo en primavera y luego se regenera.

Otro grupo de compuestos que pueden destruir el ozono de la estratosfera son los óxidos de nitrógeno (NOX). Estos compuestos provienen de los gases expulsados por los aviones supersónicos que vuelan a gran altura, así como por procesos naturales y por otros procesos hechos por el hombre en la Tierra.

Por otro lado, la influencia de las más de 7.500 toneladas de cloro provenientes de compuestos CFC que ascienden anualmente a la estratosfera es una cantidad mínima comparada con los 600.000.000 (seiscientos millones) de toneladas de cloro y flúor (otro gas agresivo) en forma de sales que escapan de los océanos como aerosoles. A estas cantidades de compuestos químicos de origen natural habría que sumar los aportes de metil cloro por incendios de bosques y, por lo menos, otros 36.000.000 (treinta y seis millones) de toneladas anuales en forma de HCl proveniente de erupciones volcánicas. La mayor parte de este cloro regresa a la Tierra arrastrado por las lluvias antes de salir de la troposfera. Finalmente, otro factor natural que influye en la velocidad de reconstitución de la capa de ozono es la variación de la actividad solar, ya que cuando hay mayor irradiación ultravioleta se genera más ozono, pero también más óxidos de nitrógeno que atacan la capa de ozono.

Biodiversidad

La biodiversidad es un término que, atendiendo a nuestra lengua, responde al conjunto de especies animales y vegetales en su medio ambiente; así ha sido a lo largo del tiempo geológico.

Aunque de la diversidad biológica ya se hablara desde 1968, sin embargo, el término biodiversidad se empleó por primera vez en 1988 para definir la totalidad de los ecosistemas, especies y genes de una región determinada; abarca también a la diversidad funcional de las diferentes especies en el ecosistema así como a las relaciones entre ellas.

Puede decirse que la biodiversidad es consustancial con la vida —en cualquiera de sus múltiples variedades adaptativas—, formando parte junto a ella. En sí misma representa, además, una recurrencia al concepto de necesidad siempre presente en la vida e incluso particularizado en el elemento humano. Hablar sobre ella encierra una obviedad intrínseca y simplista, pero que se impone: "la especie humana necesita a la biodiversidad, pero esta no necesita a la especie humana". No la necesita, lisa y llanamente, porque la biodiversidad es anterior a ella en el tiempo, ha ido evolucionando con el mismo a través de un proceso adaptativo con las especies existentes en cada período geológico hasta confluir también con el de la especie humana.

Asimismo, hoy, con este término se hace referencia y se reconoce la destrucción de los hábitats, que genera la extinción de las especies. Así, a medida que unas especies se tornan dominantes, la diversidad de otras especies baja. Por otro lado, la explosión demográfica ha causado una reducción en el número de las especies existentes. Se estima que miles de especies desaparecen cada año del total de millones existentes; se estima que solo hay entre 1,5 y 1.7 millones con nombres científicos conocidos. Se trata de un impacto irreversible que empobrece lentamente la calidad de nuestras vidas.

La biodiversidad es importante no solo para los amantes de la naturaleza que buscan inspiración; otras muchas especies podrían suplir nuestra base alimenticia, o aportar genes que tengan un gran valor económico. Genes que pueden transferirse a una planta para conferirle resistencia contra plagas, producir frutas más grandes y más dulces, etc. Esto es lo que se denomina servicios ambientales. Irónicamente, y con una visión quizá más particularizada, los países más pobres, que generalmente tienen climas tropicales, son los que tienen más biodiversidad, y tienen muchos problemas para protegerla.

A modo de una breve sinopsis de organismos y foros implicados en el desarrollo de este capítulo, decir que en 1979 se tuvo la primera Conferencia Mundial del Clima, para evaluar los efectos de las actividades humanas sobre el clima del planeta y de nuestra capacidad para predecirlos. En 1985, en Villach, Austria, se desarrolló una conferencia científica en la que se señaló que el recalentamiento del clima era prácticamente inevitable y que la magnitud del mismo dependería de las políticas relacionadas con el uso de la energía y de los combustibles fósiles. En 1988 se aprueba en la Asamblea General de las Naciones Unidas la resolución *La protección del clima para las generaciones presentes y futuras*" y la creación del Grupo Intergubernamental de Expertos sobre el Cambio Climático (IPCC), por la Organización Meteorológica Mundial (OMM) y el Programa de las

Una mirada por el mundo
(Invitación al desasosiego)
                              Pág. 483 de 524

Naciones Unidas sobre el Medio Ambiente (PNUMA).

En 1990 se tiene el primer informe del IPCC (Panel Intergubernamental para el Cambio Climático) para el mundo. En 1992 se lleva a cabo la Conferencia de Río de Janeiro o Convención Marco de las Naciones Unidas sobre el Cambio Climático (CMNUCC); y en 1997, los gobiernos acordaron el Protocolo de Kyoto del Convenio Marco sobre Cambio Climático de la ONU (UNFCCC)... A estas sesiones han seguido otras más y así, hasta llegar al día de hoy que se han celebrado en veintisiete ocasiones las COP (Conferencia de las Partes) y el sexto Informe de evaluación elaborado por el IPCC 2021-2023 —donde nos encontramos—, que nos proporciona una valoración y síntesis más actualizada de los conocimientos sobre aspectos científicos, técnicos y socioeconómicos del cambio climático.

Desde la década de 1970 se ha ido tomando conciencia —poco a poco— de la magnitud de la situación; los acuerdos adoptados, para el compromiso de los países, unos se han cumplido y otros no; el entusiasmo mostrado por alguno de ellos, contrasta con la dejadez de otros; por otro lado, se ha modificado el lenguaje, en parte para poder ser asumido por la comunidad internacional y aun así, se es consciente del desconocimiento que envuelven los procesos que explican el funcionamiento de la naturaleza.

Hay otro aspecto a tener en cuenta y es el que atañe al

concepto de desarrollo, cuando se pide mesura a determinados países para alcanzar su desarrollo a sabiendas de que es la vía de escape para abandonar la pobreza.

Una vez analizado el impacto citado, se define el riesgo como la posibilidad de que se produzcan consecuencias adversas para los sistemas humanos o ecológicos, teniendo en cuenta la diversidad de valores y objetivos asociados a dichos sistemas. Los riesgos pueden ser compuestos, en cascada y riesgos clave representativos.

En un contexto del cambio climático, los riesgos resultan de las interacciones dinámicas entre los peligros climáticos y la exposición y vulnerabilidad del sistema humano o ecológico afectado por aquellos. Puede decirse que, los riesgos climáticos a los que se enfrenta el planeta están estrechamente relacionados con el nivel de calentamiento global que se alcance debido a las emisiones antropogénicas de gases de efecto invernadero. La gestión de los mismos nos está mostrando que nos conducen a un desarrollo insostenible.

La idea resultante de todo este planteamiento es que *Gaia* está amenazada, y la especie humana como elementos de ese sistema está infligiendo un daño cada vez mayor. Apoyándonos en el crecimiento esperado de la demografía, —cuando hoy, ya somos más de 8000 millones—, los ambientalistas nos recuerdan que

"Hemos crecido en número hasta el punto de que nuestra presencia afecta al planeta como si fuéramos una enfermedad". Y como si de una enfermedad humana se tratase, hay cuatro posibles resultados en este proceso: destrucción de los organismos invasores que causan la enfermedad; infección crónica; destrucción del huésped y por último, la simbiosis. Si el último resultado fuese el menos malo, la cuestión sería si estamos preparados para una simbiosis; y si así fuese, ello exigiría de los humanos —por nosotros—, una adaptación continua sobre los niveles que estaríamos dispuestos a aceptar para hacer un desarrollo sostenible dentro de esa simbiosis; es decir, ¿a cuántos miles de millones de seres podría el planeta garantizarles unos recursos sostenibles?, porque el actual, con todo nuestro bagaje de foros, COP e IPCC, nos conduce a un modelo a todas luces insostenible.

El escenario que se augura parece sombrío, pero entonces, ¿adónde vamos?, ¿qué futuro nos aguarda? Adonde quiera que sea necesitamos que nuestra especie firme un contrato de convivencia y en paz con el resto del mundo en que vivimos. El mismo exigirá, quizá, la renuncia a una parte de los recursos de los que gozamos actualmente. En este sentido, la ética y la educación ambiental pueden coadyuvar en el proceso. Solo así evitaremos la "Venganza de la Tierra".

Por otro lado, el sol, actualmente, aporta 1.35 kW de energía por m2; y creemos saber que, cualquier incremento —aunque solo fuese de una magnitud infinitesimal por muy pequeña que sea, motivadas por algún impacto de los citados—, supondrá un exceso de calor sobre el planeta cuyos efectos serán impredecibles.

A pesar de todo, siempre habrá autores que sostengan que las principales predicciones y teorías de los ambientalistas son exageradas; dirán que el efecto invernadero se debe a la actividad humana y no tendrá las consecuencias catastróficas que se le atribuyen; y apostillarán, además, que la reducción de emisiones de CO_2 necesaria para disminuir el calentamiento global es tal, que el Protocolo de Kyoto y siguientes tendrá un efecto marginal; los países deberían trabajar para adaptarse a ese nuevo escenario. Otros, autores, apuntalan los supuestos errores, exageraciones o problemas de interpretación de los principales textos y artículos sobre el cambio climático global (CCG) y plantean que la visión apocalíptica sobre el calentamiento global no tiene ningún asidero.

Al respecto hay que decir que actitudes semejantes son las que nos han llevado hasta aquí, hasta el momento actual y las que han servido para justificar el comportamiento y desarrollo de determinados estados. Hay que pensar que, de todas las proposiciones que se hagan, lo único cierto es que en los últimos cincuenta años las emisiones de CO_2 se elevaron en más de un 70%, cifra nada desdeñable por sus efectos nocivos.

Aun así, entre las consecuencias del calentamiento global y

del cambio climático se tendrán cambios en los sistemas naturales; eventos meteorológicos extremos con incrementos en la frecuencia e intensidad de las inundaciones o bien las sequías; blanqueamiento de los corales, reducciones de la producción de alimentos y de acceso al agua; amenaza a los glaciares, o sobre la Amazonia...; incremento de las enfermedades humanas asociadas a factores ambientales y la contaminación; amenaza sobre los lugares reconocidos como patrimonios mundiales; y además, cientos de millones de personas afrontarán los déficits de agua e inundaciones. En África el acceso a la alimentación estará en riesgo.

La humanidad tiene el reto de hacer posible la convivencia con la naturaleza de este planeta. Este reto ha de estar asociado a dos hitos; primero, con el compromiso de hacerlo por propia supervivencia; el segundo, con la esperanza de su consecución; y además, debe tener la doble obligación de que sea eficaz y eficiente para toda aquella. Sin embargo, parece una inmoralidad y hasta paradójico hablar o recurrir en última instancia a la esperanza cuando la humanidad no sea capaz de alcanzar dicha convivencia por medios objetivos.

15. Algo nuevo en la ciencia y en la energía

El siglo XX, desde el punto de vista científico, se caracterizó por un avance sin parangón en muchas disciplinas, como nunca antes se había producido, pero también en el mundo de la física, por la controversia surgida entre sus dos corrientes principales, la teoría de la relatividad y la mecánica cuántica. En ese empeño, el esfuerzo de muchos físicos se centra en buscar una explicación cuántica para una de las cuatro fuerzas básicas de la naturaleza, es decir, la de la gravedad. Algunos autores consideran que la relatividad pudiera tener algún tipo de encaje dentro de la mecánica cuántica; otros, en cambio, consideran que bien podría ser justamente al contrario; en general, se admite que ambas constituyen un reto, una tarea que se presenta esquiva, pero que en definitiva, se trata de posturas casi irreconciliables hasta ahora.

En ese doble empeño anterior, cumplido casi un cuarto del siglo actual, y centrándonos en los logros conseguidos en el tiempo reciente, se tiene, por un lado, la detección de un efecto cuántico para la gravedad —el denominado efecto Aharonov-Bohm—, a cargo de la Universidad de Stanford, que observa una versión gravitacional del efecto cuántico utilizando para ello átomos ultra fríos; un descubrimiento que bien podría usarse para determinar la constante gravitacional de Newton con una precisión muy alta, según concluye Physics World.

Por otro lado, y en consonancia con lo apuntado en el

párrafo anterior, se percibe estar cada vez más cerca de poder establecer y medir la gravedad cuántica:

La primera técnica capaz de medir la atracción de la gravedad sobre una partícula de apenas unas micras de diámetro podría ayudar en la búsqueda de una teoría cuántica de la gravedad, un objetivo de larga data en física. El nuevo experimento utiliza un dispositivo de interferencia cuántica superconductora (SQUID) para detectar la fuerza sobre la partícula a temperaturas ultra bajas y suprime las vibraciones que podrían interferir con el movimiento debido a la gravedad.

La gravedad se diferencia de las otras fuerzas fundamentales[106] porque describe una curvatura en el espacio-tiempo en lugar de interacciones directas entre objetos. Esta diferencia explica, en parte, por qué los físicos teóricos han luchado durante mucho tiempo por conciliar la gravedad (como la describe la teoría general de la relatividad de Einstein) con la mecánica cuántica. Uno de los principales puntos conflictivos es que mientras esta última supone que el espacio-tiempo es fijo, el primero afirma que cambia en presencia de objetos masivos. Dado que los experimentos para determinar qué descripción es

---

106 NOTA DE AUTOR. FUERZAS FUNDAMENTALES DE LA NATURALEZA. Son cuatro: electromagnética, nuclear débil, nuclear fuerte y de la gravitación universal.

correcta son extremadamente difíciles de realizar, una teoría de la gravedad cuántica sigue estando fuera del alcance a pesar de muchos esfuerzos teóricos en áreas como la teoría de cuerdas y la gravedad cuántica de bucles[107].

Asimismo, la física cuántica suele ser irrelevante en el mundo macroscópico, pero el universo a gran escala puede ser una excepción en toda regla: la expansión del universo transformó fenómenos que eran inicialmente microscópicos pasando a ser estructuras mucho mayores con un tamaño de millones de años luz. Por contra, hay estudios que hacen pensar que la relatividad general muestra inconsistencias frente a singularidades, como la de los agujeros negros, y la gravedad cuántica no se tienen datos definidos.

La inflación cósmica es un marco conceptual muy potente que ha cosechado muchos éxitos desde que se propuso hace 40 años, pero todavía los científicos no tienen, quizá, acceso directo a esa etapa de la vida del universo; lo cual no deja de ser sino una explicación plausible, pero nada más y sin duda, quizá, no sea o no lleve a algo definitivo tampoco.

---

107 DUMÉ, I. Cada vez más cerca de medir la gravedad cuántica. Physic world. Abril 2024. y
<https://physicsworld>
Última consulta resultada para el día 16 de abril de 2024, y
BOJOWALD, M. Antes del BIG BANG. Una historia completa del Universo, pp. 65-96. Traducción por Mercedes García Garmilla. Random House Mondadori, S. A.. Travessera de Gracia 47-49. 08021 Barcelona, 2010.

El problema de la medida, o el de qué ocurre cuando se interacciona con una superposición cuántica, es una de las mayores fuentes de discordia entre los físicos. Aunque se han propuesto muchas soluciones posibles en los últimos 90 años, lo cierto es que ninguna termina de generar consenso[108].

Paradójicamente, a pesar de que los físicos no se pongan de acuerdo sobre cómo interpretarla, la teoría cuántica es exitosa a la hora de predecir el resultado de los experimentos.

Por otro lado, como el avance no se detiene en ninguno de los campos, sin duda la búsqueda de una teoría definitiva, o de una gran unificación, constituye la mayor pesquisa intelectual que mueve a buena parte de la comunidad científica. No obstante, otros ámbitos son igualmente sugerentes de cara a la investigación teórica y práctica, tales como la computación cuántica, la inteligencia artificial y la energía de fusión para usos pacíficos, entre otros...

Computación cuántica. De un tiempo a esta parte —digamos el que media durante el transcurso del presente siglo, al menos—, todo lo relacionado con la computación cuántica, dado sus enormes posibilidades y expectativas, atraviesa por una etapa que precisa, por un lado, del desarrollo teórico necesario y de la tecnología cuántica, así como de grandes inversiones necesarias

---

108 <https://ojs.uv.es/index.php/saitabi/article/view/5440>
Última consulta resultada para el día 16 de abril de 2024.

en los distintos proyectos; los cuales podrían estar disponibles para el uso de investigadores y empresas, quizá, vía cloud. En todo este tiempo el diseño de las computadoras cuánticas partían desde proyectos que barajaban solo algunos cúbits[109], al principio, después a varias decenas, llegando al momento presente en el que el número de los mismos ha escalado hasta sobrepasar ya los varios centenares.

Por otro lado, la cuestión estriba como afirma Andrew Steane en que:

"Si solo pudiésemos manipular muchos cúbits por separado, entonces la computación conseguida no ofrecería ninguna ventaja en cuanto a capacidad de procesamiento frente a una computadora convencional. Sin embargo, la sutileza cuántica permite que los cúbits pueden estar en estados entrelazados, y un cúbit mantiene una relación estrecha con el estado de otro; es decir, pueden encontrarse en un estado que garantice que ambos cúbits almacenen el mismo número (los dos el 0, o los dos el 1), pero sin que ninguno de los cúbits, por sí solo, almacene bien un 0, o un 1".

Y continúa, "para que una computadora cuántica sea realmente operativa, se necesitará entrelazar a miles de cúbits y evitar la decoherencia durante, al menos, el tiempo suficiente para

109 NOTA DE AUTOR. CÚBIT. Es el elemento más simple de información cuántica; es el primo cuántico del bit clásico (0, o 1); mientras que un cúbit puede hallarse en una superposición tanto en cero como en 1.

efectuar cómputos útiles".

Llegados hasta aquí, nos encontramos inmersos en una carrera sobre la computación cuántica que, en Occidente, al menos, corre a cargo de empresas emblemáticas como son Google, Honeywell, IBM... En este sentido, debemos tener presente algún concepto básico, tal como:

Volumen cuántico	Es la medida que establece el rendimiento de un computador cuántico real y que toma en cuenta valores como el número de cúbits, la conectividad, tiempos de coherencia, la fidelidad de las puertas lógicas cuánticas, el factor de dispersión de la luz de Rayleigh, en torno a las mismas, y la tasa de error.
Ventaja cuántica	Es el punto o umbral en el que un dispositivo cuántico de computación puede resolver problemas que los computadores digitales no pueden resolver por sí mismos. Este concepto se asocia también con la supremacía cuántica.

Inteligencia Artificial (IA). En el libro de "Vivencias, Reflexiones y Opiniones" (Atalaya de un testigo anónimo), se recogen distintas valoraciones acerca de este concepto[110] y se cita que fue John McCarthy quien acuñó el término de inteligencia

---

110 ESTRELLA LINARES, J. Op. cit., pp. 603–605.

artificial (IA) hace más de seis décadas, que es perdurable hasta hoy, y describía el proceso de la IA como:

"Hacer que una máquina se comporte de formas que serían llamadas inteligentes si un ser humano hiciera eso"[111].

Sostenía, además, que cuando la IA funciona en la vida diaria mediante automatismos, la gente ya deja de llamarla IA, motivo por el que este término confunde a la gente. Sin embargo, después del tiempo transcurrido y de los progresos llevados a cabo, surgen nuevos planteamientos y otros no tan nuevos; así por ejemplo:

La inteligencia artificial es la capacidad de las máquinas de presentar características similares a las de los seres humanos, y que puede afectar a diversos campos, como son la creatividad, la resolución de problemas, el aprendizaje o el razonamiento.

De manera resumida, la inteligencia artificial es un campo que combina la programación y los datos para la resolución de problemas. Esto aplica a campos como el aprendizaje (machine learning y deep learning), que se mencionan a menudo junto a la IA, ya que se componen de algoritmos de Inteligencia Artificial que buscan crear sistemas que sean

---

[111] <https://es.wikipedia.org/wiki/John_McCarthy>
Última consulta resultada para el día 20 de abril de 2024.

capaces de realizar predicciones o clasificaciones según los datos aportados[112].

De lo que no hay duda en esta temática es la diversificación potencial del objeto a los cuales se orientan las capacidades de las máquinas. Es una diversificación que implica una especialización y, a su vez, una proliferación de empresas dedicadas a la inteligencia artificial. En este sentido, hace relativamente poco tiempo, la empresa Open AI lanzó al mercado la aplicación ChatGPT, a la que han seguido otras empresas con pretendidas capacidades similares; vistas las cuales, son bautizadas en determinados ámbitos y por los medios de comunicación con epítetos como el "amanecer de una nueva era" u otros de contenidos afines. Dado que se han creado muchos temores y susceptibilidades, es por lo que recientemente la UE ha aprobado una Ley en forma de Reglamento del Parlamento y del Consejo (COM/2021/206 final), —si bien, elaborado por la Comisión—, sobre la materia, para abordar los riesgos de la IA y así posicionar a Europa para desempeñar un papel acorde a su liderazgo a nivel mundial.

La Ley de IA es el primer marco jurídico integral sobre IA en todo el mundo. El objetivo de las nuevas normas es fomentar una IA fiable en Europa y más allá, garantizando que los sistemas de IA respeten los derechos fundamentales,

---

112 <https://www.lisdatasolutions.com>
Última consulta resultada para el día 20 de abril de 2024

la seguridad y los principios éticos y abordando los riesgos de modelos de IA muy potentes e impactantes

La Ley de IA tiene como objetivo proporcionar a los desarrolladores e implementadores de IA requisitos y obligaciones claros con respecto a usos específicos de la IA. Al mismo tiempo, el reglamento pretende reducir las cargas administrativas y financieras para las empresas, en particular las pequeñas y medianas empresas (PYME)[113].

Finalmente, decir que, es muy loable por parte de la UE, u otros estados, el empeño de disponer de un armazón jurídico que haga frente a las lagunas y peligros potenciales que las nuevas plataformas incorporen; sin embargo, habrá que hacer una mirada retrospectiva para decir que, al igual que otras innovaciones pasadas —fuesen del tenor que fuesen—, llevaban en su esencia incorporados aspectos positivos y otros que no lo eran, pues igualmente la IA tendrá los suyos propios, y que la sociedad sabrá discernir los umbrales morales, técnicos o de otro tipo, en los que moverse con dignidad y soltura, y separarlos frente a aquellos otros que supongan un baldón de cara a la integridad y el desarrollo humano.

Energía de fusión. Respecto a las posibilidades técnicas esperadas para la energía de fusión, hay que retrotraerse al

---

113 <https://digital-strategy.ec.europa.eu/en/policies/regulatory-framework-ai>
Última consulta resultada para el día 20 de abril de 2024.

desarrollo del capítulo 1 junto a la notación **(* 1 de 5).** Allí se ha hecho referencia, por un lado, al **confinamiento inercial,** del proyecto adscrito al NIF (National Ignition Facility o Centro Nacional de Ignición), en EE. UU. que obtuvo por vez primera una ganancia neta de energía.

De otra parte, está igualmente el proyecto consignado a través del ITER, con sede en Cadarache (Francia), que sigue una línea de investigación diferente al anterior, pero basado en este caso en el **confinamiento magnético.**

Asimismo, en **(* 1 de 5)**, se ha hecho referencia al tremendo jarro de agua fría que ha supuesto el anuncio del retraso hasta 2035 para la puesta en marcha del reactor nuclear de fusión.

En el momento actual ambos proyectos prosiguen sus trabajos —retrasos aparte—, sin que hasta ahora haya habido avances significativos respecto a sus últimas publicaciones. No obstante, si ya de por sí, los mismos representan realidades aún lejanas, imaginemos por un momento cuánto más lejano aún puede quedar todo lo relacionado con la cosmología del universo en relación con la materia oscura como otra fuente potencial de energía.

16. Epílogo

Finaliza el trabajo habiendo transcurrido varios años desde su inicio; tiempo más que suficiente en el que han ocurrido acontecimientos significativos relacionados con aquellos que atañen al sumario. Así, a modo de adenda, ha sido necesario activar hasta en cinco ocasiones el mecanismo descrito en el prólogo, para adecuarlo a la realidad que, subjetivamente, el momento de cada caso requería. De otra suerte, la mayor parte del protagonismo está relacionado con la violencia, con la guerra, las relaciones internacionales...

Las opiniones tienden a teorizar y sostener que cada vez hay menos conflictos armados; podría admitirse con matices, pero hay que constatar que los conflictos continúan aunque se revistan con otros ropajes, aparenten otra naturaleza o revistan formas distintas o focos de tensión. Oriente Medio, por ejemplo, siempre proporciona argumentos y actores dispuestos a perpetuar la cuestión. Tampoco hay que olvidar los puntos de fricción existentes en cada bloque del mundo.

Con respecto a África, no es, sino, un puro ejercicio por el control de las materias primas, sin olvidar los conflictos armados en algún que otro país, como por ejemplo Sudán.

Las tensiones en la UE vienen desde diversos ángulos, pero no hay que olvidar que la seguridad juega un papel crucial. Como también es dependiente —en parte—, de la política que siga EE. UU., más tarde o más temprano se verá comprometida a establecer una estrategia de seguridad fiable y perdurable, ya sea bien por sí misma, bien con la OTAN, con EE. UU. o bien con otras realidades del mundo.

La presencia y protagonismo de los países asiáticos —sobre todo de China—, infunden nuevas dosis de incertidumbre en las relaciones de producción en el mundo. Está en juego la hegemonía del mismo y, en su caso, posiblemente un choque de civilizaciones sin que se vislumbre ninguna realidad nítida que pudiera emerger del mismo; bien como algo nuevo o bien manteniendo la preponderancia de alguna de ellas.

Por otro lado, los riesgos asociados a la naturaleza y al medio ambiente, deberían llevar a nuestro mundo a establecer un compromiso verdadero con aquella, basado en una simbiosis real que nos permitiera vivir en equilibrio con ella; de lo contrario estamos expuestos a riesgos de todo tipo y sufrir la venganza del planeta en sus múltiples manifestaciones.

El mundo de la física no suele acaparar el entusiasmo de la sociedad, pero toda ella se ve impelida por sus avances y manifestaciones; del sentido y del uso que de ellas se haga, unas resultarán buenas y otras no tanto. Por ello, necesitamos igualmente un equilibrio basado en hacer moralmente tolerables todos los avances que se vayan consiguiendo, para que la sociedad no sea esclava de las cadenas doradas que todo el progreso conlleva.

Son todos los condicionantes anteriormente mencionados, al menos, los que mueven al desasosiego de cualquier espíritu inquieto y siempre ávido por conseguir mayores cotas de paz en el mundo, que garanticen la justicia social, la equidad y el bienestar entre las naciones y pueblos de la Tierra.

17. Bibliografía

Fuentes Primarias

86. CESEDEN - GARCÍA DE PAADÍN, A. (coronel de infantería). China, la larga marcha que condujo a Tiananmen. "Las cuatro modernizaciones". Boletín número 243, pp. 9-11. Ministerio de Defensa, año 1995.

96. CASTILLA DE, E. Los falsarios de la historia. "Toynbee y la historia de la civilización". Revista La Razón Histórica, nº 10, 2010 [42-43], ISSN 1989-2659. © Instituto de Estudios Históricos.
97. Id., pp. 42-43

10. DICCIONARIO DE LA LENGUA ESPAÑOLA, vigesimotercera edición. RAE 2014. Espasa-Libros S.L.U. Avda Diagonal 662-664, Barcelona. Primera tirada 2014. Define: "filosofía", f. acepción 1.

107. DUMÉ, I. Cada vez más cerca de medir la gravedad cuántica. Physic world. Abril 2024 y https://physicsworld.com/

69. ESTRELLA BLAYA, L. Monografía interna de trabajo: "FUENTES DEL DERECHO DE LA UE". Letrada del Consejo de la UE. Bruselas, 2023.

Una mirada por el mundo
(Invitación al desasosiego)
Pág. 503 de 524

3. ESTRELLA LINARES, J. Vivencias, Reflexiones y Opiniones (Atalaya de un testigo anónimo), p. 353. Editorial BoD – Books on Demand. Impreso en Alemania 2023.

    41. Op. cit., p. 122

    43. Op. cit., p. 62

    45. Op. cit., pp. 138-147

    82. Op. cit., pp. 341-343

    110. Op. cit., pp. 603–605

104. GUEVARA PÉREZ, E. sobre La venganza de la Tierra. "Comunidad y Salud", versión impresa ISSN 1690-3293, vol. 6, n.º 2. Maracay dic. 2008.

98. MUÑOZ TRIGUERO, I. Las religiones en la historia según Toynbee. "El encuentro actual de las religiones superiores". Localización: Teología y mundo actual, ISSN 0478-6378, ISSN-e 3020-1810, N.º 102, 1976, págs. 207-208.

    99. Ibíd., p. 208

    100. Ibíd., p. 210

4. SÁNCHEZ RON, J. M. El Siglo de la Ciencia, p. 123. Grupo Santillana de Ediciones, S. A., 2000. Torrelaguna, Madrid.

    5. Ibíd., pp. 11-12

    36. Op. cit., pp. 55-56

95. SAN VALERO APARISI, J. Toynbee y el origen de la civilización. Revista Saitabi, Número 8 (35-38) (1950). pp. 6-11.

Universidad de Valencia.

76. TRATADO DE LA UE. VERSIÓN CONSOLIDADA. Diario oficial de la Unión Europea, Artículo 2. ES. 30 03 2010.

Fuentes Secundarias

1. ARISTÓTELES. METAFÍSICA. Libro noveno, p. 190. Editorial Espasa Calpe, S. A. Colección Austral n.º 399. Undécima edición. Traducción del griego por Patricio de Azcárate. México 1981.

2. Ibíd., Libro primero, pp. 11-12

8. VON CLAUSEWITZ, K. De la guerra. Biblioteca virtual universal, y
https://biblioteca.org.ar/libros/153741.pdf>
Última consulta resultada para el día 10 de junio de 2021

57. DANIEL BENSAID, J. La prisión judía. Meditaciones intempestivas de un testigo, p.54   Traducción de Nuria Viver Berri. Tusquets Editores S. A., 2007, Barcelona

107. BOJOWALD, M. Antes del BIG BANG. Una historia completa del Universo, pp. 65-96. Traducción por Mercedes García Garmilla. Random House Mondadori, S. A. Travessera de Gracia 47-49. 08021, Barcelona, 2010.

35. EINSTEIN, A. Mis ideas y opiniones. Traducción de José M. Álvarez Flores y Ana Goldar. Antoni Bosch, editor, Casa Editorial, S. A., 1983, Barcelona.

37. "PAZ Y EL PROBLEMA DEL PACIFISMO". Op. cit., pp. 92-93

38. "TRES CARTAS A AMIGOS DE LA PAZ", Ibid., p. 96

39. "PACIFISMO ACTIVO", Ibid., p. 97

40. "SE HA GANADO LA GUERRA, PERO NO LA PAZ". Op. cit., pp. 100-103

105. LOVELOCK, J. La venganza de la Tierra. Traducción: Mar García Puig, Editorial Planeta, S. A. 2007, Barcelona.

11. MALINOWSKI, B. Magia, ciencia y religión. p. 8. Obras Maestras del Pensamiento Contemporáneo. Traducción de Antonio Pérez Ramos. Editorial Planeta Agostini, S. A., 1985. Barcelona.

12. Ibíd., pp. 9-10

49. RABBÍ MOSÉ BEN MAIMON (MAIMÓNIDES). Guía de Perplejos. Edición preparada por David Gonzalo Maeso. Editora Nacional, 1983. Torregalindo, 10 – Madrid.

50. Ibíd., pp. 14-15

52. RENAN, E. Historia del pueblo de Israel. Ediciones Argonauta. Impreso en talleres gráficos de Dordoni Hermanos Maza 461. Buenos Aires 1945.

53. Ibíd., pp. 7-9 y 20

51. RENAN, E. Vida de Jesús. Traducción de Agustín García Tirado. Edaf, Ediciones-Distribuciones. Jorge Juan 30, 1978. Madrid.

55. SHLAIM, A. EL MURO DE HIERRO. Israel y el mundo árabe. Traducción de Regina Reyes Gallur. EDICIONES ALMED; N.º 2 edición, 2011. Granada. Hay también versiones en pdf.

88. SPENGLER, O. La Decadencia de Occidente. "Bosquejo de una morfología de la historia de la Historia Universal". Traducción del alemán de Manuel G. Morente. Prólogo a la 2ª edición española de 1922 por José Ortega y Gasset. Created by PDF GENERATOR
Última consulta resultada para el día 30 de enero de 2024.
90. Ibíd., p. 3
91. Ibíd,, p. 5
92. Ibíd., p. 22
93. Ibíd., p. 26
94. Ibíd., p. 94.

14. TOYNBEE, A. J. Estudio de la Historia I. Compendio de D.C. Somervell, Vols. I-IV, pp. 9 a 55. Obras Maestras del Pensamiento Contemporáneo. Traducción de Luis Grasset. Editorial Planeta Agostini, S. A., 1985. Barcelona.
15. Ibíd., pp. 19-20
16. Ibíd., p. 10: Término de la historiografía alemana (migración de pueblos).

17. Ibíd., p. 17: El término proletariado designa a cualquier elemento o grupo social que, en algún, modo está *"en"* pero no es de una sociedad determinada en un período determinado de la historia de una sociedad.

18. Ibíd., p. 39

19. Ibíd., p. 39

20. Ibíd., p. 38

21. Ibíd., pp. 45-53

22. Ibíd., p. 45

23. Id., p. 45

24. Ibíd., p. 53

25. Ibíd., pp. 54-55

26. Ibíd., p. 26

27. TOYNBEE, A. J. Op. cit., p. 10

30. TOYNBEE, A. J. Op. cit., p. 10

89. TOYNBEE, A. J. Op. cit., p. 38

65. AL FATAH: Ala radicalizada de la Organización para la Liberación de Palestina (OLP).

102. CIVILIZACIONES extinguidas en el continente americano: Andina, Maya, Mexicana y Yucateca.

101. CIVILIZACIONES VIVAS: Consideraremos entre ellas a las siguientes: cristiano occidental, cristiano ortodoxa rusa, islámica, hindú, sínica o china y del lejano Oriente, para abarcar a las sociedades coreano – japonesa.

107. CÚBIT. Es el elemento más simple de información cuántica; es el primo cuántico del bit clásico (0, o 1); mientras que un cúbit puede hallarse en una superposición tanto en cero como en 1.

58. DOS ESTADOS O UNO SOLO: La idea de un solo estado con dos administraciones diferentes —una judía y otra palestina, o vv—, se barajó durante algún tiempo, si bien caló poco y se diluyó ante la dificultad teórica y práctica de su implantación.

56. FDI: Acrónimo de Fuerzas de Defensa de Israel.

106. FUERZAS FUNDAMENTALES DE LA NATURALEZA. Son cuatro: electromagnética, nuclear débil,

nuclear fuerte y de la gravitación universal.

63. GOSPLÁN: Abreviatura del Comité para la planificación económica en la extinta URSS. Organismo encargado de elaborar los planes quinquenales para la planificación y que había que cumplir a rajatabla. Sirvió de modelo como herencia en Occidente para la planificación a largo plazo tanto de organismos públicos como privados, empresas, instituciones, organizaciones…

33. KAMIKAZE: Hasta la Segunda Guerra Mundial esta palabra no tenía acomodo en lengua castellana; a raíz de la acción de los pilotos japoneses, con ella identificamos, además, de forma general la actitud suicida de una persona o cuando con tal comportamiento pone en riesgo de forma clara su propia vida o, incluso, la de otras.

29. KOMSOMOL: Acrónimo del Órgano que integraba a las Juventudes del Partido Comunista Soviético.

75. MACH (Número de Mach). Es el cociente entre la velocidad de un móvil (VM) y la velocidad del sonido (VS). Es un número adimensional utilizado para cifrar la velocidad de los aviones. Así, mach 1 = velocidad del sonido; mach 2 = 2 veces la velocidad del sonido. En el caso de referencia, un mach 2 corresponde a dos veces la velocidad del sonido. (VS) = 343,2 m/seg en la atmósfera=1.235,52 Km/h.; mach 2=2.471,04 Km/h.

61. MARONITA: Una de las veinticuatro (24) iglesias que componen la Iglesia Católica siguiendo el rito oriental.

62. MOSAD: Acrónimo del Instituto de Inteligencia y Operaciones Especiales israelí. Para desarrollo de este organismo he tenido en mente opiniones expresadas en medios diversos a lo largo del tiempo, sin precisar autoría o procedencia.

84. NEGOCIACIÓN: Término utilizado por Freedman en su libro "Estrategia", en el sentido de constituir, esta, ser uno de los componentes esenciales de la misma, junto al engaño y al uso instrumental de la violencia.

81. PAÍSES MIEMBROS FUNDADORES OTAN: Bélgica, Canadá, Dinamarca, Estados Unidos, Francia, Italia, Islandia, Luxemburgo, Noruega, Países Bajos, Portugal y Reino Unido.

32. PROYECTO MANHATTAN: Proyecto de investigación nuclear, que en su caso condujese al desarrollo de bombas atómicas; fue liderado por EE. UU. y participaron otros países.

28. Referencia al Libro de MUN, T.: La riqueza de Inglaterra por el comercio exterior.

66. REGLA DE LA UNANIMIDAD: En aquellos años, la CEE no se regía todavía por el criterio de mayorías cualificadas, ni por estados ni de población. Esta última se adoptó posteriormente

cuando la unanimidad de las decisiones, fue ya un requisito imposible de cumplir a medida que aumentaba el número de socios integrantes de la UE.

103. En RIESGOS AMBIENTALES Y DEL CAMBIO CLIMÁTICO, se sigue en buena parte, para su desarrollo, el texto de la Guía resumida, del 6º informe de IPCC, así como un extracto amplio del texto contenido en las referencias que siguen como 104 y 105.

64. SECUESTRO, TOMA DE REHENES JUDÍOS MÚNICH 1972: Para desarrollo de este capítulo he considerado opiniones expresadas en medios diversos a lo largo del tiempo, sin querer precisar autoría o procedencia, dada su transversalidad, y:
<https://es.wikipedia.org/wiki/Masacre_de_Múnich>
Última consulta resultada para el día 30 de abril de 2022
<https://www.elconfidencial.com/mundo/2010-07-10/el-terrorista-que-escapo-de-la-muerte_244779/>
Última consulta resultada para el día 2 de mayo de 2022

87. TIRANÍA: Forma de gobierno ejercida sin disponer de un cuerpo u ordenamiento jurídico como tal; frente a ella, está la dictadura que, aun disponiéndolo, aquel es injusto y no es democrático; y la democracia, donde sí hay un corpus jurídico; teóricamente es democrático, si bien albergándose alguna duda razonable de que sea siempre justo y no exento de arbitrariedad.

Webs:

83. <https://1997-2001.state.gov/regions/eur/fs_nato_whitehouse.html>
Última consulta resultada para el día 15 de noviembre de 2023
Hoja informativa publicada por la Casa Blanca, Oficina del Secretario de Prensa, Washington, DC, 15 de mayo de 1997

8. <https://biblioteca.org.ar/libros/153741.pdf>
Última consulta resultada para el día 10 de junio de 2021

113. <https://digital-strategy.ec.europa.eu/en/policies/regulatory-framework-ai>
Última consulta resultada para el día 20 de abril de 2024.

70. <https://ec.europa.eu/eurostat/documents/12743486/14207633/EU27-EN.pdf>
<https://ec.europa.eu/eurostat/web/population-demography/demography/publications/demography-report>
Última consulta resultada para el día 28 de mayo de 2022

74. <https://ec.europa.eu/eurostat/statistics-explained/index.php?title=Energy_production_and_imports/es&oldid=20049>
Última consulta resultada para el día 2 de junio de 2022

77.<https://elordenmundial.com/mapas-y-graficos/la-cronologia-de-la-integracion-europea/>

Última consulta resultada para el día 27 de junio de 2022

48.<https://elordenmundial.com/mapas-y-graficos/opinion-arabe-reconocimiento-israel/>

Última consulta resultada para el día 10 de enero de 2022

34. <https://en.wikipedia.org/wiki/Jean_Lacouture>
Última consulta resultada para el día 25 de agosto de 2021

73.<https://es.wikipedia.org/wiki/Anexo:Paises_por_consumo_de_petróleo>
<https://es.wikipedia.org/wiki/Anexo:Paises_por_producción_de_gas_natural>

Última consulta resultada para el día 1 de junio de 2022

71.<https://es.wikipedia.org/wiki/Anexo:Paises_por_producción_de_carbón>
Última consulta resultada para el día 31 de mayo de 2022

7. <https://es.wikipedia.org/wiki/Carl_von_Clausewitz>
Última consulta resultada para el día 28 de mayo de 2021

31. <https://es.wikipedia.org/wiki/Carta_Einstein-Szilárd>
Última consulta resultada para el día 14 de agosto de 2021
Carta reproducida en la obra citada de SÁNCHEZ RON, JM. Referencia 4

54. <https://es.wikipedia.org/wiki/Declaración_Balfour>
Última consulta resultada para el día 2 de marzo de 2022

42. <https://es.wikipedia.org/wiki/India>

Última consulta resultada para el día 4 de diciembre de 2021

6. <https://es.wikipedia.org/wiki/ITER>
Última consulta resultada para el día 24 de mayo de 2021

111. <https://es.wikipedia.org/wiki/John_McCarthy>

Última consulta resultada para el día 20 de abril de 2024

64. <https://es.wikipedia.org/wiki/Masacre_de_Múnich>

Última consulta resultada para el día 30 de abril de 2022

60. <https://es.wikipedia.org/wiki/Mosad>

Última consulta resultada para el día 30 de marzo de 2022

78. <https://es.wikipedia.org/wiki/OTAN>

Última consulta resultada para el día 3 de noviembre de 2023

69. <https://es.wikipedia.org/wiki/Union_Europea>

Última consulta resultada para el día 28 de mayo de 2022

70. <https://es.wikipedia.org/wiki/Union_Europea>

Última consulta resultada para el día 28 de mayo de 2022

47.<https://israeled.org/el-reconocimiento-de-israel-por-emiratos-arabes-unidos/>

Última consulta resultada para el día 10 de enero de 2022

46. <http://mundonegro.es/cuando-los recursos-son-una-
pesadilla/>
Última consulta resultada para el día 29 y 30 de diciembre de
2021

95. Sobre San Valero Aparisi.
<https://ojs.uv.es/index.php/saitabi/article/view/5440>
Última consulta resultada para el día 31 de enero de 2024

108. <https://ojs.uv.es/index.php/saitabi/article/view/5440>
Última consulta resultada para el día 16 de abril de 2024

107. <https://physicsworld>
Última consulta resultada para el día 16 de abril de 2024.

72. <https://www.cia.gov/the-world-factbook/countries/world/>
Última consulta resultada para el día 1 de junio de 2022

85.<https://www.bbc.com/mundo/noticias-internacional-
57772868>
Última consulta resultada para el día 31 de diciembre de 2023

46. <https://www.efe.com/efe/espana/economia/africa-la-gran-
reserva-mineral-del-mundo/10003-40-42960>
Última consulta resultada para el día 29, 30 diciembre 2021

64. <https://www.elconfidencial.com/mundo/2010-07-10/el-
terrorista-que-escapo-de-la-muerte_244779/>
Última consulta resultada para el día 2 de mayo de 2022

59. <https://www.enlacejudio.com/2018/09/27/discurso-completo-de-netanyahu-en->

Última consulta resultada para el día 25 de marzo de 2022

13. <https://www.filmaffinity.com/es/film171099.html>

Última consulta resultada para el día 6 de julio de 2021

67. <https://www.france24.com/es/20191020-predico-de-gaulle-brexit-francia-reino-unido>

Última consulta resultada para el día 24 de mayo de 2022

46. <https://www.lavanguardia.com/vanguardia-dossier/20191127/471857314619/recursos-naturales-africa-minerales-industria-agricultura.html>

Última consulta resultada para el día 29 y 30 de diciembre de 2021

112. <//https://www.lisdatasolutions.com/>

Última consulta resultada para el día 20 de abril de 2024

80. <https://www.nato.int/cps/fr/natohq/official_texts_17120.htm?selectedLocale=es>

Última consulta resultada para el día 4 de noviembre de 2023

79. <https://www.oas.org/36ag/espanol/doc_referencia/carta_nu.pdf>

Última consulta resultada para el día 3 de noviembre de 2023

44. <https://www.un.org/dppa/decolonization/es/about>
Última consulta resultada para el día 20 de diciembre de 2021

9. <https://www.worldometers.info/coronavirus/z>
Última consulta resultada para el día 2 de agosto de 2021

18. Control de Modificaciones

Control de Contenidos				
Edición	Fecha	Página(s)	Contenido	Modificaciones
Rev. 0	01/04/2021	373	Texto completo	Texto original manuscrito
Rev. 1	10/07/2024	524	Texto completo	Texto original manuscrito, modificaciones y correcciones

Una mirada por el mundo
(Invitación al desasosiego)